Gerechter Frieden

Reihe herausgegeben von
Ines-Jacqueline Werkner
Forschungsstätte der Evangelischen
Studiengemeinschaft e. V.
Heidelberg, Deutschland

Sarah Jäger
Theologische Fakultät
Friedrich-Schiller-Universität Jena
Jena, Deutschland

„Si vis pacem para pacem" (Wenn du den Frieden willst, bereite den Frieden vor.) – unter dieser Maxime steht das Leitbild des gerechten Friedens, das in Deutschland, aber auch in großen Teilen der ökumenischen Bewegung weltweit als friedensethischer Konsens gelten kann. Damit verbunden ist ein Perspektivenwechsel: Nicht mehr der Krieg, sondern der Frieden steht im Fokus des neuen Konzeptes. Dennoch bleibt die Frage nach der Anwendung von Waffengewalt auch für den gerechten Frieden virulent, gilt diese nach wie vor als Ultima Ratio. Das Paradigma des gerechten Friedens einschließlich der rechtserhaltenden Gewalt steht auch im Mittelpunkt der Friedensdenkschrift der Evangelischen Kirche in Deutschland (EKD) von 2007. Seitdem hat sich die politische Weltlage erheblich verändert; es stellen sich neue friedens- und sicherheitspolitische Anforderungen. Zudem fordern qualitativ neuartige Entwicklungen wie autonome Waffensysteme im Bereich der Rüstung oder auch der Cyberwar als eine neue Form der Kriegsführung die Friedensethik heraus. Damit ergibt sich die Notwendigkeit, Analysen fortzuführen, sie um neue Problemlagen zu erweitern sowie Konkretionen vorzunehmen. Im Rahmen eines dreijährigen Konsultationsprozesses, der vom Rat der EKD und der Evangelischen Friedensarbeit unterstützt und von der Evangelischen Seelsorge in der Bundeswehr gefördert wird, stellen sich vier interdisziplinär zusammengesetzte Arbeitsgruppen dieser Aufgabe. Die Reihe präsentiert die Ergebnisse dieses Prozesses. Sie behandelt Grundsatzfragen (I), Fragen zur Gewalt (II), Frieden und Recht (III) sowie politisch-ethische Herausforderungen (IV).

Weitere Bände in der Reihe
https://link.springer.com/bookseries/15668

Hendrik Stoppel ·
Angelika Dörfler-Dierken
Hrsg.

Gewaltfreiheit zwischen Anspruch und Realität

Grundsatzfragen • Band 6

Hrsg.
Hendrik Stoppel
Forschungsstätte der Evangelischen
Studiengemeinschaft
Heidelberg, Deutschland

Angelika Dörfler-Dierken
Institut für Kirchen- und
Dogmengeschichte
Universität Hamburg
Hamburg, Deutschland

ISSN 2662-2726　　　　　　　ISSN 2662-2734　(electronic)
Gerechter Frieden
ISBN 978-3-658-36303-1　　　ISBN 978-3-658-36304-8　(eBook)
https://doi.org/10.1007/978-3-658-36304-8

Die Deutsche Nationalbibliothek verzeichnet diese Publikation in der Deutschen Nationalbibliografie; detaillierte bibliografische Daten sind im Internet über http://dnb.d-nb.de abrufbar.

© Der/die Herausgeber bzw. der/die Autor(en), exklusiv lizenziert durch Springer Fachmedien Wiesbaden GmbH, ein Teil von Springer Nature 2022
Das Werk einschließlich aller seiner Teile ist urheberrechtlich geschützt. Jede Verwertung, die nicht ausdrücklich vom Urheberrechtsgesetz zugelassen ist, bedarf der vorherigen Zustimmung des Verlags. Das gilt insbesondere für Vervielfältigungen, Bearbeitungen, Übersetzungen, Mikroverfilmungen und die Einspeicherung und Verarbeitung in elektronischen Systemen.
Die Wiedergabe von allgemein beschreibenden Bezeichnungen, Marken, Unternehmensnamen etc. in diesem Werk bedeutet nicht, dass diese frei durch jedermann benutzt werden dürfen. Die Berechtigung zur Benutzung unterliegt, auch ohne gesonderten Hinweis hierzu, den Regeln des Markenrechts. Die Rechte des jeweiligen Zeicheninhabers sind zu beachten.
Der Verlag, die Autoren und die Herausgeber gehen davon aus, dass die Angaben und Informationen in diesem Werk zum Zeitpunkt der Veröffentlichung vollständig und korrekt sind. Weder der Verlag noch die Autoren oder die Herausgeber übernehmen, ausdrücklich oder implizit, Gewähr für den Inhalt des Werkes, etwaige Fehler oder Äußerungen. Der Verlag bleibt im Hinblick auf geografische Zuordnungen und Gebietsbezeichnungen in veröffentlichten Karten und Institutionsadressen neutral.

Planung/Lektorat: Jan Treibel
Springer VS ist ein Imprint der eingetragenen Gesellschaft Springer Fachmedien Wiesbaden GmbH und ist ein Teil von Springer Nature.
Die Anschrift der Gesellschaft ist: Abraham-Lincoln-Str. 46, 65189 Wiesbaden, Germany

Inhaltsverzeichnis

Gewaltfreiheit zwischen Anspruch und Realität   1
Hendrik Stoppel

Dichotomien und Aporien der Diskurse um den Dienst an der Waffe und die rechtserhaltende Gewalt   21
Heinz-Günther Stobbe

Komplementarität und Komparativ   51
Angelika Dörfler-Dierken

Gewaltfreiheit zwischen Anspruch und Realität   77
Ute Finckh-Krämer

Die Institution Bundeswehr und die kirchliche Forderung nach Gewaltfreiheit   93
Stefan Oeter

Gewaltfreiheit in der Nachfolge Jesu 129
Bernd Oberdorfer

Gewaltprävention als Leitperspektive 145
Thomas Hoppe

**Die Seelsorge in der Bundeswehr unter
dem Anspruch der Gewaltfreiheit** 169
Antje Heider-Rottwilm

**Evangelische Seelsorge in der Bundeswehr
unter dem Anspruch der Gewaltfreiheit** 181
Roger Mielke

**Gewaltfreiheit als U-Topie und
Un-Möglichkeit** 207
Hendrik Stoppel

**Gewaltfreiheit zwischen Anspruch
und Realität** 229
Angelika Dörfler-Dierken

Herausgeber- und Autorenverzeichnis

Über die Herausgeber

Angelika Dörfler-Dierken, Prof. Dr. theol. Bis Mai 2021 Projektbereichsleiterin „Innere Führung – Ethik – Militärseelsorge" am Zentrum für Militärgeschichte und Sozialwissenschaften der Bundeswehr in Potsdam. Lehrt am Fachbereich Evangelische Theologie an der Universität Hamburg.

Hendrik Stoppel, Dr. theol. Wissenschaftlicher Mitarbeiter am Lehrstuhl für Ökumene und Dogmatik an der Ruhr-Universität Bochum.

Autorenverzeichnis

Ute Finckh-Krämer, Dr. rer. nat. MdB 2013–2017, SPD-Fraktion, Mitglied im Auswärtigen Ausschuss und im Ausschuss für Menschenrechte und Humanitäre Hilfe sowie Stellvertretende Vorsitzende im Unterausschuss „Abrüstung, Rüstungskontrolle und Nichtverbreitung", Mitglied im Unterausschuss für Zivile Krisenprävention, Konfliktbearbeitung und vernetztes Handeln, Schriftführerin.

Antje Heider-Rottwilm, Oberkirchenrätin i. R., Pfarrerin, Vorsitzende von Church and Peace e. V. – Europäisches Friedenskirchliches Netzwerk, von 1997 bis 2008 Leiterin der Europaabteilung der EKD.

Thomas Hoppe, Prof. Dr. theol. Professor für Katholische Theologie unter besonderer Berücksichtigung der Sozialwissenschaften und der Sozialethik an der Helmut-Schmidt-Universität, Universität der Bundeswehr Hamburg.

Roger Mielke, Dr. Theol. Militärdekan am Zentrum Innere Führung der Bundeswehr in Koblenz (Ev. Militärpfarramt Koblenz III) und Lehrbeauftragter am Institut für Evangelische Theologie der Universität Koblenz-Landau.

Bernd Oberdorfer, Prof. Dr. theol. Ordinarius für Systematische Theologie und theologische Gegenwartsfragen an der Universität Augsburg.

Stefan Oeter, Prof. Dr. jur. Professor für Öffentliches Recht, Völkerrecht und ausländisches Öffentliches Recht an der Universität Hamburg.

Heinz-Günther Stobbe, Prof. Dr. theol. Ehem. Professor für Systematische Theologie und theologische Friedensforschung an der Universität Siegen.

Hendrik Stoppel, Dr. theol. Wissenschaftlicher Mitarbeiter am Lehrstuhl für Ökumene und Dogmatik an der Ruhr-Universität Bochum.

Gewaltfreiheit zwischen Anspruch und Realität
Eine Einführung

Hendrik Stoppel

1 Die Kirche und die Option der Gewaltfreiheit

„Auf dem Weg der Gerechtigkeit und des Friedens hören wir Gottes Ruf in die Gewaltfreiheit. Wir folgen Jesus, der Gewalt weder mit passiver Gleichgültigkeit noch mit gewaltsamer Aggression begegnet, sondern mit aktivem Gewaltverzicht." (EKD 2019, S. 2)

Das Bekenntnis zum Weg der Gewaltfreiheit nimmt in der Kundgebung der EKD-Synode 2019 „Kirche auf dem Weg der Gerechtigkeit und des Friedens" den ersten Rang

---

H. Stoppel (✉)
Forschungsstätte der Evangelischen Studiengemeinschaft, Heidelberg, Deutschland
E-Mail: hendrik.stoppel@fest-heidelberg.de

unter den Aussagen zum Thema Frieden ein. Die „Kundgebung" steht damit in der Tradition der Denkschrift „Aus Gottes Frieden leben – für gerechten Frieden sorgen" von 2007, die ebenfalls „[d]as christliche Ethos […] vorrangig von der Option für die Gewaltfreiheit bestimmt" (EKD 2007, Ziff. 60) sieht. Der Formulierung „vorrangig" in der Denkschrift entspricht, dass in der „Kundgebung" die Gewaltfreiheit „an die erste Stelle" (EKD 2019, Ziff. 1) gesetzt wird. Eine andere Option, zum Beispiel an ‚zweiter Stelle', ist zwar logisch impliziert, wird aber nicht eigens diskutiert. Das ist ein entscheidender Unterschied zwischen beiden Texten und ist mehr als eine Frage der Rhetorik vor dem Hintergrund einer eigentlich gemeinsamen Aussage. Denn die „Denkschrift" kennt eine zweite Option, die unter bestimmten Bedingungen notwendig werden kann, den Gebrauch von „rechtserhaltender Gewalt" (EKD 2007, Ziff. 6). Zwar wird diese Option als gegenüber der vorrangigen Option der Gewaltfreiheit ‚nachrangig' gekennzeichnet, aber gleichzeitig beschäftigt sich die „Denkschrift" über viele Seiten mit ihr. Während dort die Grenzen, aber auch mögliche Legitimationen bestimmter Formen von Gewalt erörtert werden, findet sich in der „Kundgebung" eine solche Auseinandersetzung mit der möglichen Zulässigkeit von Gewaltanwendung zur Rechtsdurchsetzung und Friedensherstellung nicht.

Die „Kundgebung" steht damit dem Diskussionsbeitrag der Evangelischen Landeskirche in Baden (EKiBa 2016) näher, der in konkreter Opposition zur „Denkschrift" (vgl. Petracca 2019, S. 40 f.) fragt, „ob aus christlicher Sicht nicht für die Gewaltfreiheit als einzige[] Option eingetreten werden müsste?" (EKiBa 2016, S. 5) und die Frage bejaht. Die Legitimation jeglicher Form von militärischer Gewalt wird hier von vornherein ausgeschlossen (vgl. EKiBa 2016, S. 10). Das Friedenswort der Evangelischen Kirche im Rheinland (EKiR 2018) dagegen räumt die Anerkennung bestimmter Formen von Gewalt als „demokratisch legaler [...], zum Beispiel der Polizei und des Militärs in eng begrenzten Ausnahmesituationen" (EKiR 2018, S. 8) ein, allerdings mit diesen deutlich restriktiveren Worten und ohne, dass die Formen von Gewalt noch einmal eingehend diskutiert würden. Seit der „Denkschrift" von 2007 lässt sich also eine eindeutige Tendenz weg von der rechtserhaltenden Gewalt als Option mit eigener Geltung beobachten, die sich in verschiedenen Graden in den einzelnen Verlautbarungen wiederfindet.

Im Zentrum aller dieser kirchlichen Statements steht die Auseinandersetzung mit militärischer Gewalt. Das rheinische Papier zum Beispiel nimmt konkret das Jubiläum des Ausbruchs des Ersten Weltkrieges für seine Überlegungen zum Anlass (vgl. EKiR 2018, S. 1). Das Gegensatzpaar ‚Krieg und Frieden' ist aber nicht mehr der alleinige Ausgangspunkt für die Definition des Friedens, denn der angestrebte Frieden wird nicht als Oppositum zu Krieg gefasst, sondern als „gerechter Frieden". Auch in der „Kundgebung" ist dieser breitere Begriff von Frieden im Blick, wenn die Bedeutung gewaltfreier Konfliktlösung „in allen Bereichen gesellschaftlichen und politischen Lebens" (EKD 2019, S. 2) betont wird. Dennoch, das zu überwindende Gegenüber des Friedens findet sich primär auf der Seite der physischen Gewalt, wie sie zum Beispiel bei Wolfgang Lienemann (2004, S. 12) als „physische[r] Zwang gegen den Willen einer ursprünglich freien Person" definiert wird. In den wissenschaftlichen Diskursen um Gewalt, aber auch in der Alltagssprache ist dies natürlich nicht das einzig mögliche Verständnis des Begriffs der Gewalt.

2　Formen der Gewalt

Schon das deutsche Wort ‚Gewalt' vereint Konzepte auf sich, für die in anderen Sprachen mehrere Wörter zur Verfügung stehen. Deutlich werden die verschiedenen Vorstellungen zum Beispiel in der Gegenüberstellung von „Gewalttätigkeit" und „Staatsgewalt", die etwa dem lateinischen „vis/violentia" und „potentia/potestas" (Endreß und Rampp 2017, S. 165) oder dem englischen „violence" und „power" (Meßelken 2018, S. 17) entsprechen. In beiden Sprachen scheint mit den Wortpaaren auch eine entsprechende Wertung von „illegitim" und „legitim" verbunden zu sein, die nur im Deutschen fehle und dort zu einem „doppeldeutigen und nicht unproblematischen […] Sprachgebrauch" (Meßelken 2018, S. 17) zusammenfalle. Allerdings können beide Seiten des Paares auch konzeptionell im „Gewaltmonopol" zusammengefasst werden, das die von der *potestas* her stammende Legitimität auch auf die Ausübung von *vis* übertragen kann. Um also nicht vorschnell Legitimitätszuweisungen vorzunehmen und auch nicht an jeweils einzelnen Sprachen und deren Vokabular zu hängen, bietet es sich an, mit Daniel Meßelken (2018, S. 17) vom „Aktions-" und „Kompetenz-Aspekt" im Zusammenhang mit Gewalt zu sprechen, die jeweils die im Lateinischen mit *violentia* bzw. mit *potestas* bezeichneten Aspekte betonen.

Die mögliche Legitimität aktiver Gewaltausübung ergibt sich aus ihrer Einbindung in eine Ordnung. Umgekehrt kann Gewalt auch der „Herstellung sozialer Ordnungen" dienen – ebenso wie deren „Zerstörung" (Endreß und Rampp 2017, S. 164). Im Falle der Ordnungsstiftung ist die Legitimierung der Gewalt eine rückwirkende: Sie ist zwar als Mittel zum Zwecke der (Wieder-)Herstellung einer Ordnung initiiert, aber erst, wenn dieser Zweck erreicht, die Ordnung also geglückt ist, kann sie von dieser im strengen Sinne legitimiert werden (vgl. Benjamin 1991, S. 197). Die so mit der Ordnung verbundene Gewalt ist damit aber nicht „liquidiert", sondern nur in der Ordnung „aufgehoben" (vgl. Liebsch 2007, S. 39; vgl. auch Brock 2018, S. 141 f.) – was auch den Aspekt der ‚Aufbewahrung' mit meint. So steht der Ordnung weiterhin Gewalt zur Verfügung. Geht man von der Rechtsordnung aus, ist hier also die Unterscheidung von rechtssetzender und rechtserhaltender Gewalt beschrieben (vgl. Benjamin 1991, S. 186 f.). Streng genommen ist die Beurteilung der Gewalt anhand ihrer Relation zur Ordnung keine Bestimmung ihrer Legitimität, sondern – spezieller – ihrer Legalität (vgl. Meßelken 2018, S. 19). Schließlich kann nicht jede beliebige Ordnung als „per se moralisch geboten" (Endreß und Rampp 2017, S. 170) angesehen werden.

Wenn also die Frage nach der Legalität als nicht ausreichend für die Unterscheidung von *violentia* und *potestas* erachtet wird, dann spannt sich ein weiteres, unabhängiges Feld auf, nämlich die grundsätzliche Frage, was als Gewalt, nun ausschließlich als *violentia* verstanden, anzusehen sei. Hier kommt also rein der Aktionsbegriff in den Blick – unter Suspendierung der Frage nach einer möglichen legitimen Kompetenz des Akteurs. Dabei ist vor allem „[s]trittig [...], wie eng oder weit Gewalt gefasst werden sollte" (Jäger 2018, S. 2). An dem Pol des Spektrums, der den breitesten Begriff von Gewalt repräsentiert, steht eine Definition wie bei Johan Galtung. Er definiert Gewalt

> „als die Ursache für den Unterschied zwischen dem Potentiellen und dem Aktuellen, zwischen dem, was hätte sein können, und dem, was ist. Gewalt ist das, was den Abstand zwischen dem Potentiellen und dem Aktuellen vergrößert oder die Verringerung dieses Abstandes erschwert." (Galtung 1975, S. 9)

Dieser Gewaltbegriff gehört also zu denjenigen, die vom „Gewalterleiden (Opferperspektive)" (Endreß und Rampp 2017, S. 168) ausgehen. Gleichzeitig entkoppelt Galtung (1975, S. 9) die Gewalt explizit von jeglicher Intention, also Schädigungs*absicht*. Durch diese Entkopplung können in seinem Ansatz nicht personale, sondern auch strukturelle Ausgangspunkte von Gewalt ausgemacht werden. Am anderen Ende des Spektrums steht die oben zitierte Definition von Lienemann, die rein auf physische Gewalt abzielt. Noch engere Perspektiven haben für Martin Endreß und Benjamin Rampp (2017, S. 168) Theorien vor Augen, die ein „Duell-Paradigma des 19. Jahrhunderts" betreiben, das nur den Kampf „Mann-gegen-Mann" zu beschreiben vermöge.

Für die Bundeswehr als Inhaberin des staatlichen Gewaltmonopols nach außen ist die physische Form der Gewalt die relevanteste, sowohl für ihr Selbstverständnis als auch für die gegen sie vorgebrachte Kritik. Beides, das Selbstverständnis und die oben beschriebene zunehmende kirchliche Fundamentalkritik an Gewalt, treffen vor allem am Ort der Militärseelsorge zusammen. In diesem Sammelband soll diese Frage nach der Bedeutung der Gewaltfreiheit für die Bundeswehr im allgemeinen und für die evangelische Militärseelsorge im besonderen im Mittelpunkt stehen und entsprechend physische Gewalt als Ausgangspunkt genommen werden, ohne damit andere Dimensionen von Gewalt in Abrede zu stellen.

Sie ist noch weiter zu spezifizieren, auf militärische Gewalt hin. Diese ist potenziell letal und richtet sich gegen größere Gruppen von Menschen sowie auf größere geographische Gebiete (vgl. Werkner 2019, S. 8). Das unterscheidet sie von der physischen Gewalt der Polizei, die das Gewaltmonopol des Staates nach innen wahrnimmt. Doch darüber hinaus sind die anderen, breiteren Ansätze zur Auseinandersetzung mit Gewalt für diese spezielle

Diskussion nicht einfach ohne Bedeutung. Schließlich ist gerade das Militär der Inbegriff institutionalisierter physischer Gewalt und mit seinen Einsätzen verbinden sich Folgefragen, die in den Bereich der strukturellen und nicht direkt physisch zugefügten Gewalt gehören. Darunter fallen zum Beispiel auch Fragen „der Gewährleistung von Sicherheit, der Unterstützung bei der Rekonstruktion des besiegten Staates und der Strafverfolgung von Verbrechen" wie sie Peter Rudolf unter dem Stichwort eines *ius post bellum* bespricht (Rudolf 2019, S. 108; vgl. auch Claaßen 2019, S. 452). Auch die Frage der Intention von Gewaltanwendung ist gewichtig, schließlich soll die Person, die die Gewalt ausübt, die Soldatin oder der Soldat, gerade nicht aus persönlichen Intentionen oder Motiven handeln, sondern aus der Legitimation durch die Staatsgewalt heraus handeln.

3 Formen des Pazifismus

Vor dem Hintergrund verschiedener Verständnisse von Gewalt haben sich auch unterschiedliche Formen des Pazifismus herausgebildet. Dabei ist die Gestalt der darauf reagierenden Ausprägung des Pazifismus nicht zu trennen von der jeweiligen Definition von Gewalt. Es gibt zahlreiche Varianten, von denen drei zentrale hier angesprochen werden sollen:

Der *Rechtspazifismus* setzt sich mit der Gewalt auseinander, die im „Spannungsverhältnis von Recht und Gerechtigkeit, von positivem und vorpositivem Recht" verortet ist. Dabei steht in verantwortungsethischer Tradition nicht die „Normbegründung" im Vordergrund, sondern eine Abwägung in Dilemmasituationen. In allen darunter einzuordnenden Argumentationslinien ist das Ziel „die dauerhafte[] Überwindung der ‚Institution

Krieg'" (Brücher 2017, S. 434 f.), ohne rechtserhaltende oder rechtssetzende Gewalt in jedem Fall auszuschließen. Die Abwägung findet in dem Fall zwischen Frieden und Gerechtigkeit oder, anders, zwischen Völkerrecht und Menschenrecht statt (vgl. Brücher 2017, S. 437–441). Dieser Gewaltbegriff beschränkt sich nicht ausschließlich auf physische Gewalt, aber ein Großteil der denkbaren Menschenrechtsverletzungen, die als Gewalt angesehen werden können, gruppieren sich um einen Kern physischer Gewalt.

Ebenfalls bei der Abwägung verschiedener Sachverhalte setzt der von Olaf L. Müller (2017) so bezeichnete *pragmatische Pazifismus* an. Das Stichwort „pragmatisch" weist dabei auf eine Verankerung in der Philosophie des Pragmatismus hin (vgl. Müller 2017, S. 454 f.). Dieser geht davon aus, dass die für die Abwägung zur Verfügung stehenden Fakten niemals rein „objektive Fakten" (Müller 2017, S. 457) seien, sondern immer schon mit Werturteilen verbunden. Gerade wenn es um die Folgen von militärischer Gewalt ginge, seien Gegenstand der Abwägung immer „kontrafaktische[] Konditionalsätze[]" (Müller 2017, S. 457). In dieser Gemengelage seien die Werte in Form von „erkenntnisleitenden Regeln" (Müller 2017, S. 463) erfolgversprechender für eine Entscheidungsfindung und damit für den, der eine Entscheidung über Krieg und Frieden zu treffen habe, „attraktiver" (Müller 2017, S. 451).

Dem oben beschriebenen weiteren Gewaltbegriff und vor allem dessen Ausgang vom Gewalt*erleiden* stellt sich ein *radikaler Pazifismus* mit seiner Forderung nach einem ebenso umfassenden Gewaltverzicht entgegen, wie er im kirchlichen Diskurs beispielsweise stark in den historischen Friedenskirchen vertreten wird (zu Begriff und Abgrenzung vgl. Werkner 2018, S. 93 f.). Diese Perspektive zeigt sich zum Beispiel, wenn radikaler Gewaltverzicht mit der

Unverfügbarkeit des Lebens des Opfers als Gottes Ebenbild (vgl. Werkner 2018, S. 95) oder mit Bezug auf die goldene Regel (vgl. Hofheinz 2017, S. 41) begründet wird. Aber auch die widerständige Begegnung mit Gewalt in gewaltfreien Aktionen (vgl. Hofheinz 2017, S. 418) wird von der Perspektive des Gewalterleidens aus betrachtet, nämlich ausgehend von der „Bereitschaft, sich der Gewalt auszusetzen und sie gegebenenfalls zu erleiden, biblisch gesprochen, das Kreuz auf sich zu nehmen" (Petracca 2019, S. 46). Die Abwägung zwischen Frieden und Gerechtigkeit, wie sie im Rechtspazifismus von Bedeutung ist, stellt für den radikalen Pazifismus eine „falsche Dichotomie" (Enns 2017, S. 371) dar. Innerhalb dieser Strömung gibt es aber auch Stimmen, die die politische Forderung nach Gewaltverzicht auf militärische, potenziell tödliche Gewalt beschränken (vgl. Enns 2017, S. 362) wollen. Andere Formen der Ausübung des staatlichen Gewaltmonopols, zum Beispiel in Form von polizeilicher Gewalt (vgl. EKiR 2018, S. 8) lassen sie durchaus gelten. Mit dem Konzept des „Just Policing" (vgl. Werkner 2019) wird eine Möglichkeit diskutiert, polizeiliche Gewalt auch auf der Ebene der Weltpolitik, also nicht nur innerstaatlich, zu denken. Das Konzept ist aus einem Dialog der katholischen und der mennonitischen Kirche, also einer der historischen Friedenskirchen, hervorgegangen und versucht, Elemente des Pazifismus und der Lehre vom gerechten Krieg in einem dritten Entwurf zu verbinden (vgl. Werkner 2019, S. 4 ff.).

In allen oben referierten kirchlichen Papieren lassen sich Elemente aller drei pazifistischen Strömungen und ihrer verschiedenen Ausprägungen finden. Mit der Friedensdenkschrift von 2007 stellte eine Form des Rechtspazifismus lange Zeit den „Mainstream innerhalb der Evangelischen Kirche in Deutschland dar" (Werkner 2018, S. 93). Der Fokus lag dabei besonders auf einer

„Ethik der rechtserhaltenden Gewalt", die einerseits deren Begrenzung forderte, andererseits aber auch ihre Legitimität anerkannte. Die nach der „Denkschrift" und in Reaktion auf diese entstandenen Papiere der Kirchen im Rheinland und in Baden neigen sich dagegen stark dem radikalen Pazifismus zu, weil sich als ihr gedanklicher Ausgangspunkt ein vorgängiger kategorischer Ausschluss von Gewaltanwendung in der Tradition der historischen Friedenskirchen erkennen lässt (vgl. Enns 2017, S. 368). Die aktuelle „Kundgebung" hat sich diesen Positionen weitgehend angenähert. Der Rechtspazifismus spielt argumentativ keine Rolle mehr. In der „Kundgebung" lässt sich auch eine gewisse Nähe zum pragmatischen Pazifismus erkennen, wenn die Möglichkeit, Konflikte „auf konstruktive und gewaltfreie Weise zu bearbeiten" (EKD 2019, S. 2) als unter allen Umständen gegeben angenommen wird.

4 Komplementarität und Komparativ – zwei innerprotestantische friedensethische Ansätze

Eine andere innerprotestantische Debatte, die um das Verhältnis von Friedenssicherung, Gewaltverzicht und militärischen Gewaltanwendung geführt wurde, ist die von ‚Komplementarität' und ‚Komparativ'. Die Notwendigkeit, beide Positionen nicht einfach unversöhnlich nebeneinander stehen zu lassen, beruht vor allem auf zwei Voraussetzungen ekklesiologischer Art. Zum einen ist es das Selbstverständnis der evangelischen Kirche als Volkskirche, in der alle Weltanschauungen, politischen Affiliationen und eben auch Berufsgruppen, die sich in der Gesellschaft finden, ebenfalls vertreten sein können. Dazu gehören dann auch die Soldatinnen und Soldaten. Eine Unvereinbarkeit, wie sie Schulenburg befürchtet, widerspräche also dem Selbstverständnis der EKD. Zum anderen ist es die Tatsache, dass die EKD unter ihrem Dach Landeskirchen sowohl lutherischer als auch reformierter Prägung vereint, die unterschiedliche Konzeptionen für die Beschreibung der Verantwortung der Christen und Christinnen entwickelt haben, die auch zu den unterschiedlichen Positionen in der Friedensethik beitragen (vgl. Werkner 2013, S. 137).

In der Nachkriegsgeschichte haben zwei Bestimmungen des Verhältnisses von Gewaltverzicht und der Ausübung des staatlichen Gewaltmonopols prominente Positionen eingenommen, die sich für den Entstehungskontext jeweils einem der beiden deutschen Staaten vor 1990 zuordnen lassen. In der Evangelischen Kirche in der damaligen Bundesrepublik war der die „Heidelberger Thesen" von 1959 prägende Gedanke der Komplementarität von Waffenverzicht und dem „Dasein von Atomwaffen" in Bezug auf die Sicherung eines „Frieden[s] in Freiheit" vorherrschend (These 7 und 8, abgedruckt in Howe 1963, S. 226 ff.). Auf dem Gebiet der DDR und später im organisatorisch von der EKD getrennten Bund evangelischer Kirchen (BEK) in der DDR dominierte die Idee des Komparativs, wonach die Verweigerung des Dienstes an der Waffe ein „deutlicheres Zeugnis" für den Frieden sei (Konferenz der Evangelischen Kirchenleitungen in der DDR 1968 [1965], S. 256; vgl. Werkner 2001, S. 108).

Der Begriff der Komplementarität wurde ursprünglich von Niels Bohr für den Bereich der Quantenphysik geprägt und beschreibt dort die Kopplung von zwei Eigenschaften eines Teilchens, in der eine die Bestimmung oder Messung der jeweils anderen ausschließt. Zentral in dieser begrifflichen Konstruktion ist, dass sie einander ausschließen, aber dennoch notwendig aneinandergebunden sind (vgl. Werkner 2013, S. 134). Maßgeblich von Carl Friedrich von Weizsäcker auf die Friedensethik übertragen, sollte die Denkfigur der Komplementarität „das Entweder-Oder" von Gewaltverzicht und militärischer Friedenssicherung „durch ein Sowohl-als-auch ersetzen" (Werkner 2013, S. 135).

Während die Komplementarität also auch ganz ungleiche Größen zusammenbinden kann, stellt der Komparativ die beiden zu vergleichenden Größen vor den Hintergrund eines *tertium comparationis,* dem sie dann in Relation zueinander mehr oder weniger entsprechen. Im Fall der „Handreichung für die Seelsorge an Wehrpflichtigen" in der DDR ist dieses Dritte der Zeugnischarakter für den Frieden. Worin der relative Vorzug der Verweigerung des Dienstes an der Waffe begründet ist, darüber gab es bereits in den 1980er Jahren Diskussionen. Gibt es zwischen beiden eine ethische Hierarchisierung, entspricht also eine Option dem ethisch Guten mehr und drückt es deshalb „deutlicher" aus (vgl. Werkner 2001, S. 104)? Oder hängt die Deutlichkeit von den Umständen, hier den drohenden Strafen für Totalverweigerer in der DDR, als dunklem Hintergrund der Sichtbarkeit ab (vgl. Werkner 2001, S. 108)? Im zweiten Fall ließe sich der Komparativ auf die in den „Heidelberger Thesen" mit dem spezifischen „noch" formulierten Komplementarität beziehen, die dann eine „Gleichzeitigkeit, nicht jedoch [eine] Gleichrangigkeit" ausdrücke (vgl. Werkner 2001, S. 103 f.).

Schon zur Zeit der deutschen Teilung wurde der Ansatz der ostdeutschen Landeskirchen in den westdeutschen Kirchen diskutiert, zum Beispiel in einem Briefwechsel von sechzehn Hamburger Hochschullehrern an die Hauptpastoren (vgl. die Zusammenfassung der Argumentationen bei Werkner 2001, S. 103 f., 2013, S. 136). Mit der Wiedervereinigung wurde die Notwendigkeit empfunden, beide in ein geklärtes Verhältnis zueinander zu stellen. Der Gedanke des Komparativs wurde von einigen Seiten als erwünschte Korrektur der an Komplementarität orientierten westlichen Position angesehen. Und tatsächlich hat die aktuelle „Kundgebung" eine wesentlich größere Nähe zum Gedanken des Komparativs als der Komplementarität. Was das für die in manchen Landeskirchen und auch in den Gremien der EKD verbreiteten Positionen, die auch eine militärische Friedenssicherung bejahen können, bedeutet, ist noch offen.

5 Zu diesem Band

Gerade unter der Voraussetzung, dass sich weder eine Feststellung der Unvereinbarkeit von militärischer Sicherung des Friedens und der persönlichen Mitwirkung daran mit den Positionen der Kirche abzeichnet, noch ein klares Bekenntnis dazu, werden in diesem Band die umso wichtigeren Fragen des Umgangs mit dieser Situation gestellt: vor allem, wie die vorrangige Option für die Gewaltfreiheit mit dem Dienst der Bundeswehr, der Soldatinnen und Soldaten sowie der Seelsorgerinnen und Seelsorger in der Bundeswehr ins Verhältnis zu setzen ist. Beide hier verhandelten Denkfiguren haben ihren ursprünglichen Bezug zu der Entscheidung des einzelnen Christen, als Soldat Dienst an der Waffe zu leisten oder nicht. Eine ebenso wichtige Rolle spielen aber auch die Perspektiven aus der Ebene der Bundeswehr als Institution und dem besonderen Arbeitsgebiet der Seelsorge in der Bundeswehr.

Den Auftakt macht Heinz-Günther Stobbe mit einer grundlegenden historischen und vor allem begrifflichen

Auseinandersetzung mit den Dichotomien und Aporien der Diskurse um den Dienst an der Waffe und die rechtserhaltende Gewalt. Er nimmt eine zunehmende ‚Konfessionalisierung' der Gewaltfrage, aber auch ein ernsthaftes Ringen darum in der Kirche als Ganzer wahr. Er plädiert für eine Auffassung des 5. Gebots nicht als absolutes Tötungsverbot, sondern als Maßnahme zum Lebensschutz, die zu diesem Zweck auch die Tötung von Tätern erlauben müsse. Gleichzeitig müsse aber der Gewaltverzicht im Sinne der Feindesliebe als besondere christliche Lebensform, die auf eine vollendete Schöpfung verweise, hochgeachtet werden.

Angelika Dörfler-Dierken wendet sich im zweiten Beitrag dem unterschiedlichen Umgang mit dem Dienst an der Waffe von Christen und damit der Frage nach der Seelsorge an ihnen im zwischen Ost und West geteilten Deutschland zu. In sehr verschiedenen Umfeldern seien Positionen entstanden, die sehr unterschiedlich wirkten, aber unter der Oberfläche durch einen gemeinsamen Kern geprägt seien. Während die ostdeutschen Landeskirchen in der Verweigerung des Wehrdienstes das ‚deutlichere' Zeugnis sahen, also einen Komparativ vertraten, sprachen die „Heidelberger Thesen" im Westen von einer Komplementarität im Sinne einer gegenseitigen Ermöglichung von Wehrdienst und dessen Verweigerung, die allerdings in der Ausrichtung auf den Frieden auf ihre eigene Überwindung ausgelegt gewesen sei. Dörfler plädiert, dieses Spannungsverhältnis auch bei aktuellen Auseinandersetzungen zum Thema nicht aufzugeben.

Im dritten Beitrag beschäftigt sich Ute Finckh-Krämer mit der Frage, wie die Forderung nach Gewaltfreiheit auf die Bundeswehr als Institution anzuwenden sei. Als ‚Staatsbürger in Uniform' seien auch Angehörige der Bundeswehr in die gesamtgesellschaftliche Ächtung von Gewalt eingebunden, wenn auch mit dem besonderen

Auftrag, im Notfall eben doch Gewalt im Namen des Staates anzuwenden. Ihr Auftrag liege aber oft auch in der Prävention von Gewalt, zum Beispiel in der Überwachung von Abrüstung, wo ihre Kompetenzen unverzichtbar seien. Eine intensivierte Zusammenarbeit mit unbewaffneten Hilfsorganisationen bei Auslandseinsätzen sei dringend angezeigt, ebenso wie staatlicherseits eine Besinnung auf diplomatische Kompetenzen. Auch vonseiten der Kirche werde die Situation der Bundeswehr durchaus sachlich wahrgenommen, aber eben auch problematisiert.

Ebenfalls mit der Institution Bundeswehr setzt sich im vierten Beitrag Stefan Oeter auseinander. Im Zentrum steht dabei der Zusammenhang von Frieden und Recht, der ja auch in der Rede vom ‚Gerechten Frieden' zentral sei. Er weist darauf hin, dass das Recht im Zuge seiner Durchsetzung immer in einem Wechselverhältnis zur Gewalt stehe und stehen müsse – Grundlage jeglicher Rechtsordnung sei das Gewaltmonopol eines Staates. Da es dieses auf internationaler Ebene, trotz einiger Mechanismen der UN, nicht in voller Ausprägung gebe, seien die Staaten zur individuellen und kollektiven Selbstverteidigung gezwungen, aber zunehmend auch zum Schutz solcher Menschen verpflichtet, denen keine Möglichkeiten zur Selbstverteidigung zur Verfügung stünden. In der „Kundgebung" der EKD sieht er eine Abkehr von diesen, bisher von der Kirche geteilten, Prinzipien.

Die theologischen Verschiebungen, die sich anhand der „Kundgebung" aufzeigen lassen, zeichnet Bernd Oberdorfer im fünften Beitrag nach. Er konstatiert eine Abwendung von der Unterscheidung von weltlicher und göttlicher Gerechtigkeit und den damit verbundenen Formen der ethischen Abwägung im weltlichen Bereich hin zu einem Gedanken der Jesusnachfolge, die die Kirche zu einem Abbild seines Vorbilds werden lasse. Das sei als Ausdruck einer bestimmten Sicht auf die Funktion von Kirche innerhalb der Gesellschaft durchaus nachvollziehbar, im Sinne eines prophetischen Redens. Dessen Verhältnis zu den ebenfalls in der „Kundgebung" zu findenden ‚realpolitischen' Analysen bleibe dann allerdings ungeklärt. Für die kirchliche Militärseelsorge bedeute diese Ungeklärtheit allerdings, das gestalten zu sollen, zu dessen Überwindung sie aufgerufen wäre.

Thomas Hoppe setzt die Diskussionen um die „Kundgebung" der EKD im sechsten Beitrag in Beziehung zu katholischen Diskursen der Friedensethik. Es zeichne sich ein weitreichender Konsens ab, Gewalt zumindest zu minimieren und nach Möglichkeit präventiv zu vermeiden. Prinzipielle Unterschiede darüber hinaus seien zu unterscheiden von verschiedenen Bewertungen der Faktenlage. Auch hier ist die Schutzverantwortung gegenüber anderen Menschen der stärkste Einwand gegenüber einer absoluten Gewaltlosigkeit. An die rechtserhaltende Gewalt sei wiederum die Frage zu richten, inwieweit sie in sich selbst eskalierende Momente trage. Gerade aus dieser Aporie heraus sei eine fortgesetzte friedensethische Bildung der Soldaten auch in der Militärseelsorge dauerhaft nötig und solle nach Möglichkeit seitens der Kirche von einem entsprechend vielschichtigen Reflexionsprozess begleitet werden.

Im siebten Beitrag beschreibt Antje Heider-Rottwilm das Selbstverständnis und die Kompetenzen von Seelsorgerinnen und Seelsorgern in der Bundeswehr, wie sie im Licht des Rufs nach Gewaltfreiheit wünschenswert sei. Dazu gehören Kenntnisse über Konzepte zur gewaltfreien Transformation, aber auch über Methoden, die eine solche Art von Transformationen beförderten. Als Seelsorger und Seelsorgerinnen bedürften sie der Fähigkeit, Soldatinnen und Soldaten auch zu einer eigenen Auseinandersetzung mit ihren gewaltbereiten Anteilen zu führen und zu einer

Klärung des eigenen Verhältnisses zum Dienst an der Waffe anzuleiten. Neben der liturgischen Kompetenz einer Pfarrerin und eines Pfarrers stehe die ‚prophetische' Kompetenz, die politischen und gesellschaftlichen Hintergründe des Dienstes in der Bundeswehr kritisch zu reflektieren.

Nach der Spannung zwischen der von Gewalt bedrohten Komplexität des Politischen und dem Evangelium des Friedens, wie sie sich in der Militärseelsorge exemplarisch zeige, fragt Roger Mielke im achten Beitrag. Er sieht das Ethos der Gewaltfreiheit als zentralen Ausdruck des Evangeliums, als Anspruch erwachsen aus dessen Zuspruch des Friedens Gottes. Im Kontext der Militärseelsorge stehe dies in einer Spannung zum Gewaltauftrag der Bundeswehr, die nicht einseitig aufgelöst werden dürfe, sondern in ethischer Reflexion und Bildungsprozessen offen gehalten werden müsse. Theologisch könne diese Spannung mit der Lehre von den zwei Regimenten offengehalten werden, die den Bereich des Politischen von dem der Erlösung unterscheide, ohne ersterem eine ‚anspruchslose' Eigengesetzlichkeit zuzugestehen. In diesem Spannungsfeld solle sich die Militärseelsorge als Anwältin der Komplexität verstehen.

Im neunten Beitrag fragt Hendrik Stoppel nach dem utopischen Potenzial der Forderung nach Gewaltfreiheit. Anhand dessen ließe sich ein möglicher Weg aus der dichotomischen Verfestigung des Diskurses um die Gewaltfreiheit nachzeichnen. Der Ausgangspunkt sind Zukunftsvisionen popkultureller, aber vor allem biblischer Provenienz. An ihnen könne aufgezeigt werden, das solche Visionen nicht der Realitätsflucht dienten, sondern gerade auf Aporien der vorgefundenen Wirklichkeit reagierten. Der eschatologische Überschuss dieser Visionen entspreche dabei dem Überschuss der Gewalt, der auch jeder ihrer Einhegungen innewohne. Demgegenüber könnten eschatologische Zukunftserwartungen als U-Topie, als immer entzogene (kommende) Welt, die wichtige Funktion als außerhalb liegender Standpunkt einnehmen, der Gewalt als explizit ethisches Problem offenhalte und deren Überwindung immer wieder einfordere.

Literatur

Benjamin, Walter. 1991. Zur Kritik der Gewalt. In *Aufsätze, Essays, Vorträge. Gesammelte Schriften Bd. II.1*, 179–203. Frankfurt a. M.: Suhrkamp.
Brock, Lothar. 2018. Rechtserhaltende Gewalt im Kontext einer komplexen Friedensagenda. In *Rechtserhaltende Gewalt – eine ethische Verortung*, hrsg. von Ines-Jacqueline Werkner und Torsten Meireis, 117–148. Wiesbaden: Springer VS.
Brücher, Gertrud. 2017. Rechtspazifismus. In *Handbuch Friedensethik*, hrsg. von Ines-Jacqueline Werkner und Klaus Ebeling, 433–449. Wiesbaden: Springer VS.
Claaßen, Andrea. 2019. *Gewaltfreiheit und ihre Grenzen. Die friedensethische Debatte in Pax Christi vor dem Hintergrund des Bosnienkrieges*. Baden-Baden: Nomos.
Endreß, Martin und Benjamin Rampp. 2017. Die friedensethische Bedeutung der Kategorie Gewalt. In *Handbuch Friedensethik*, hrsg. von Ines-Jacqueline Werkner und Klaus Ebeling, 163–173. Wiesbaden: Springer VS.
Enns, Fernando. 2017. Der gerechte Frieden in den Friedenskirchen. In *Handbuch Friedensethik*, hrsg. von Ines-Jacqueline Werkner und Klaus Ebeling, 361–376. Wiesbaden: Springer VS.
Evangelische Kirche im Rheinland (EKiR). 2018. Friedenswort 2018. Auf dem Weg zum gerechten Frieden – Impulse zur Eröffnung eines friedensethischen Diskurses anlässlich des Endes des Ersten Weltkrieges vor 100 Jahren. https://www.ekir.de/www/downloads/LS2018-B30.pdf. Zugegriffen: 4. März 2020.

Evangelische Kirche in Deutschland (EKD). 2007. *Aus Gottes Frieden leben – für gerechten Frieden sorgen. Eine Denkschrift des Rates der Evangelischen Kirche in Deutschland*. Gütersloh: Gütersloher Verlagshaus.

Evangelische Kirche in Deutschland (EKD). 2019. Kirche auf dem Weg der Gerechtigkeit und des Friedens. Kundgebung der 12. Synode der Evangelischen Kirche in Deutschland auf ihrer 6. Tagung. https://www.ekd.de/kundgebung-ekd-synode-frieden-2019-51648.htm. Zugegriffen: 23. Januar 2020.

Evangelische Landeskirche in Baden (EKiBa). 2016. *Richte unsere Füße auf den Weg des Friedens. Ein Diskussionsbeitrag aus der Evangelischen Landeskirche in Baden*. 2. Aufl. Karlsruhe: Evangelische Landeskirche in Baden.

Galtung, Johan. 1975. Gewalt, Frieden und Friedensforschung. In *Strukturelle Gewalt. Beiträge zur Friedens- und Konfliktforschung*, 7–36. Hamburg: Rowohlt Taschenbuch Verlag.

Hofheinz, Marco. 2017. Radikaler Pazifismus. In *Handbuch Friedensethik*, hrsg. von Ines-Jacqueline Werkner und Klaus Ebeling, 413–431. Wiesbaden: Springer VS.

Howe, Günter (Hrsg.). 1963. *Atomzeitalter, Krieg und Frieden*. Frankfurt a. M.: Ullstein.

Jäger, Sarah. 2018. Gewalt in der Bibel und in kirchlichen Traditionen. Eine Einführung. In *Gewalt in der Bibel und in kirchlichen Traditionen*, hrsg. von Sarah Jäger und Ines-Jacqueline Werkner, 1–12. Wiesbaden: Springer VS.

Konferenz der Evangelischen Kirchenleitungen in der DDR. 1968. Zum Friedensdienst der Kirche. Eine Handreichung für Seelsorge an Wehrpflichtigen. *Kirchliches Jahrbuch für die Evangelische Kirche in Deutschland* 1966 (93): 249–261.

Liebsch, Burkhard. 2007. *Subtile Gewalt. Spielräume sprachlicher Verletzbarkeit. Eine Einführung*. Weilerswist: Velbrück Wissenschaft.

Lienemann, Wolfgang. 2004. Kritik der Gewalt. Unterscheidungen und Klärungen. In *Gewalt wahrnehmen – von Gewalt heilen. Theologische und Religionswissenschaftliche*

Perspektiven, hrsg. von Walter Dietrich und Wolfgang Lienemann, 10–30. Stuttgart: Kohlhammer Verlag.

Meßelken, Daniel. 2018. Gewalt – Versuch einer Begriffsklärung. In *Gewalt in der Bibel und in kirchlichen Traditionen*, hrsg. von Sarah Jäger und Ines-Jacqueline Werkner, 13–34. Wiesbaden: Springer VS.

Müller, Olaf L. 2017. Pragmatischer Pazifismus. In *Handbuch Friedensethik*, hrsg. von Ines-Jacqueline Werkner und Klaus Ebeling, 451–466. Wiesbaden: Springer VS.

Petracca, Vincenzo. 2019. Die ultima ratio im Spiegel der Friedensdenkschrift und des badischen Friedensprozesses. In *Rechtserhaltende Gewalt – zur Kriteriologie*, hrsg. von Ines-Jacqueline Werkner und Peter Rudolf, 33–58. Wiesbaden: Springer VS.

Rudolf, Peter. 2019. Ius post bellum, ius ex bello, ius ad vim… – notwendige Erweiterungen einer Ethik rechtserhaltender Gewalt? In *Rechtserhaltende Gewalt – zur Kriteriologie*, hrsg. von Ines-Jacqueline Werkner und Peter Rudolf, 101–120. Wiesbaden: Springer VS.

Werkner, Ines-Jacqueline. 2001. *Soldatenseelsorge versus Militärseelsorge. Evangelische Pfarrer in der Bundeswehr*. Baden-Baden: Nomos.

Werkner, Ines-Jacqueline. 2013. Komplementarität als Königsweg christlicher Friedensethik? Kontroversen im Spannungsfeld von Pazifismus und militärischer Gewalt. *Sicherheit und Frieden/Security and Peace* 31 (3): 133–139.

Werkner, Ines-Jacqueline. 2018. Kirchliche Diskurse um die Anwendung militärischer Gewalt. Eine empirische Perspektive. In *Gewalt in der Bibel und in kirchlichen Traditionen*, hrsg. von Sarah Jäger und Ines-Jacqueline Werkner, 87–116. Wiesbaden: Springer VS.

Werkner, Ines-Jacqueline. 2019. Just Policing – ein Element des gerechten Friedens? Eine Einführung. In *Just Policing*, hrsg. von Ines-Jacqueline Werkner und Hans-Joachim Heintze, 1–15. Wiesbaden: Springer VS.

Dichotomien und Aporien der Diskurse um den Dienst an der Waffe und die rechtserhaltende Gewalt
Einige Überlegungen und Perspektiven

Heinz-Günther Stobbe

1 Der Konflikt um die Gewaltfrage als Bewährungsprobe für die Ökumene

Die Diskurse um das Verhältnis von Militärdienst und Gewaltfreiheit leiden meines Erachtens an einer Reihe von begrifflichen Unklarheiten, die eine Verständigung erschweren. So fällt es bereits nicht leicht, überhaupt den Gegenstand der Auseinandersetzung genau zu bestimmen: Was ist mit dem Begriff der Gewalt gemeint? Was verstehen wir unter einem Gewaltakt? Ist dabei eine Absicht vonnöten oder sind nur die Folgen entscheidend? Ist es sinnvoll, von einer „Naturgewalt" zu sprechen, oder ist der Verwendungsbereich des Gewalt-Begriffs auf die

H.-G. Stobbe (✉)
Münster, Deutschland

Menschenwelt beschränkt? Kann ein Mensch Gewalt auch gegen sich selbst anwenden? Ist das dann ebenso ein moralisches Problem wie die zwischenmenschliche Gewalt? Im alltäglichen Sprachgebrauch deckt der Begriff der Gewalt viele verschiedene Formen ab: körperliche oder seelische Gewalt, tötende, schützende oder hindernde Gewalt, etc. Was ist der gemeinsame Kern dieser vielfältigen Erscheinungsformen? Sind sie alle gleichermaßen verwerflich?

Zu den begrifflichen Schwierigkeiten kommen im Kontext von Kirche und Theologie weitere Probleme hinzu. Eine Orientierung an biblischen Texten ist in diesem Raum unabdingbar, doch kommen damit unvermeidbar Fragen der Bibelauslegung ins Spiel, die methodischer Art sind, aber auch die inhaltliche Seite betreffen. Es geht dabei folglich nicht allein um rein exegetische Probleme, sondern zum Teil um mehr oder minder grundlegende Unterschiede im Verständnis der Beziehung von Exegese und Systematischer Theologie, insbesondere um die Beziehung zwischen Schriftauslegung und Ethik. Sie decken sich oft mit konfessionellen Grunddifferenzen, treten aber in der einen oder anderen Hinsicht auch innerhalb der Konfessionen auf. Die allen christlichen Gemeinschaften gemeinsame Orientierung an der Bibel als *norma normans non normata* bedeutet daher mitnichten eine gleichsam automatische Klärung dieser vielschichtigen Problematik.

Es stellt keineswegs eine überflüssige Trivialität dar, sich der Tatsache zu erinnern, dass in derartigen Kontroversen nicht nur theoretische oder abstrakte „Dichotomien und Aporien" auftreten, sondern Menschen und Gruppen aufeinandertreffen, deren unterschiedliche Überzeugungen in einem dichotomischen oder aporetischen Verhältnis zueinanderstehen. Diese Überzeugungen repräsentieren also bestimmte Ansichten der infrage stehenden Sache in

Verbindung mit einer bestimmten persönlichen, unter Umständen existenziellen Bedeutung. In ihnen verdichten sich dann meist prägende Erfahrungen und ein langes Ringen um eine lebensbestimmende Grundhaltung. Als Bestandteil einer Biographie sind sie Teil einer persönlichen Identität. Eine solche Überzeugung zu ändern heißt deswegen, sich selbst ändern zu müssen und fordert folglich mehr als einen rein intellektuellen Lernprozess. Üblicherweise versteht man heute unter einem Diskurs eine Form der argumentativen Auseinandersetzung, in der nur die Überzeugungskraft der Argumente zählt. Aber die Bereitschaft und die Fähigkeit, sich allein dem „eigentümlich zwanglosen Zwang des besseren Arguments" (Jürgen Habermas) zu beugen, setzt bei den Diskursbeteiligten die Bereitschaft und die Fähigkeit voraus, die je eigene Identität aufs Spiel zu setzen, wenn und insoweit sie mit Überzeugungen verbunden ist, die sich als irrig oder nicht tragfähig erweisen. Diese Verquickung von sachlicher und persönlicher Dimension lässt sich in friedensethischen Debatten sehr häufig beobachten und macht ihren mitunter unerbittlichen Ernst verständlich. Es ist mehr als nur eine Ironie, wenn sich ausgerechnet an der sogenannten Friedensfrage nicht selten die Geister scheiden und Freundschaften zerbrechen. Selbst der aufrichtige Wunsch und ehrliche Wille, um nichts anderes zu streiten als um „die reine Wahrheit und nichts als die Wahrheit" kann im Fall existenziell bedeutsamer Wahrheiten verhindern, sich selbst betroffen zu fühlen. Es gibt in Auseinandersetzungen über derartige Fragen naturgemäß keine reine Sachlichkeit oder strenge Neutralität, und nur das stete Bewusstsein dieser Unmöglichkeit schützt davor, leidenschaftlich vorgetragene Argumente unweigerlich als persönliche Attacken misszuverstehen. Die zwangsläufig ins Spiel kommende persönliche Komponente eines Diskurses weist demnach eine gleichfalls unvermeidbare soziale Seite auf. Es geht auch um kollektive Identitäten und, zugespitzt ausgedrückt, um die Bedingungen der Möglichkeit sozialer Gemeinschaft.

Wenn in einer existenziellen Streitfrage kein Einverständnis erreicht werden kann, entsteht sofort die Folgefrage, welche Konsequenzen das für die noch vorhandene oder angestrebte Gemeinschaft hat. Gesetzt den Fall, die „Dichotomien und Aporien" in Bezug auf das Gewaltproblem ließen sich nicht überwinden, könnte unbeschadet dessen trotzdem ein gewisses Maß an Gemeinschaft fortbestehen oder hergestellt werden? Worauf könnte sie sich gründen? Was könnte Menschen so stark miteinander verbinden, dass auf dieser gemeinsamen Grundlage selbst „Dichotomien und Aporien" ertragbar wären? Wann überschreitet ein sachlicher Dissens die Grenzen gemeinschaftlicher Toleranz? Gibt es sachliche Differenzen, die nicht nur zu einer Abgrenzung, sondern zur Ausgrenzung nötigen? Falls ja, woran genau liegt das? Sind es wirklich Sachgründe, an denen eine Gemeinschaft zerbricht, oder doch eher soziale? Oder lässt sich das eben gar nicht trennen?

Es fällt nicht schwer, in solchen gleichsam sozialphilosophischen Erwägungen Probleme wiederzufinden, die in der Geschichte des Christentums von allem Anfang an auftauchten und besonders im Zusammenhang mit der Reformation geschichtswirksames Gewicht erlangten. Konsequenterweise gehören sie denn auch von Anbeginn an zur modernen ökumenischen Bewegung und zur Themenpalette des ökumenischen Dialogs. Denn nicht die Existenz verschiedener Ausprägungen des christlichen Glaubens bildet die Substanz der ökumenischen Problematik, sondern die Existenz von Gemeinschaften, die bestimmte Lehrauffassungen sowie die mit ihnen korrespondierenden verfassungsmäßigen, liturgischen und ethischen Konsequenzen als unvereinbar mit dem christlichen Glauben beurteilen, den sie jeweils selbst unverfälscht bewahrt zu haben überzeugt sind. Dieses Widerspruchs wegen halten sie Kirchengemeinschaft für unmöglich oder haben eine vormals bestehende Kirchengemeinschaft aufgekündigt. Während in der ökumenischen Bewegung lange Einigkeit darüber herrschte, nur dogmatische Gründe könnten legitime kirchentrennende Gründe sein, haben sich in neuerer Zeit sogenannte „ethische Konfessionen" herausgebildet, basierend auf der Überzeugung, entgegengesetzte ethische Grundsätze oder Urteile berechtigten ebenso den Abbruch der Gemeinschaft wie dogmatische Gegensätze. Handelt es sich bei der Gewaltfrage in diesem Sinne um einen *status confessionis,* vergleichbar der Proklamation des Bekenntnisfalls durch das Moderamen des Reformierten Bundes im Fall der Atomwaffen? Vielleicht jedoch ist die Frage in viel zu allgemeiner Form gestellt, vielleicht hängt die Antwort entscheidend davon ab, von welcher Gewalt die Rede ist. Die rigorose ethische Verurteilung jedweder Gewalt droht jedenfalls aus sich heraus exklusiven und damit konfessionsbildenden Charakter anzunehmen. In der Entstehung von „Friedenskirchen" und dem von Quäkern initiierten Projekt eines strikt pazifistischen Gemeinwesens in Pennsylvania gewinnt diese Tendenz organisatorische Gestalt. Wer diese Konsequenz vermeiden will, kommt nicht um eine differenzierende Beurteilung der Gewalt oder eine Relativierung der Gewaltfrage herum, die ihr den Status eines Bekenntnisfalles nimmt.

Betrachtet man die Gewaltfrage als eine schlichte Alternative nach dem Motto: ‚Ja' zur Gewalt oder ‚Nein' zur Gewalt, dann schließen beide Positionen einander logisch aus. Die gewaltverneinende Position bedarf allerdings einer genaueren Formulierung, um als Kurzfassung des absoluten Pazifismus gelten zu können. Sie lautet dann etwa so: Es gibt keine Situation und kann keine geben, in der es Menschen moralisch erlaubt wäre, anderen Menschen gegenüber Gewalt anzuwenden. Zur Begründung sind verschiedene Argumente angeführt werden. Für die Zeit der Alten Kirche hat Paulus Engelhardt festgestellt:

> „Der Aufruf Jesu zum Gewaltverzicht wurde von den Kirchenlehrern bis in das 4. Jahrhundert hinein zusammen mit dem fünften Gebot (‚Du sollst nicht töten') und den prophetischen Visionen vom kommenden Friedensreich als absolutes Tötungs- und Kriegsverbot verstanden." (Engelhardt 1980, S. 72)

Ob diese Beschreibung historisch zutrifft oder nicht, richtig ist auf jeden Fall, dass die historischen Friedenskirchen (Waldenser, Brüdergemeine, Mennoniten, Quäker) und viele christliche PazifistInnen bis heute mit diesem Verständnis übereinstimmen. Dennoch gehören sie heute als treue Glieder der Gemeinschaft der Ökumene an, die ihrer Überzeugung in weiten Teilen nicht zustimmt. Es lohnt, kurz der Frage nachzugehen, wodurch diese ökumenische Gemeinschaft ohne Heuchelei oder Selbstbetrug oder dem heimlichen Verrat an den gegensätzlichen Auffassungen ermöglicht wird.

Im Bericht der vierten Sektion der Gründungsversammlung des Ökumenisches Rates der Kirchen in Amsterdam (ÖR 1948, S. 259–268) findet sich ein Abschnitt, der darüber Aufschluss gibt. Die Sektion hatte sich mit dem Thema „Die Kirche und die Unordnung der Welt" befasst, und das erste Kapitel trug eine Überschrift, die später unzählige Male wie ein fundamentaler Merksatz der Ökumene zitiert wurde: „Krieg soll nach Gottes Willen nicht sein". Sehr viel spärlicher fiel die Erinnerung an die ehrliche Schilderung über das Ergebnis der Beratungen über die bedrängende Frage „Kann der Krieg heute noch ein Akt der Gerechtigkeit sein?" Der Bericht hält fest: „Auf diese Frage können wir freilich keine einmütige Antwort geben", um dann „drei verschiedene Grundhaltungen" zu skizzieren, zu denen auch die prinzipielle Ablehnung von Gewalt und Krieg zählt. Es folgt ein ebenso bemerkens- wie bedenkenswerter Kommentar:

> „Wir bekennen offen, daß es uns schwer ist, so verschiedene Meinungen in dieser Sache unter uns zu haben. Wir bitten alle Christen dringend, sie möchten es als ihre Pflicht ansehen, dauernd um diese schwierige Frage zu ringen und in aller Demut Gott zu bitten, er wolle ihnen den rechten Weg zeigen. Wir glauben, daß hier die Theologen die besondere Verpflichtung haben, den theologischen Fragen nachzugehen, um die es sich hier handelt. Derweilen darf die Kirche nicht aufhören, alle, die eine dieser drei Meinungen mit Ernst vertreten und die bereit sind, sich von Gott erleuchten zu lassen und sich seinem Willen zu unterwerfen, als ihre Brüder und Schwestern anzusehen." (ÖR 1948, S. 261)

Das ist nicht weniger als ein Grundsatzprogramm innerkirchlicher Toleranz und Auseinandersetzung: Das wechselseitige Erkennen und die gegenseitige Anerkennung als „Brüder und Schwestern" wird nicht abhängig gemacht vom Konsens in einer strittigen Sache, sondern von der Ernsthaftigkeit der kontroversen „Meinungen" und allem voran des Willens, sich „von Gott erleuchten" zu lassen, also sich der höheren Einsicht zu beugen, wie schmerzhaft das auch sein mag. Diese zweite Bedingung ist entscheidend, denn

> „die Kirche ist eine ökumenische Gemeinschaft, die alle menschlichen Spaltungen und Gruppenbildungen transzendiert. Die Kirche kennt nur eine christliche

Entscheidung, die über allen politischen oder geistig-politischen Entscheidungen liegt, nämlich die Pflicht des Gehorsams gegen ihren Herrn, den Herrn der ganzen Welt." (Van Asbeck 1948, S. 76)

Toleranz ist dabei nicht als eine Haltung gedacht, die den Status quo gegensätzlicher Überzeugungen festschreibt, sondern als die Voraussetzung dafür, das „Ringen" um „den richtigen Weg" in der Gemeinschaft der Kirche fortsetzen zu können, anstatt ihn als Streit getrennter Gemeinschaften fortsetzen zu müssen. Die Wahrheit, die jede Seite erkannt zu haben meint und für die sie eintritt, wird so dem Säurebad des Für und Wider von Argumenten ausgesetzt und kann sich darin bewähren oder auflösen. Im besten Fall erstrahlt sie, von Mehrdeutigkeiten, Übertreibungen oder Halbheiten gereinigt, in neuem Glanz in einer gestärkten Gemeinschaft. Dennoch hat die Toleranz ein Ende dann, wenn eine Seite ihre „Meinung" als mit dem Willen Gottes identisch behauptet.

2 Absoluter Gewaltverzicht als besondere Berufung und eschatologisches Zeichen

Gegenüber der rein theologischen Variante des absoluten Pazifismus existiert eine zweite, entweder nur oder vorwiegend ethisch begründete. Sie interpretiert das Tötungsverbot als deontologische Verbotsnorm, das heißt: das Töten wird als intrinsisch böse bewertet und kann deshalb niemals moralisch erlaubt sein bzw. positiv ausgedrückt: Das Töten von Menschen ist immer und unter allen Umständen verboten. Diese Position stützt sich im christlichen Pazifismus seit alters auf eine bestimmte Interpretation des 5. Gebots, bei der gegen den ursprünglichen

Wortsinn das Wort „morden" durch das Wort „töten" ersetzt, also das absolute Mordverbot in ein absolutes Tötungsverbot verwandelt wird. Gleichsam in Umkehrung dieses Übersetzungsfehlers setzt das deontologische Tötungsverbot jede Tötungshandlung mit einem Mord gleich. Da Mord im allgemeinen Verständnis als rechtlich wie moralisch verwerfliche Tat und damit per se als verboten gilt, entsteht der Anschein eines deontologischen Tötungsverbots. Doch dieses Verfahren der Normbegründung ist unzulässig, weil die Verwerflichkeit bereits in der Bezeichnung der Handlung enthalten ist, deren Verwerflichkeit ja eigentlich infrage steht. In Wahrheit dreht es sich folglich nicht um das Töten im Allgemeinen, sondern um einen bestimmten Typus tötenden Handelns, nämlich eben den Mord, der durch eine bestimmte Motivation bzw. durch bestimmte Beweggründe gekennzeichnet ist. Erst das Moment der Intentionalität konstituiert einen Tötungs*akt* als Tötungs*handlung*, die moralisch und rechtlich zurechenbar ist.

Diese Sachlage hat weitreichende Folgen für das Verständnis des absoluten Gewaltverbots. Denn es nötigt dazu, vom Handlungscharakter einer Gewalttat zu abstrahieren und bei einer Tötung nur den Tötungsakt als solchen und für sich genommen in Betracht zu ziehen. Es geht ausschließlich um die Zerstörung, Vernichtung oder Beendigung eines Lebens, nicht darum, welche Lebensform getötet wird, von wem oder weshalb. Die großkirchliche Tradition hat sich diesen Standpunkt nicht zu eigen gemacht, sondern sehr wohl konkrete Unterscheidungen als Bedingungen absoluter moralischer Verwerflichkeit geltend gemacht. Für die römisch-katholische Soziallehre hat das Papst Johannes Paul II., ein leidenschaftlicher Gegner der Abtreibung, paradigmatisch formuliert: „Nur Gott ist der Herr des Lebens von seinem Anfang bis zu seinem Ende: *Niemand* darf sich, *unter keinen Umständen,* das Recht anmaßen, ein *unschuldiges* menschliches Wesen, *direkt* zu zerstören." (Katholische Kirche 1993, Nr. 2258) Diese Begrenzung des Tötungsverbots hat es der Kirche gestattet, die Todesstrafe oder das Töten im Krieg grundsätzlich zu erlauben, jedoch mit Rücksicht auf das Kriterium der Unschuld der Opfer zum Beispiel die Anwendung von Massenvernichtungswaffen zu verurteilen, weil diese per definitionem die Unterscheidung von schuldigen und unschuldigen Opfern bzw. von Soldaten und Zivilisten ignorieren. Die großen christlichen Konfessionen bewegen sich in ihrer Mehrheit auf dieser Linie einer unterschiedlichen moralischen Beurteilung und Bewertung verschiedener Tötungshandlungen. Das Prinzip lautet: Töten ist nicht gleich töten.

Ein absolutes Tötungsverbot duldet per definitionem keine Ausnahme. Im Licht eines unbedingt geltenden Prinzips stellt sich, anders als bei einer verbindlichen Regel oder einem Gesetz, jede Ausnahme als Widerspruch zum Prinzip dar. Aus der Perspektive des absoluten Pazifismus verstößt jede Ausnahme vom Tötungsverbot gegen den eindeutigen Willen Gottes. Wegen dieser Begründung geht der hier üblicherweise ins Spiel gebrachte Gegensatz von Gesinnungs- und Verantwortungsethik an der Sache vorbei. Gottes Willen zu gehorchen schließt Gesinnung und Verantwortung ein, und darum denken und handeln PazifistInnen nicht verantwortungslos und nur auf ihre Gesinnung bedacht, umgekehrt schließt ja auch Verantwortung Gesinnung keineswegs aus. Der strittige Punkt ist einzig und allein, ob das Tötungs- und Gewaltverbot ausnahmslos gilt bzw. gelten kann. Noch einmal: Auch das Verbot, Unschuldige mit Absicht zu töten, kennt keine Ausnahme. In diesem Sinne hat das Bundesverfassungsgericht bekanntlich entschieden, das Leben unschuldiger Menschen könne und dürfe auch in dramatischen Konfliktlagen (etwa der

Konflikt unschuldige Flugzeugpassagiere vs. unschuldige Terroropfer bei einer Flugzeugentführung mit Attentatsabsicht) nicht gegeneinander verrechnet werden. Die Rechtmäßigkeit, zur Rettung Unschuldiger die Flugzeugentführer zu töten, stand überhaupt nicht zur Debatte, und es kann kein Zweifel daran bestehen, dass eine Tötungsaktion erlaubt worden wäre, wenn sie nicht unvermeidbar den Tod der unschuldigen Passagiere zur Folge gehabt hätte. Diese Zwangsläufigkeit schafft eine tragische Situation, da es unmöglich ist, Unschuldige zu retten, ohne Unschuldige zu töten, auch wenn deren Tod nicht direkt gewollt ist.

Unter Voraussetzung eines absoluten Tötungsverbots kommt ein vergleichbares Dilemma jedes Mal zustande, wenn es möglich wäre, unschuldige Menschen um den Preis des Lebens von TäterInnen zu retten – und nur um diesen Preis. Auch dann müssen unter Umständen als tragische Opfer in Kauf genommen werden. Doch es gibt zwei Unterschiede, und die sind entscheidend. Im ersten Fall muss der Tod Unschuldiger hingenommen werden, weil es unmöglich ist, ihn zu verhindern. Im zweiten Fall wird er hingenommen aufgrund einer Entscheidung, ihn nicht zu verhindern. Im ersten Fall fällt nicht ins Gewicht, ob die Opfer bereit sind zu sterben, im anderen Fall werden sie ungefragt zu Opfern gemacht, obgleich sie einer gewaltsamen Rettung mit großer Wahrscheinlichkeit zustimmen würden, wie zum Beispiel die Befreiung der Passagiere der Lufthansamaschine „Landshut" aus der Hand von Geiselnehmern in Mogadishu belegt. Die Bedeutung einer freien Zustimmung zum eigenen Tod wird sehr klar durch den Vergleich mit dem Verhalten jener Geiseln, die im vierten entführten Flugzeug des 11. Septembers 2001 die Kidnapper angriffen und das Flugzeug zum Absturz brachten, bevor es die geplanten Zerstörungen anrichten konnte. Vielleicht hofften sie einen Augenblick lang, das Flugzeug in die Hand zu bekommen, aber schließlich ging es ihnen offenbar nur noch darum, um den Preis des eigenen Lebens das Leben anderer zu retten und die Entführer deswegen mit in den Tod zu reißen. Das heißt: Wenngleich ungewollt zu Geiseln geworden und ohnehin dem Tod geweiht, haben sie dennoch frei über ihr Leben entschieden. Diese Entscheidung wird Menschen vorenthalten, die sterben müssen, wenn selbst zum Zweck der Nothilfe das Töten untersagt ist. Es ist darum unredlich, in der Diskussion um den Dienst an der Waffe nur von den Opfern eines Waffengebrauchs zu sprechen und über die Opfer des Gewaltverzichts zu schweigen. Denn die Wahrheit ist: Es gibt gewiss keinen „sauberen" Krieg, aber auch keinen strikten Pazifismus der „sauberen Hände".

Gelegentlich suchen VertreterInnen des absoluten Pazifismus dem Eingeständnis dieser tragischen Seite ihrer Position auszuweichen, indem sie geltend machen, der Griff zur Gewalt erfolge immer vorschnell, es sei also nicht sorgfältig genug nach einer Alternative gesucht worden oder aber, es sei versäumt worden präventiv tätig zu werden, um erst gar nicht in eine Konfliktsituation zu geraten, die Gewalt als einzige Lösung erscheinen lasse. Das Ultima-ratio-Argument diene deshalb als Ausrede für folgenschweres Versagen, das eigentlich vermeidbare Opfer nach sich ziehe. Noch schwerer wiegt der Vorwurf, es handle sich weder um ein Versagen noch ein Versäumnis, sondern eine politische Taktik, um den Anschein einer moralischen Notwendigkeit zu erzeugen und so den Einsatz militärischer Gewalt ideologisch zu rechtfertigen.

Nun wäre eine solch zynische Vorgehensweise vollkommen inakzeptabel, und es besteht eine unbedingte moralische Pflicht, schuldhafte Versäumnisse, die unschuldigen Menschen das Leben kosten, zu vermeiden. Aber niemand vermag zu garantieren, dass das immer gelingt. Man kann ohne Zweifel – um ein analoges Beispiel anführen – eine Fülle von Maßnahmen ergreifen, um die allgemeine Verkehrssicherheit zu erhöhen. Trotzdem wäre es fahrlässig, nicht zusätzlich mit der Möglichkeit schwerer Verkehrsunfälle zu rechnen, bei denen Opfer nur durch außergewöhnliche Hilfeleistung gerettet werden können. So ist auch selbst bei zureichenden Präventionsanstrengungen nicht gänzlich das Auftreten von Konfliktsituationen zu verhindern, in denen Gewalt als letztes Mittel, Gewalt zu verhindern oder zu mindern, nicht nur legitim, sondern sogar als geboten erscheint. Denn jeder Mensch hat das Recht auf Sicherheit und Schutz von Leben, Freiheit und Eigentum und deswegen das Recht auf Notwehr oder auf Nothilfe.

Auch dieses Recht hat Grenzen, da es unzulässig wäre, es um jeden Preis durchzusetzen. Außerdem kann jeder Mensch darauf verzichten, sein Recht wahrzunehmen, wenn er das will. Doch gibt es im Grundsatz weder eine moralische Pflicht zum Verzicht und noch weniger das Recht, auf das Recht anderer zu verzichten. Absoluter Gewaltverzicht kann nur eine Entscheidung des einzelnen Menschen oder einer Gruppe in Bezug auf die Verteidigung eigener Rechte oder zu Gunsten der Rechte anderer sein, nie aber, um diese über die Köpfe der Betroffenen hinweg zu beschneiden.

„Der eigentliche Grund, warum pazifistischer Gewaltverzicht eine besondere moralische Wertschätzung verdient, liegt in der Bereitschaft, auf die Anwendung von Gewalt zu eigenen Gunsten, sei es, um Leib und Leben zu verteidigen, sei es, um bedrohte Güter wie Eigentum, Einfluss und Freiheit zu schützen, zu verzichten. Die moralische Anerkennung, die einer solchen supererogatorischen Einstellung zu Recht entgegengebracht wird, lässt sich jedoch nicht fraglos auf ganz anders gelagerte Situationen übertragen, in denen unschuldige Dritte schutzlos der Gewalt durch Angreifer ausgesetzt sind, die ihnen in skrupelloser Weise grausame Gewalt zufügen." (Schockenhoff 2018, S. 681)

Kann Gott fordern, Unschuldige schutzlos solcher Gewalt preiszugeben?

Es ist keineswegs abwegig, die Position des absoluten Gewaltverzichts mit der Logik einer archaischen Weltsicht in Beziehung zu setzen. Sie besagt: Leben lebt auf Kosten von Leben. Für sie steht besonders das Symbol der Uroboros-Schlange, die sich selbst vom Schwanz her verschlingt. Es veranschaulicht das Leben, das sich nur zu erhalten vermag, indem es sich selbst verzehrt. In der Antike allerdings fehlt der Deutung des Symbols die tragische Komponente, vielmehr bringt es die Autarkie und selbstgenügsame Vollkommenheit des Lebens zum Ausdruck. Gerade deshalb widerspricht es dem jüdisch-christlichen Glauben, für den das Leben zur Schöpfung Gottes gehört, die vom Schöpfer als dem Herrn des Lebens abhängig bleibt. Die von Ihm gesetzte Ordnung soll das Leben bewahren. Der Auftrag des Menschen, Hüter der Schöpfung zu sein, bedarf im Paradies keiner Gewalt, am wenigsten tötender Gewalt. Deswegen deutet der erste Schöpfungsbericht eine vegetarische Lebensweise des Menschen an. Das Tötungsverbot, das ja das Töten voraussetzt, muss also der Welt nach dem Sündenfall zugeordnet werden und bringt eine Ethisierung der Lebensführung zum Ausdruck, die mit der archaischen Weltsicht bricht. In dem geschlossenen Kreislauf von Leben und Tod, von Fressen und Gefressenwerden, taucht nicht zufällig nirgendwo das Problem der Schuld auf. Es wäre unsinnig, einen Löwen auf der Jagd moralisch anzuprangern. Insofern gleicht der Krieg dem Naturzustand, in dem nur überleben kann, wer tötet. Doch in Wahrheit ist der Krieg ein Phänomen der menschlichen Kultur, und es gelingt dem Menschen nur, zum Naturzustand zurückzukehren, wenn er das Töten völlig von der Pflicht einer ethischen Rechtfertigung löst, wenn er also subjektiv schuldunfähig ist oder die Situation, in der er tötet, ihm keine andere Wahl lässt. Das nennt man eine tragische Situation.

Wenn der radikale Pazifismus in den Augen sogenannter Realisten den Eindruck erweckt, etwas aus der Welt gefallen zu sein, dann deshalb, weil er der Unausweichlichkeit solcher Situationen zu entkommen sucht. In ihm scheint etwas von der verlorenen Unschuld paradiesischen Lebens auf. Aber zwischen dem Paradies und der Welt nach dem Sündenfall stehen Gebot und Verbot, die im Zustand paradiesischer Vollkommenheit nicht nötig waren. Der absolute Gewaltverzicht hat ebenfalls seine ursprüngliche Unschuld verloren, denn er bleibt der Tragik der Schuldverstrickung verhaftet, die die Welt ‚jenseits von Eden' kennzeichnet. Er macht nur dann nicht schuldig, wenn es keine moralische Pflicht gibt, gegebenenfalls zum Zweck der Nothilfe auch zu töten. Auf Gewalt bedingungslos zu verzichten, bedeutet im Ernstfall, das Leben der Gewalttäter zu schonen und dafür den Tod der Opfer in Kauf zu nehmen. In gewisser Weise bestätigt der Gewaltverzicht so den archaischen Grundsatz: Leben kostet Leben – nur eben ohne moralische Entlastung durch ein Welt- oder Naturgesetz. Auf den ersten Blick verwandelt sich deshalb die Tragik der Situation in das moralische Dilemma, gleichzeitig töten und nicht töten zu sollen. Doch dieser Eindruck täuscht. Denn es entsteht überhaupt kein Dilemma, sobald man sich vergegenwärtigt, dass auch der/die im Zuge der Nothilfe Tötende genau genommen weder töten soll, noch töten will. Denn der eigentliche Grund des Tötens ist die Pflicht, Leben zu retten, die das Recht begründet, im Notfall dafür auch zu töten. In seiner Schrift zur Frage,

„Ob Kriegsleute auch im seligen Stande sein können" von 1526 (Luther 1990b [1526]) mahnt Luther, auf das „Kriegsamt" nicht mit „kurzsichtigen, einfältigen Kinderaugen" zu schauen, „die dem Arzt nur bis dahin zusehen, wie er die Hand abhaut oder das Bein absägt," aber nicht sehen oder erkennen, „daß es ihm darum zu tun ist, den ganzen Leib zu retten." (Luther 1990b [1526], S. 177) Das Gebot, Menschen zu schützen, hebt also das Verbot, Menschen zu töten, im Notfall auf. Im Naturzustand muss töten, wer leben will, doch das ist nur die halbe Wahrheit. Die ganze Wahrheit besagt: In der Regel fallen in der Natur die schwächeren Tiere den stärkeren zum Opfer, die ihrerseits Opfer von noch Stärkeren werden. Die nationalsozialistische Weltanschauung hat daraus einen Sozialdarwinismus und aus ihm das Recht und die Pflicht abgeleitet, „lebensunwertes Leben" zu vernichten. Der radikale Pazifismus bricht entschieden mit dem Gesetz der Natur, auf das sich die Nazis berufen. Doch man entkommt ihm nicht, indem man es nur auf den Kopf stellt und jedes Töten moralisch verwirft. Die Abkehr vom Gesetz der Natur vollzieht sich dadurch, dass allem Leben ein Recht auf Leben und zugleich das Recht zugesprochen wird, sich zu verteidigen, und dieses Recht auf Notwehr in Form der Nothilfe auch für die durchgesetzt wird, die es selbst nicht wahrnehmen können. So wird den Schwachen Schutz gewährt, die in der Gesellschaft zum Untergang verurteilt sind, wenn sie und so lange sie nach dem Gesetz der Natur funktioniert. Allerdings entspricht der Pflicht zur Nothilfe das Verbot, sie als Freibrief zum Töten zu missbrauchen. Deswegen gilt es, bei der Anwendung von Gewalt eine Rangfolge zu beachten: Tötende Gewalt ist nur gerechtfertigt, wenn keine Form hindernder Gewalt die Bedrohung unschuldigen Lebens aufzuheben vermag. Sie kann und darf immer nur letztes Mittel sein. Gewaltverzicht stellt daher ein regulatives Prinzip dar, das die verschiedenen Stufen der Gewalteskalation charakterisieren muss: Nie darf mehr Gewalt eingesetzt werden, als mit Blick auf das Ziel der Gewaltverhinderung und -minderung nach menschlichem Ermessen erforderlich ist. So gesehen tritt an die Stelle einer exklusiven Alternative von radikalem Gewaltverzicht und Gewaltanwendung ein Spektrum von Handlungsmöglichkeiten, das je nach Situation vom Gewaltverzicht bis zu harter Gegengewalt reicht.

Die Debatte über den Waffendienst in Militär und Polizei läuft in christlicher Perspektive letzten Endes auf die Frage hinaus, wie sich Nächstenliebe und Feindesliebe zueinander verhalten. „Die Menschen zu töten – ist nicht Liebe, sie zu schlagen und zu quälen, in wessen Namen das auch geschehen mag, […] – ist nicht Liebe" (Tolstoi 2012, S. 45), erklärt Tolstoi kategorisch. Die großkirchliche Tradition dagegen gibt in einem Konflikt zwischen Nächsten- und Feindesliebe der aus der Nächstenliebe erwachsenden Pflicht, unschuldiges Leben zu schützen, den Vorrang gegenüber der aus der Feindesliebe erwachsenden Pflicht, das Leben des Feindes zu schonen. Die friedenskirchliche Tradition dagegen nimmt gar keine Pflichtenkollision wahr, weil für sie auch der Feind ein Nächster ist und sich darum die Nächstenliebe in der Feindesliebe konkretisiert. Viele Menschen halten Feindesliebe für ein psychologisches Unding, doch liegt diesem Urteil ein romantisierendes Vorurteil zugrunde, das Liebe als reines Gefühl versteht, das kommen und gehen kann, überwältigt oder sich verflüchtigt. Nach christlichem Verständnis jedoch handelt es sich um eine ganzheitliche Zuwendung von Person zu Person, die – in Kategorien traditioneller Anthropologie ausgedrückt – Gefühl, Verstand und Willen einschließt. Anders als ein mehr oder minder flüchtiges Gefühl konstituiert Liebe eine Lebensform, die in unterschiedlicher Weise alle sozialen Beziehungen einer Person beeinflusst. So verhält es auch im Fall der Feindschaft, bei der sich die Feinde wechselseitig als Feinde wahrnehmen und im Sinne dieser beidseitigen Beziehungsdefinition agieren. Mit Rücksicht darauf bedeutet Feindesliebe nicht, gegenüber dem Feind positive Gefühle hegen zu müssen, es heißt: dem Feind nicht als Feind zu begegnen, sich also der Beziehungsdefinition zu verweigern, die den Feind leitet.

Pazifistische Strategien setzen darauf, die Feindesliebe werde den Feind verwandeln, indem sie das Gute in ihm weckt und anspricht. Er werde irgendwann kein Feind mehr sein. Das kann tatsächlich geschehen und wenn es geschieht, gleicht es einem Wunder, ja vielleicht ist es, mit christlichen Augen betrachtet, die Grundform eines Wunders. Aber Feindesliebe wirkt nicht wie ein magischer Automatismus oder ein Mechanismus, sie vermag einen Feind nicht zu zwingen, sich zu ändern. Es hilft nicht, einen Feind einseitig umzudefinieren. Denn selbst dann, wenn man den Feind nicht mehr Feind, sondern einen Nächsten nennt, ja ihn wirklich als Nächsten annimmt, kann er dieses Beziehungsangebot ablehnen. Sonst wäre die Feindesliebe identisch mit der Nächstenliebe. Doch was den Feind als Feind kennzeichnet, ist der Wille, einen anderen Menschen zu schädigen, aus Hass, aus Gier oder wegen sonstiger Gründe. Dieser Wille schafft eine Notwehr- oder Nothilfesituation, weil er eine Bedrohung darstellt, die zu einer Reaktion nötigt. Notwehr und Nothilfe haben immer den Charakter der Gefahrenabwehr, einer Schutzmaßnahme, darin liegt ihr Sinn, darauf beruht ihr Recht und das markiert auch ihre Grenze. So gehen denn, wie Luther in seiner Obrigkeitsschrift sagt, Gewaltverzicht und Gewaltausübung „fein miteinander": „Denn mit dem einen siehst du auf dich und das Deine, mit dem anderen auf den Nächsten und das Seine." Für mich selbst gebietet das Evangelium, Unrecht zu erdulden, dagegen an „dem andern und dem Seinen hältst du dich nach der Liebe und leidest kein Unrecht für deinen Nächsten – was das Evangelium nicht verbietet, ja vielmehr an anderer Stelle gebietet." (Luther 1990a [1523], S. 50 f.)

Notwehr und Nothilfe müssen keineswegs immer gewaltsam sein, aber immer geeignet, die Gefahr abzuwenden: Man kann den Feind zur Vernunft bringen, ihn überzeugen oder überreden, seine Absicht aufzugeben; oder ihn durch eine Drohung davon abhalten. Wenn alles vergebens ist, geht es darum, ihn mit Gewalt daran zu hindern, seinen Willen auszuführen, im äußersten Ernstfall auch durch seine Tötung. Dennoch heißt das nicht, Hass mit Hass zu beantworten, Verachtung mit Verachtung. Für die Feindesliebe bleibt der Feind ein Mensch, dessen Würde im Tod und nach dem Tod respektiert werden muss. Rettet sein Tod ein Menschenleben, ist die gelungene Rettung ein Grund zur Freude, nicht der Tod. Ein Sieg darf gefeiert werden, aber der Siegesjubel sollte nicht die Trauer um die Gefallenen und Getöteten vergessen lassen, die der Feinde eingeschlossen.

Der Unvermeidbarkeit derartiger Konfliktsituationen hat die großkirchliche Tradition durch legitime Ausnahmen vom allgemeinen Tötungsverbot Rechnung getragen. Sie hat allerdings auf der anderen Seite dem christlichen Pazifismus weithin die ihm zustehende Anerkennung verweigert und sich an seiner staatlichen Verfolgung beteiligt. Je mächtiger die Staaten wurden und ihre innere Organisation strafften, desto häufiger konnten Pazifisten nur durch Flucht ihr Leben retten. Im Nationalsozialismus starben viele Anhänger des Pazifismus in Folterkellern und Konzentrationslagern, und bis heute werden Pazifisten als Wehrdienstverweigerer selbst in manchen demokratischen Staaten inhaftiert. Der Streit über den strikten Gewaltverzicht dreht sich von früh an nicht allein um die moralische Erlaubtheit des Tötens, sondern mündet auch schnell in eine Auseinandersetzung über die Beziehung von Glauben und Staat, Kirche und Staat.

Nachdem die meisten Pazifisten heute die Legitimität der Notwehr und Nothilfe auch mit Gewalt und die Aufgabe der Polizei im Rahmen der staatlichen Ordnung anerkennen, hat die Debatte ihren Schwerpunkt verlagert. Ins Zentrum gerückt ist das Problem der moralischen Rechtfertigung des Waffendienstes im Militär bzw. genauer gesagt: des Militärs als staatliches Instrument der Kriegsführung. Der antimilitaristische Zweig des Pazifismus hatte seine größte Stärke im mutigen Kampf gegen den (preußischen) Militarismus als einer Ideologie, die alles Militärische glorifizierte und das Soldatentum zum maßgeblichen Ideal der Männlichkeit verklärte. Die Kritik der Institution des Militärs geht jedoch tiefer und betrifft oftmals den Staat selbst. Man muss nicht unbedingt die Ansicht von Ekkehart Krippendorff teilen, der Staat und Militär für „Zwillinge" hält und einen unauflösbaren Zusammenhang zwischen ihnen sieht (1985, S. 10 f.), um ihm doch insoweit zustimmen zu müssen, als die Beziehung zwischen Staat und Krieg historisch gesehen sehr alt und eng ist. Gehen Staat und Krieg immer Hand in Hand, dann lässt sich der Krieg nur überwinden, indem der Staat überwunden wird. So sah es bereits Leo Tolstoi in seiner Schrift „Patriotismus und Regierung" von 1900, die in die Sammlung „Über Krieg und Staat" (1900) aufgenommen wurde. Er forderte, die „Regierungen" abzuschaffen und mit ihnen das „Gewaltorgan", dessen sie sich bedienen, um Kriege zu führen, also des Militärs (Tolstoi 1900, S. 64). Tolstoi bestritt allerdings, damit werde der Staat hinfällig, er nehme nur eine rationalere Form der Organisation an. Obgleich vom religiösen Anarchismus und Pazifismus Tolstois denkbar weit entfernt, teilten die Kommunisten die Vision einer Welt ohne Staat und Krieg, denn auf dem Weg zum vollendeten Sozialismus werde der Staat absterben und mit dem Sieg über den Kapitalismus die Wurzel der Kriege ausgerissen. Weder das eine noch das andere hat sich wirklich ereignet. Der Sowjetstaat wurde, sozusagen ganz klassisch, mit Gewalt aus der Taufe gehoben, hat sich in einem schrecklichen Bürgerkrieg mit militärischer Gewalt behauptet und sich dank fortschreitender Militarisierung als Weltmacht etabliert.

Aber auch sonst hat sich der Staat, allen gegenteiligen Prognosen zum Trotz, als zählebig erwiesen. Zwar verliert der Nationalstaat im Zuge der Globalisierung in mancherlei Hinsicht an Bedeutung, aber gerade im Bereich der Militär- und Sicherheitspolitik am wenigsten. Eher schon zeigt sich dort ein starker Trend zur Renationalisierung. Ohne Zweifel ist der Staat das Ergebnis einer historischen Entwicklung, denn über die weitaus längste Strecke der Menschheitsgeschichte hinweg gab es keinen Staat. Dennoch hat er im weiteren Verlauf der gesellschaftlichen Evolution beständig an Gewicht gewonnen und mittlerweile lässt er sich aus der politischen Realität nicht mehr wegdenken. Die Einsicht in seinen historischen Charakter hat trotzdem theoretische Folgen: Seine Existenz wird erklärungs- und begründungsbedürftig.

Nun verhält es sich natürlich keineswegs so, als sei der Staat früher als selbstverständliche Gegebenheit wahrgenommen und fraglos hingenommen worden. Aber die Frage nach seiner Entstehung wird in der Frühzeit durchweg mythologisch beantwortet: Die Könige wurden durch die Götter eingesetzt oder stammten von ihnen ab, und sie fungierten als Hohepriester zugleich als Mittler zwischen der Welt der Götter und der Welt der Menschen. Im Vergleich dazu liefert der Blick in das Erste Testament der Bibel einen bemerkenswert abweichenden Befund. Zuerst fällt auf, dass in keinem der beiden Schöpfungsberichte vom Staat die Rede ist, auch nicht im Sinne einer Notordnung nach dem Sündenfall. Nicht einmal am Sinai gründet der Gott Israels einen Staat für sein Volk und ernennt Moses zum ersten König, er schließt stattdessen mit dem Volk einen Bund und gibt ihm ein Bundesgesetz, das Moses verkündet. Es fehlt jedoch eine politische Herrschaftsstruktur, ein Hofstaat und eine staatliche Verwaltung und, nicht zuletzt, ein Heerwesen. All das steht noch aus und gehört folglich aus der Sicht der Autoren nicht zur konstitutiven Beziehung zwischen Gott und Volk, der Staat ist weder ein Element der Schöpfungsordnung noch der Heilsordnung. Es gibt kein sakrales Königtum, und genau das unterscheidet Israel zunächst fundamental von den altorientalischen Staaten und Reichen. Die Texte der Geschichtsbücher im Ersten Testament lassen noch Spuren des steinigen, stets umstrittenen Weges erkennen, den Israel zurücklegen musste, bis es zu einem Staat unter Staaten wurde. Die Autoren stellen den Staat nicht als Konsequenz göttlichen Willens dar, sondern als Zugeständnis, zu dem sich Gott durch das Drängen des auserwählten Volkes veranlasst sieht, das trotz aller Belehrung über die drückenden Folgelasten des Königtums auf seiner Forderung beharrt: „Nein, ein König soll über uns herrschen. Auch wir wollen wie alle anderen Völker sein. Unser König soll uns Recht sprechen, er soll vor uns herziehen und soll unsere Kriege führen." (1 Sam 8, 19 f.)

Die grundsätzliche Skepsis, die sich in dieser Darstellung niedergeschlagen hat, spricht allerdings nicht für einen wesenhaften Zusammenhang von Staat und Krieg, denn offenbar fanden Kriege bereits in der staatsfreien Phase der Geschichte des auserwählten Volkes statt. Der springende Punkt ist der Wandel der theokratischen Herrschaftsform, der die Kriegsführung und das Kriegswesen ändert, nicht die Entstehung des Krieges.

Im Einklang mit dem Blick auf das Beispiel auf die Frühzeit Israels lehrt die Geschichte der meisten staatenlosen Völker, dass sie auch ohne staatliche Organisation Kriege führten. Vor diesem Hintergrund sticht das Gewicht ins Auge, das dem Staat in der Neuzeit beigemessen wird, gerade auch dort, wo bei der Staatsbegründung auf religiöse Argumente verzichtet wird. In der Konzeption der theoretischen Rekonstruktion der Entstehung des Staates, die Thomas Hobbes als einer einflussreichsten politischen Denker Europas erdacht hat, spielt der Bezug zur Gewalt eine hervorragende Rolle. Doch anders als weithin in der wirklichen Geschichte, die Krippendorff als Beweis für die gewaltförmige Staatsgenese ins Feld führt, bringt die Gewalt bei Hobbes den Staat nicht hervor, vielmehr konstituiert sich die Staatsgewalt, der „Leviathan", wesentlich als befriedende Gewalt, indem sie die im „Naturzustand" frei flottierende Gewalt, die jederzeit Hab und Gut, Leib und Leben aller bedroht, an sich zieht und monopolisiert, Schutz und Sicherheit aller gewährleistet, dafür aber Loyalität und Gehorsam einfordert. So geht der Staat aus einem wechselseitigen freiwilligen, vertraglich abgesicherten Gewaltverzicht seiner Bürger hervor, der den von Unsicherheit und Angst gekennzeichneten Zustand eines Krieges aller gegen alle in einen Zustand von Sicherheit und Frieden verwandelt. Allerdings verschwindet durch den Gewaltverzicht der Staatsbürger nur der Krieg, nicht aber die Gewalt, die nun vollständig in der Hand des staatlichen Souveräns liegt, der sie dazu nutzt, um jede dennoch im Staat auftretende Gewalt mit Gewalt zu bekämpfen und zu unterdrücken.

Gut nachvollziehbar daher einerseits, weshalb Hobbes seine politische Philosophie als „methodische Friedenswissenschaft" (Kersting 2002, S. 47) verstand, andererseits auch, wie weit diese Friedenswissenschaft von antimilitaristischer Staatskritik entfernt ist. Ohne die im König verkörperte Staatsgewalt ist die Gesellschaft zum Bürgerkrieg verdammt. Einer von Gott verfügten Ordnung jedoch bedarf es nicht, um Existenz und Aufgabe des Staates zu begründen. Das aber bedeutet: Die Souveränität des Königs und die Staatsgewalt sind absolut, der Staat ein „sterblicher Gott", es gibt weder ein Widerstandsrecht der Untertanen, noch überhaupt eine andere Legitimierungsanforderung, der der König Genüge tun muss, als die, mit allen Mitteln für den inneren Frieden des Staates und seine Sicherheit nach außen zu sorgen. Er allein verfügt über das Kriegsrecht, womit sich die alte Frage, wann ein Krieg gerecht sei, von selbst beantwortet: Ein Krieg ist gerecht, wenn der Souverän befiehlt, Krieg zu führen.

In der Anfangszeit des Christentums gibt es im Römischen Reich keine streng funktionale Trennung von polizeilichen und militärischen Aufgaben der Soldaten und innerhalb der Christenheit keine gemeinsame Auffassung vom Staat. Die Christen verschiedener Regionen unterscheiden sich in ihrem Urteil je nach den Erfahrungen, die sie dort mit dem Römischen Reich machen. Zwischen dessen scharfer Ablehnung in der Johannes-Offenbarung und der Reichstheologie des Eusebius von Cäsarea klafft geradezu ein Abgrund. Im Gefolge der so genannten Konstantinischen Wende, die christlichen Pazifisten genau deswegen als historischer Sündenfall gilt, setzt sich allgemein ein positives Staatsverständnis durch. Auch Augustinus, dessen Begeisterung für das Römische Reich sich in engen Grenzen hielt, akzeptierte es als legitim in dem Maße, in dem es der Gerechtigkeit dient. Insoweit hat der Staat einen wichtigen Platz im Rahmen der gottgewollten Ordnung der Welt. In diesem Sinn kann etwa Luther sagen, es habe „von Anfang der Welt dieses Recht des Schwertes gegeben" (1990a [1523], S. 40) und: das „Schwert ist an und für sich recht und eine göttliche nützliche Ordnung" (1990b [1526], S. 180) Doch er dekretiert mit der gleichen Entschiedenheit: „Wer Krieg anfängt, ist im Unrecht. [...] Denn weltliche Obrigkeit ist von Gott nicht dazu eingesetzt, daß sie Frieden brechen und Kriege anfangen soll, sondern dazu, daß sie den Frieden bewirke und den Kriegführenden wehre" (Luther 1990b [1526], S. 180). Einen absoluten Staat konnte kein christlicher Theologe oder Amtsträger jemals anerkennen. Alle Staaten sind, so heißt es im „Lexikon für Theologie und Kirche", an „ihre Zweckbestimmung gebunden, in der allein die Existenzberechtigung der S[taats]gewalt wurzelt. Sie findet ihre Grenzen an dem göttl[ichen] Recht u[nd] dem natürl[ichen] Sittengesetz, insbesonders der vorstaatl[ichen] Rechts- u[nd] Freiheitssphäre der menschlichen Persönlichkeit" (Mörsdorf 1964, S. 994). Der christliche Glaube hat die politische Herrschaft entmythologisiert und entsakralisiert. Die christliche Idee des Gottesgnadentums steht dazu nicht im Widerspruch, im Gegenteil, besagt sie doch: Kaiser, Könige und Fürsten herrschen in göttlichem Auftrag, nicht mit göttlicher Autorität. Durch Jahrhunderte hindurch werden sie gesalbt und gekrönt vom Papst oder Bischöfen und nur so erlangen sie die Herrscherwürde, nicht durch Geburt oder Usurpation. Erst Napoleon setzt sich selbst die Krone aufs Haupt, ein zeremonieller Bruch mit einer langen Tradition christlicher Herrschaft. Auf dem berühmten Titelbild seines Werkes „Leviathan" von Thomas Hobbes hält der König als Souverän in der einen Hand das Schwert, in der anderen den Bischofsstab: der Staat ist vollkommen säkularisiert, doch er kann das nur sein, indem er sich die geistliche Gewalt einverleibt und die überkommene Unterscheidung von „weltlicher" und „geistlicher" Gewalt aufhebt.

Es ist der säkularisierte Absolutismus, in dessen Konsequenz der Pazifismus nicht mehr nur als Feigheit diskreditiert wird, als egoistischer Nutznießer staatlichen Schutzes, der sich dennoch weigert, selbst einen Beitrag zu diesem Schutz beizutragen, und als eine Art Parasit keinen guten Ruf genießt. Nun aber gelten Steuer- und Kriegsdienstverweigerung als staatsgefährdend und Pazifisten werden von Staats wegen verfolgt und abgeurteilt, in der atheistischen Sowjetunion noch schärfer als im Zarenreich. „Die Regierungen können und müssen die Kriegsdienstverweigerer fürchten und fürchten sie auch", schreibt Tolstoi (1974, S. 525).

Sind also doch die Zugehörigkeit zur christlichen Kirche und Militärdienst miteinander unvereinbar? Oder können sowohl Gewaltverzicht als auch Anwendung von Gewalt zum Zweck der Rechtserhaltung und Rechtsdurchsetzung ohne Widerspruch als christliche Wege anerkannt werden? Der allen ChristInnen eröffnete und gewiesene Weg der Heiligung ist in der christlichen Gemeinschaft nie als Verpflichtung zu einer einheitlichen Lebensform verstanden worden. Die Taufe gliederte vielmehr in eine Kirche ein, die in sich die Einheit des Glaubens mit der Vielfalt der Gaben des Heiligen Geistes verband. Diese dialektische Verknüpfung legte es von Anfang an nahe, den radikalen Gewaltverzicht nicht als allgemeines und absolut verbindliches Gebot, sondern als einen der evangelischen Räte zu verstehen, das heißt als eine Form der besonderen Berufung im Rahmen der allgemeinen Berufung zur Heiligkeit. Gemeint ist damit nicht die von Luther mit Recht als sophistisch verworfene Zuordnung der Räte zu einem „Stand der Vollkommenen", während den Unvollkommenen die „Gebote" zugeteilt werden (1990a [1523], S. 42). Denn es geht nicht um eine geistliche Rangordnung, sondern die uneingeschränkte Anerkennung unterschiedlicher Berufungen.

Ein evangelischer Rat wie die Armut kann einzeln oder in Gemeinschaft gelebt werden, und beides kann durch eine öffentliche Verpflichtung in der Form eines Gelübdes bekräftigt werden, was den Grundstein für eine besondere Lebensform legt, unter Umständen mit einer kirchenrechtlichen Bindewirkung. Pazifistische Lebensgemeinschaften konnten so in die kirchliche Lebensgemeinschaft integriert werden, wie es mit Orden oder Kongregationen geschehen ist, die sich einer bestimmten Berufung verschrieben haben. Aus pazifistischer und friedenskirchlicher Sicht schwächt dieser Sonderweg den für alle Christgläubigen bindenden Ruf zur Heiligung in der Nachfolge Jesu Christi ab, der den unbedingten Respekt vor der Heiligkeit allen Lebens zwingend einschließt. Dennoch erkennt die großkirchliche Tradition mit diesem Schritt den absoluten Pazifismus als christlich legitime Lebensweise an. Mehr noch: Sie entdeckt durch ihn im pazifistischen Zeugnis auch die eschatologische Dimension, die alle evangelischen Räte kennzeichnet. Das heißt, das pazifistische Zeugnis repräsentiert einerseits nur eine mögliche christliche Lebensform neben vielen anderen, aber andererseits besteht ihre Eigentümlichkeit darin, zeichenhaft über sich hinaus und voraus auf die endgültig erlöste und vollendete Schöpfung zu verweisen, auf den Ort der unverborgenen Gegenwart und uneingeschränkten Herrschaft Gottes, in der es keine Gewalt mehr geben wird. In eschatologischer Perspektive betrachtet – und nur auf diese Weise – wirkt der absolute Gewaltverzicht als das „deutlichere Zeichen" im Vergleich zum Dienst an der Waffe. Als Vorwegnahme der Vollendung erinnert es in der jeweiligen Gegenwart Kirche und Welt an die in der Geschichte nie endende Pflicht, Frieden zu stiften und die Gewalt zu mindern.

In seinem umfangreichen Werk „Gewaltlosigkeit" schrieb Thomas Merton, amerikanischer Trappistenmönch und einer der bedeutendsten katholischen Pazifisten des 20. Jahrhunderts, den irritierenden Satz: „Wenn ein Pazifist glauben muß, daß der Krieg immer unmoralisch ist und dies auch immer schon war, dann bin ich kein Pazifist." (Merton 1986, S. 94) Dieses Bekenntnis beweist, dass der Begriff des Pazifismus mehr abdeckt als die Position absoluter Gewaltlosigkeit. Es wäre eine weitere Möglichkeit, die Diskussion über Gewaltverzicht und Dienst an der Waffe zu entspannen, wenn die tatsächliche Bandbreite pazifistischer Positionen von allen Seiten stärker beachtet würde. Schon zu Beginn des modernen Pazifismus verloren die radikalen Pazifisten das Definitionsmonopol, doch im öffentlichen Bewusstsein prägen sie immer noch maßgeblich das Bild des Pazifismus. Was die verschiedenen Strömungen des modernen Pazifismus miteinander verbindet, ist nicht der absolute Gewaltverzicht, sondern der Widerstand gegen Militarismus und Krieg. Für Merton war dies das Gebot der Stunde, ein Gebot der Vernunft, die an diesem Punkt mit der Vision des Glaubens übereinstimmt. Der moderne Pazifismus kennt auch in dieser Hinsicht verschiedene Varianten mit verschiedenen Abstufungen, ein Spektrum, das die Verweigerung des Kriegs- oder Wehrdienstes auf der einen Seite sowie den Einsatz für die Überwindung der Institution des Krieges umfasst. Zwischen den extremen Polen, zwischen Gewalt- und Kriegsakzeptanz und radikalem Pazifismus, gibt es eine breite Palette von Möglichkeiten der Zusammenarbeit. Die „Aporien und Dilemmata" zwischen den verschiedenen Standpunkten sind logisch nicht auflösbar, aber zu sozialen Widersprüchen und Gegensätzen werden sie erst dann, wenn einer von ihnen mit dem Anspruch vertreten wird, das Maß des Christlichen zu repräsentieren. Das verringert nicht nur die Chancen der Kooperation, weil das Bessere zum Feind des Guten gemacht wird, es zerstört den

Geist der ökumenischen Gemeinschaft. Frederik Mari Van Asbeck, einer der Redner während der Ersten Vollversammlung des Ökumenisches Rates der Kirchen, hat das treibende Motiv dieses Geistes genau auf den Punkt gebracht, indem er auf die Frage, was wir meinen, „wenn wir das Wort ‚Kirche' gebrauchen", folgende Antwort gab:

> „In diesem Zusammenhang bedeutet das Wort ‚Kirche' nicht die Summe aller bestehenden Kirchen, auch nicht die Una sancta selbst. Mit dem Wort Kirche bringen wir unseren festen Glauben an eine neue Wirklichkeit zum Ausdruck, die in den Bemühungen der verschiedenen Kirchen Gestalt und Inhalt gewinnt, durch alle Gegensätze der Meinung und Haltung, der theologischen wie ethischen, hindurch zu einem Konsens über die zentralen und lebenswichtigen Probleme der Gegenwart zu gelangen." (Van Asbeck 1948, S. 52)

Literatur

Engelhardt, Paulus. 1980. Die Lehre vom ‚gerechten Krieg' in der vorreformatorischen und katholischen Tradition. Herkunft – Wandlungen – Krise. In *Der gerechte Krieg: Christentum, Islam, Marxismus*, red. von Reiner Steinweg, 71–124. Frankfurt/M.: Suhrkamp.
Katholische Kirche. 1993. *Katechismus der Katholischen Kirche*. München: St. Benno.
Kersting, Hanno. 2002. *Thomas Hobbes zur Einführung*. Hamburg: Junius.
Krippendorff, Ekkehart. 1985. *Staat und Krieg. Die historische Logik politischer Unvernunft*. Frankfurt/M.: Suhrkamp.
Luther, Martin. 1990a [1523]. Von weltlicher Obrigkeit, wie weit man ihr Gehorsam schuldig sei. In *Ausgewählte Schriften, hrsg. von Karin Bornkamm und Gerhard Ebeling. Band IV: Christsein und weltliches Regiment*, 36–84. Frankfurt/M.: Insel.

Luther, Martin. 1990b [1526]. Ob Kriegsleute auch im seligen Stande sein können. In *Ausgewählte Schriften, hrsg. von Karin Bornkamm und Gerhard Ebeling*. Band IV: Christsein und weltliches Regiment, 172–222. Frankfurt/M.: Insel.

Merton, Thomas. 1986. *Gewaltlosigkeit. Eine Alternative, rev. Ausgabe, hrsg. von Gordon Zahn*. Zürich: Benziger.

Mörsdorf, Klaus. 1964. Staat. In *Lexikon für Theologie und Kirche. Neunter Band. Rom bis Tetzel*, hrsg. von Konrad Baumgartner, Horst Bürkle und Klaus Ganzer, 992–995. Freiburg: Herder.

Schockenhoff, Eberhard. 2018. *Kein Ende der Gewalt? Friedensethik für eine globalisierte Welt*. Freiburg i. Br.: Herder.

Studienkommission des Oekumenischen Rates (ÖR). 1948. *Die Kirche und die internationale Unordnung*. Tübingen: Furche-Verlag.

Tolstoi, Leo. 1900. *Über Krieg und Staat*. 6. Aufl. Berlin: Steinitz.

Tolstoi, Leo. 1974. *Philosophische und sozialkritische Schriften. Gesammelte Werke in zwanzig Schriften, hrsg. von Eberhard Dieckmann und Gerhard Dudek*. Band 15. Berlin: Rütten & Loening.

Tolstoi, Leo. 2012. *Kirche und Gesellschaft. Religionskritische Schriften, Briefe und Tagebuchaufzeichnungen, hrsg. von Uwe Klemm*. Aschaffenburg: Alibri.

Van Asbeck, Frederik Mari. 1948. Die Kirche und die Unordnung der Welt. In *Die Kirche und die internationale Unordnung*, hrsg. von der Studienkommission des Oekumenischen Rates, 52–83. Tübingen: Furche-Verlag.

Komplementarität und Komparativ

Zwei gegenläufige ethische Konzepte in den Heidelberger Thesen?

Angelika Dörfler-Dierken

Die „Heidelberger Thesen" haben seit 1959 die Theologie der evangelischen Militärseelsorge und der evangelischen Kirchen geprägt. Sie stellten fest, dass ein Christ auch im Atomzeitalter Soldat in einer Atomarmee sein dürfe. Wie kam es zu dieser Äußerung und Selbstfestlegung, die seit 1981 nicht mehr nur für die Evangelische Militärseelsorge, sondern für die EKD insgesamt gilt? Ist das nicht eine absurde und absolut unethische Position? Schließlich vernichtet der Einsatz von Atomwaffen alles Leben auf – fast – der ganzen Erde. Das kann kein ‚gerechter Krieg' mehr sein. Denn die Auslöschung der Menschheit und auch die Drohung mit dem Einsatz von Atomwaffen ist

---

A. Dörfler-Dierken (✉)
Institut für Kirchen- und Dogmengeschichte,
Universität Hamburg, Hamburg, Deutschland
E-Mail: angelika.doerfler@uni-hamburg.de

© Der/die Autor(en), exklusiv lizenziert durch Springer Fachmedien Wiesbaden GmbH, ein Teil von Springer Nature 2022
H. Stoppel und A. Dörfler-Dierken (Hrsg.), *Gewaltfreiheit zwischen Anspruch und Realität*, Gerechter Frieden,
https://doi.org/10.1007/978-3-658-36304-8_3

aus ethischer Perspektive nicht leicht zu rechtfertigen. Am Ausgang der 1950er Jahre hat man sich darauf verständigt, die Ausgangssituation als „Dilemma" wahrzunehmen und zu beschreiben. Damit wird ethische Eindeutigkeit zurückgewiesen. Um die Fragen zum durch Atomwaffen geschaffenen Dilemma zu beantworten, wird einleitend

1. das politische Umfeld ihrer Entstehung erläutert, dann geht es
2. um Selbstfestlegungen der EKD nach dem Zweiten Weltkrieg und
3. um die Einrichtung der evangelischen Militärseelsorge im Kontext der Aufstellung einer westdeutschen Armee. Schließlich geht es
4. um die „Heidelberger Thesen" selbst, die vielschichtig angelegt sind und mehrdeutig formulieren. Sie transportieren jenseits ihres eingängigen Literalsinnes einen Subtext, der oftmals nicht wahrgenommen wird. So erscheint
5. die von den ostdeutschen Kirchen verabschiedete „Handreichung für die Seelsorge an Wehrpflichtigen" (1965) wie eine Kritik der „Heidelberger Thesen", obwohl
6. der Vergleich von „Heidelberger Thesen" und „Handreichung" zeigen wird, dass die Thesen der ethischen Komplementarität und des ethischen Komparativs in beiden Dokumenten angelegt sind. Abschließend wird dann
7. in der Aktualisierung der Diskussionen der ausgehenden 1950er und beginnenden 1960er sowie der 1980er Jahre gefragt, ob die EKD und die evangelischen Kirchen nicht an beiden ethischen Konzepten, dem der Komplementarität und dem des Komparativs, mit guten Gründen festhalten sollten.

1 Das politische Umfeld

Schon im Jahr 1950 planten zwei Arbeitsgruppen früherer Spitzenmilitärs, die dem ersten deutschen Bundeskanzler Konrad Adenauer Pläne für eine Wiederbewaffnung Westdeutschlands vorlegen sollten, mit großer Selbstverständlichkeit Atomwaffen in ihre Konzepte ein (Keßelring und Loch 2015a, b; Rautenberg und Wiggershaus 1985). Am 14. Dezember 1953 bezeichnete der Vorsitzende der Vereinigten Stabschefs der USA, Admiral Arthur W. Radford, die atomare Rüstung als Rückgrat der amerikanischen Einflusssphärensicherung. Am 12. Januar 1954 proklamierte der US-amerikanische Außenminister John Foster Dulles das Zeitalter der Abschreckung durch *massive retaliation,* also die Androhung eines ultimativvernichtenden Vergeltungsschlages. 1954 traf Bundeskanzler Konrad Adenauer mit dem US-amerikanischen Präsidenten Dwight D. Eisenhower eine Vereinbarung, die der Bundesrepublik Deutschland „nukleare Teilhabe" versprach. Von da an nahmen westdeutsche Soldaten an Übungen der US-Army teil und lernten auch den Atomkrieg (Bald 1999, 2008). Am 29. April 1954 forderte der Synodale Hermann Sauer, Pfarrer von Geisenheim in der Landeskirche von Hessen-Nassau, dass „die Kirche" die schon erfolgte Stationierung der „Atomgeschütze am Rhein" schärfstens ablehnen müsse. „Wir verbitten uns vor Gott und der Welt den Import von Atombombenmagneten. […] Die Kirche muss sagen: Unsere Länder sind keine Basis für Atomgeschütze. Wollt ihr Atombomben oder -granaten schießen, dann schießt sie von euren Ländern aus." (Walther 1981, S. 23 f., hier S. 24) Sauer kritisierte die Gefährdung des Westteils Deutschlands. Wer Atomraketen in Westdeutschland lagert, fordert einen sowjetischen Gegenschlag heraus, so seine Logik.

Sauer stand mit seiner Kritik an der Stationierung von „Atomgeschützbataillonen" nicht allein; andere Kritiker der Atomwaffen befürchteten die Selbstvernichtung der Menschheit. „Shall we put an end to the human race, or shall mankind renounce war?", so fragten Atomwissenschaftler in dem nach seinen bedeutendsten Initiatoren, den Physikern Bertrand Russel und Albert Einstein, benannten Manifest (1955). Dieses Manifest wurde auch in der Bundesrepublik Deutschland rezipiert (vgl. auch die Erklärung der Göttinger Naturwissenschaftler vom 12. April 1957 in: Lipp et al. 2010, S. 280 f.).

Offiziell übernahm die NATO die Doktrin der *massive retaliation* im März 1957. Im Dezember desselben Jahres beschloss sie dann, die atomare Bewaffnung des Bündnisses weiter voranzutreiben. Die Opposition gegen die Politik der Bundesregierung blieb insgesamt schwach, weil weder die SPD noch die Gewerkschaften oder evangelische Gruppen bei der Kampf-dem-Atomtod-Bewegung mitmachten (Bald und Wette 2008; Lipp et al. 2010, S. 282 und 284 f.). Trotzdem war der Streit laut und heftig, besonders nachdem Martin Niemöller der Bundeswehr vorgeworfen hatte, sie bilde den Rekruten zum „Mörder" aus. In einer sehr eindringlichen Rede am 25. Januar 1959 in Kassel erklärte er: „Denn sie wissen, was sie tun! Krieg ist gegen den Willen Gottes. […] Und damit ist heute die Ausbildung zum Soldaten die Hohe Schule für Berufsverbrecher. Mütter und Väter sollen wissen, was sie tun, wenn sie ihren Sohn Soldat werden lassen. Sie lassen ihn zum Verbrecher ausbilden." (Niemöller 1961, S. 140) Verteidigungsminister Franz-Josef Strauß stellte daraufhin Strafanzeige gegen den südhessischen Kirchenpräsidenten, weil der die Ehre der Bundeswehr beschmutzt habe (Heymel 2017, S. 228;

Ziemann 2019, S. 466). Seit der Wahl 1957 saß die Bundesregierung fest im Sattel. Tatsächlich hatte die Bundesrepublik Deutschland nie Verfügungsgewalt über die auf ihrem Territorium stationierten Atomsprengköpfe. Seit 1954 galten die Pariser Verträge, die Deutschland den Besitz von A-, B- oder C-Waffen untersagten. Deshalb war die „nukleare Teilhabe" die einzig mögliche Option (zum Zusammenhang Reichenberger 2018, S. 198–267). Am 10. Oktober 1955 konnte Bundespräsident Theodor Heuss die ersten Freiwilligen der Bundeswehr vereidigen. Sie wurden von Anfang an von Militärseelsorgern begleitet. Angesichts der öffentlichen Diskussionen um eine atomare Bewaffnung der Bundeswehr und die nukleare Teilhabe standen also sowohl die ethische Legitimität des Wehrdienstes als auch die ethische Legitimität der Lagerung und des möglichen Einsatzes von Atomsprengköpfen infrage.

Die Vertreter der EKD und des Staates unterzeichneten am 22. Februar 1957 den Militärseelsorgevertrag (2007, S. 114–124). Die ersten Militärseelsorger hatten ihre Arbeit in der Fläche schon aufgenommen; das Evangelische Kirchenamt für die Bundeswehr war eingerichtet und die ersten Wehrbereichsdekane waren im Amt. Gespräche über Kriegsdienstverweigerung und Militärseelsorge zwischen Vertretern des Amt Blank und Vertretern der christlichen Kirchen hatten schon von 1950 an stattgefunden (BArch MA Bw 9/3668; Dörfler-Dierken 2008, S. 37–40).

Die ersten Wehrpflichtigen leisteten ihren Wehrdienst also in einer im Rahmen der nuklearen Teilhabe Westdeutschlands atomar gerüsteten Bundeswehr. Das war auch bei den Soldaten der Bundeswehr bekannt. Schon im ersten Heft der neuen Monatszeitschrift des Deutschen Bundeswehrverbandes, sozusagen der Soldatengewerkschaft, war der Leitartikel überschrieben

„Amerikaner lüften Geheimnis der Atom-Fernkampfwaffe" (Die Bundeswehr 1956, Titelseite). Die Freigabe der nuklearen Sprengköpfe sollte durch den US-amerikanischen Präsidenten erfolgen, dann waren westdeutsche Piloten und Feuerleitoffiziere für Transport und Abwurf der Atombomben im Rahmen der NATO zuständig. Die Einsicht bedrückt noch heute, dass westdeutsche Soldaten – Wehrpflichtige, Soldaten auf Zeit und Berufssoldaten – seit vielen Jahrzehnten ihren Dienst in einer Armee verrichten, die trainiert, nötigenfalls Atombomben abzuwerfen. Schon der erste Militärbischof Hermann Kunst nannte die Bundeswehr eine Armee in einer „atomar gerüsteten Allianz" (1986, S. 101). Politisch wurde diese Frage nach der ethischen Legitimität der atomaren Bewaffnung nicht in aller Schärfe gestellt, weil der Drang, über die Wiederbewaffnung Westdeutschlands ein Stück Souveränität zurückzuerlangen, zu groß war und Sicherheit nur durch Atomwaffen als erreichbar galt. Dazu kam, dass die Wehrplaner mit einer immensen Übermacht der östlichen Seite rechneten, sodass die Drohung mit dem Einsatz einer ultimativen Abschreckungswaffe gerechtfertigt schien. Das Schreckgespenst vieler westdeutscher Bürger war ein Westeuropa, das von Moskau aus regiert und zu einem sozialistischen Staat umgeformt würde – zu einem Staat, in dem Freiheit und Recht nichts mehr gelten würden, was man an den Entwicklungen in der DDR beobachten konnte. Als Angehörige einer „versklavten Welt" wurden in den „Heidelberger Thesen" (1959, These I) diejenigen Menschen bezeichnet, die unter der Knute der Sowjetunion leben mussten. Das ist natürlich das Zerrbild der westdeutschen Propaganda, das mit diesen Gedanken wiedergegeben wurde. Es entbehrt aber nicht eines Funkens Wahrheit. Denn durch ihre verwandtschaftlichen Beziehungen wussten viele westdeutsche Bürger und insbesondere die Christen unter ihnen nur allzu gut, welche Maßnahmen zur Unterdrückung der Kirchen in der Sowjetisch besetzten Zone (SBZ) und dann in der DDR ergriffen wurden (vgl. Anhalt 2016). Deshalb wurde die Formel der Präambel des Grundgesetzes, die Bundesrepublik Deutschland wolle fortan „dem Frieden in der Welt dienen" als deklaratorische Pathosformel betrachtet. Die nukleare Teilhabe galt als dem Frieden dienliche Maßnahme zur Abschreckung des Gegners. Die Intervention der Sowjetunion in Ungarn (1956) und der Stellvertreter-Krieg in Korea (1950–1953) bestärkten die Westdeutschen in ihren Befürchtungen. Wie verhielt sich aber die politische Logik zu der kirchlichen Selbstfestlegung, die auch für die Militärseelsorge galt und die Lehre aus dem Zweiten Weltkrieg zu ziehen beanspruchte, fortan nur noch dem Frieden zwischen den Völkern dienen zu wollen? Kann eine auf den Frieden hin ausgerichtete EKD überhaupt Militärseelsorge betreiben wollen?

2 Selbstfestlegungen der EKD nach dem Zweiten Weltkrieg

Seit der Gründungsversammlung des Ökumenischen Rats der Kirchen 1948 in Amsterdam galt bei den Protestanten Krieg als widergöttlich: „Krieg soll nach Gottes Willen nicht sein"; stellte die Versammlung damals fest – noch mit den Bildern der Zerstörung vor Augen. Von 1954 an wurden Atomwaffen von Kirchenvertretern geächtet. Wohl konnte man staatlicherseits hoffen, dass die Institutionen und Gremien der EKD Atomwaffen ebenso wenig verwerfen würden wie die Wiederbewaffnung, versprachen diese doch die Erhaltung einer freien, staatlich als Gegenüber anerkannten und privilegierten Kirche – im Unterschied zur Lage der Evangelischen Kirche im Ostteil

Deutschlands. Aber auch bei nicht im eigentlichen Sinne pazifistischen Christen und Wehrpflichtigen stand „Atompazifismus" zu befürchten. Am 30. April 1958 setzte die EKD deshalb einen Ausschuss zu Atomfragen ein, dessen Arbeitsergebnis Rat und Synode der EKD sich aber nicht zu eigen machen wollten. So blieb es bei dem älteren EKD-Beschluss, man wolle „unter dem Evangelium zusammen[bleiben]" (EKD-Synode 1958 in Berlin, nach Möller 1999, S. 82). Über diese, manchen bequem anmutende ‚Ohnmachtsformel' kam die EKD für mehrere Jahrzehnte nicht hinaus.

3 Evangelische Militärseelsorge in der westdeutschen „Atomarmee"

Hermann Kunst hielt von seinem Amtsantritt als Evangelischer Militärbischof an die Frage der atomaren Bewaffnung für das zentrale Thema der Seelsorge unter den Soldaten. Deshalb bat er die Forschungsstätte der Ev. Studiengemeinschaft (FEST) um ein Gutachten für die Seelsorge an den Bundeswehrsoldaten. Wie sollte „Atompazifismus" bei Wehrpflichtigen begegnet werden, damit die *massive retaliation* nicht ad absurdum geführt würde? Die Aufgabe der Militärpfarrer gegenüber den Soldaten musste also darin bestehen, den Dienst in einer ‚Atomarmee' für ethisch unanstößig zu erklären und die Soldaten zugleich dafür zu sensibilisieren, dass andere Männer ihr grundgesetzlich verbrieftes Recht auf Kriegsdienstverweigerung in Anspruch nahmen und meinten, dadurch dem Frieden besser zu dienen als Waffenträger. Kriegsdienstverweigerer sollten auch weiterhin unter dem besonderen Schutz der EKD stehen, aber die atomar gestützte Verteidigung des Westens durfte nicht infrage gestellt werden. Ein Spagat war also nötig. Faktisch wurde es den Wehrpflichtigen sehr viel schwerer gemacht, sich für die Kriegsdienstverweigerung zu entscheiden und diesen persönlichen Entschluss vor einem Ausschuss argumentativ nachzuweisen, als den Dienst in der Bundeswehr zu verrichten. Eine steigende Zahl von Kriegsdienstverweigerern bezog sich im Lauf der nächsten Jahrzehnte auf Art. 4.3 GG (Bernhart 2005; zu Kriegsdienstverweigerungen von aktiven Soldaten in Zusammenhang mit dem Golfkrieg 1990/91 vgl. knapp Jentzsch 2020, S. 8).

4 Die Heidelberger Thesen

Ergebnis der FEST-Kommissionsarbeit war der 1959 erstmals gedruckte Band „Atomzeitalter – Krieg und Frieden". Die Kurzfassung der gewonnenen Einsichten stellen die „Heidelberger Thesen" dar. Sie sollten die Grundlage für die Gewissensberatung in der Bundeswehr sein. Erst ein Vierteljahrhundert später wurden sie von Rat und Synode der EKD übernommen – in der ersten EKD-Friedensdenkschrift „Frieden wahren, fördern und erneuern" (EKD 1981).

Ich konzentriere mich im Folgenden auf den zweiten Teil der „Heidelberger Thesen" (Ziffer VI–X) und fasse nur kurz die vorhergehenden Grundgedanken zusammen: Die Kommission hielt die Atombombe für eine „singuläre Waffe", die den Beginn eines apokalyptischen Zeitalters markiere (Eisenbart 2012). Kernspaltung bedeutet eine qualitative Differenz zu früherem Kriegshandeln. Deshalb gilt jetzt: „Der Weltfriede wird zur Lebensbedingung des technischen Zeitalters." Daraus folgte für Christen, dass sie einen „besonderen Beitrag zur Herstellung des Friedens" leisten sollen. Es reiche nicht aus, sich einfach gegen Atomwaffen auszusprechen, wenn man sich nicht zum „Sklaven des totalitären stalinistischen Systems" machen wolle. Vielmehr sei – zumindest im Westen – „[d]ie tätige Teilnahme an dieser Arbeit für den Frieden [...] unsere einfachste und selbstverständlichste Pflicht." Es kann keinen *bellum iustum*, keinen zu rechtfertigenden Krieg mehr geben, weil es unmöglich geworden ist, Unrecht durch Krieg zu bekämpfen. Ein Atomkrieg „zerstört, was er zu schützen vorgibt." Diese Lage erscheint den Bürgern der westlichen Welt als ein „Dilemma": Sollen sie „die Rechtsordnung der bürgerlichen Freiheit durch Atomwaffen schützen oder sich und ihr Land ungeschützt dem Gegner preisgeben"?

Eine solche Konstruktion des Dilemmas zwischen politischer Ordnung und göttlicher Schöpfung erfordert nicht Entscheidung für eine Seite, sondern Elastizität (These VI): „Die verschiedenen, im Dilemma der Atomwaffen getroffenen Gewissensentscheidungen [sind] als komplementäres Handeln zu verstehen." Komplementarität ist ein Begriff aus der Physik für zwei scheinbar einander ausschließende Theorien zur Erklärung desselben Phänomens. In dem skizzierten Dilemma soll er dafür stehen, dass sowohl die eine als auch die andere Entscheidung geboten sein kann. Beide Entscheidungen werden zusammengebunden durch das gleiche Ziel: die Erhaltung und Förderung des Weltfriedens. Das wollen sowohl die Politiker als auch die Christen, die sich an Gottes Gebot halten. Die Übertragung eines physikalischen Terminus auf ein ethisch-politisches Problem ist – historisch betrachtet – die besondere Leistung der FEST-Kommission. Denn dieser Begriff bietet einen Ausweg aus dem Zwang zur ethischen Selbstfestlegung: Der Gedanke der Komplementarität wird es der EKD in den nächsten Jahrzehnten erlauben, sowohl

Kriegsdienstverweigerer als auch Soldaten seelsorglich zu betreuen und deren jeweilige Gewissensentscheidung zu stützen. Gefördert werden soll nur, dass es überhaupt zu einer Gewissensentscheidung kommt, dass der Wehrpflichtige wie auch der Kriegsdienstverweigerer seine Verantwortung wahrnimmt, dem Frieden zu dienen. Komplementarität soll zum Ausdruck bringen, „dass es für nach außen entgegengesetzte Entscheidungen hinsichtlich der Atomwaffen einen gemeinsamen Grund geben kann, von dem aus verstanden sie einander geradezu fordern." Diesen gemeinsamen Grund der Entscheidung für Kriegsdienstverweigerung oder für die Ableistung des Wehrdienstes sah die Kommission in dem Ziel beider Seiten, den Atomkrieg unbedingt zu vermeiden und den Weltfrieden zu fördern. Da nun aber jeder Christ mit seinem besonderen persönlichen „Schicksal" und seinen besonderen Erfahrungen die eine oder die andere Entscheidung fällt, kommt es darauf an, beide Wege letztlich als Wege Gottes mit dem Menschen zu verstehen. „Es kann sein, dass der eine seinen Weg nur verfolgen kann, weil jemand da ist, der den anderen Weg geht."

Im Atomzeitalter muss die Kirche, so These VII, „den Waffenverzicht als eine christliche Handlungsweise anerkennen." Trotzdem: „Noch" wirken Atomwaffen als Abschreckungswaffen und schützen den Weltfrieden, weil „mit ihrer Anwendung für bestimmte Fälle gedroht wird. Die Drohung wirkt nur, wenn die Bereitschaft, Ernst zu machen, vorausgesetzt werden kann." Zugleich muss aber gelten, dass die Drohung niemals umgesetzt werden darf. Daran schließt unmittelbar die These VIII an, die festhält, dass die Evangelische Kirche „die Beteiligung an dem Versuch, durch das Dasein von Atomwaffen einen Frieden in Freiheit zu sichern, als eine heute noch mögliche christliche Handlungsweise anerkennen" müsse.

Würden die Christen im Westen unter den Bedingungen der Blockkonfrontation auf die Drohung mit Atomwaffen verzichten, dann würden sie damit die „totale militärische Überlegenheit der anderen Seite" besiegeln. Wer sich auf Seite des Westens – wo solche Entscheidung dem Bürger überhaupt möglich ist – „zum persönlichen Atomwaffenverzicht entschließt", hat die Konsequenz auszuhalten, dass die totale Dominanz der sowjetischen Seite das freiheitliche Leben auslöschen könnte. Das wäre die Konsequenz eines massenhaften persönlichen Atomwaffenpazifismus. Wenn „die westliche Welt [...] einen solchen Verzicht leistete, kann wenigstens das Risiko nicht geleugnet werden, dass unsere Begriffe von Recht und Freiheit für unabsehbare Zeit verlorengingen. Wie weit oder unter welchen Voraussetzungen in der Welt, die dann auf uns wartet, christliches Leben möglich wäre, wissen wir ebenfalls nicht."

In These IX wird gefordert, dass der „Soldat einer atomar bewaffneten Armee" sich der Gefährlichkeit von Atomwaffen bewusst bleibt. Zuletzt wird eingestanden, dass der einzelne Christ meist wenig oder keine Entscheidungsgewalt über Atomwaffen hat, dass er sich einzig für oder gegen den Dienst in der Bundeswehr entscheiden kann. Von der Evangelischen Kirche wird in These X gefordert, dass „sie den atomar gerüsteten Staaten die Notwendigkeit einer Friedensordnung nahebringt und den nicht atomar gerüsteten [rät], diese Rüstung nicht anzustreben." Konsequent wird hier die Nachkriegspositionierung der EKD fortgeführt, für ‚wirklichen' Frieden zwischen den Völkern, nicht für atomar gestützten Zwangsfrieden oder für vorauslaufende Selbstunterwerfung einzutreten. These XI stellt fest: „Nicht jeder muss dasselbe tun, aber jeder muss wissen, was er tut."

Wenn tatsächlich jeder einzelne Bürger und Christ nur seine eigene Entscheidung vor dem Hintergrund seiner individuellen Gewissensprägung fällen kann, dann kann keine kirchliche Belehrung in dieser Frage stattfinden. Es gibt also keine ethische Wegweisung für jeden Christen. Die evangelische Kirche sagt ihren Gliedern trotz ihrer geistlichen Autorität nicht, was ‚richtig' ist und Gottes Willen mit seiner Schöpfung und der Welt entspricht. Sie sagt auch nicht, was ‚falsch' ist. Und sie droht keinem Christen mit himmlischer Strafe, falls er sich *coram Deo* falsch entschieden hätte. Der Vorwurf, die Thesen vermieden „die Härte der Entscheidung" ist also richtig und wird in These XI eingestanden. Weil die Idee, dass die Kirche die Welt rechtes Handeln lehren könne, aufgegeben ist, wird die Möglichkeit eröffnet, die Bezogenheit der beiden Alternativen aufeinander zu erkennen: „Faktisch stützt heute jede der beiden Haltungen [...] die andere. Die atomare Bewaffnung hält auf eine äußerst fragwürdige Weise immerhin den Raum offen, innerhalb dessen solche Leute wie die Verweigerer der Rüstung die staatsbürgerliche Freiheit genießen, ungestraft ihrer Überzeugung nach zu leben. Diese aber halten, so glauben wir, in einer verborgenen Weise mit den geistlichen Raum offen, in dem neue Entscheidungen vielleicht möglich werden". Hier werden die beiden Positionen zur Atomarmee geschickt miteinander vermittelt – und zwar so, dass die Kriegsdienstverweigerer die Soldaten daran erinnern, dass der Zustand atomarer Verteidigung nicht von Dauer sein darf. Die Kriegsdienstverweigerer aber müssen den Soldaten dankbar sein, denn die ermöglichen ihr pazifistisches Zeugnis. Die Soldaten müssen umgekehrt den Kriegsdienstverweigern dankbar sein, denn die halten die Soldaten vom gewissenlosen Waffeneinsatz ab.

Wehrpflichtigen diese Entscheidung auf das Gewissen zu binden, wirkt anstößig. Denn sie müssen sich besonders schwertun, in die skizzierte Unwägbarkeit hinein zu handeln. Selbst Soldaten in höheren und höchsten Dienstgraden hatten viele Jahre keinen umfassenden Einblick in die atomaren Einsatzpläne bzw. in die Konzeption der nuklearen Teilhabe. Sie handelten im Vertrauen auf die Entscheidungen der politischen Leitung und der militärischen Führung der NATO.

Die „Heidelberger Thesen" haben also nicht die ethische Gleichwertigkeit beider Optionen gelehrt. Die ethischen Entscheidungen: Verteidigung von Frieden und Freiheit mit Atomwaffen oder ohne Atomwaffen stehen eben nicht gleichberechtigt nebeneinander, sondern werden auf das Ziel des Friedens hin in eine Beziehung gesetzt. Man wird die Thesen nur dann angemessen verstehen können, wenn man diese Asymmetrie mit der ihr immanenten Klimax wahrnimmt. Die eine Option, Kriegsdienstverweigerung, ist zwar näher am Ziel des Friedens als die andere, die Ableistung von Wehrdienst in einer Atomarmee. Aber die Kriegsdienstverweigerung kann es nur deshalb geben, weil es eine atomar gestützte Verteidigung gibt. Formuliert wird also nicht eine Symmetrie zwischen den beiden Wegen des Kriegsdienstverweigerers und des Soldaten, sondern eine „dynamische Asymmetrie" (Gerhard Liedke). Für dieses Verständnis der „Heidelberger Thesen" sprechen zwei weitere Gründe: Die Friedenssicherung mit Atomwaffen ist durch das „heute noch" (These VIII) zeitlich eingeschränkt. Und: Die Thesen arbeiten mit einem Komparativ, der Einstufung der einen Position als besser, soll heißen: „mehr im Sinne des Evangeliums" (These VII), und der anderen als schlechter. Kriegsdienstverweigerer gelten als Menschen mit „geschärftem Gewissen", die dem „Kollektivbewusstsein" eine ständige Mahnung sind. Die „Heidelberger Thesen" sind also in sich gebrochen: Die Gedankenfigur der Komplementarität (These VIII) wird ergänzt durch eine komparative Gedankenfigur (These VII).

5 Die Handreichung für Seelsorge an Wehrpflichtigen

Die ostdeutsche Handreichung für Seelsorge an Wehrpflichtigen gibt die Argumentationsstruktur der „Heidelberger Thesen" auf. Denn diese 1965 „nur für den innerkirchlichen Dienstgebrauch" gedruckte Anleitung für die seelsorgliche Tätigkeit der ostdeutschen Pfarrer „Zum Friedensdienst der Kirche" von der ostdeutschen Evangelischen Kirche (BEK) argumentiert ausschließlich mit der gedanklichen Figur des Komparativs. Sie propagiert eine Zweistufenethik. Hier hieß es, der Weg des Totalverweigerers sei der beste, der des Bausoldaten der zweitbeste und der Weg des normalen Soldaten sei gar kein im ethischen Sinne guter Weg.

> „Es wird nicht gesagt werden können, dass das Friedenszeugnis der Kirche in allen drei der heute in der DDR gefällten Entscheidungen junger Christen in gleicher Deutlichkeit Gestalt angenommen hat. Vielmehr geben die Verweigerer, die im Straflager für ihren Gehorsam mit persönlichem Freiheitsverlust leidend bezahlen, und auch die Bausoldaten, welche die Last nicht abreißender Gewissensfragen und Situationsentscheidungen übernehmen, ein deutlicheres Zeugnis des gegenwärtigen Friedensgebotes unseres Herrn. Aus ihrem Tun redet die Freiheit der Christen von den politischen Zwängen. Es

bezeugt den wirklichen und wirksamen Friedensbund Gottes mitten unter uns." (BEK 1967, S. 256)

Damit wurde die ‚Elastizität' preisgegeben, die bisher die Position der EKD ausgezeichnet und die „Heidelberger Thesen" bestimmt hatte. Der Handreichung geht es nicht mehr um ein ethisches Urteil angesichts eines Dilemmas, sondern um die Stärkung von den jungen Männern, die den sozialistischen Ehrendienst in der NVA verweigerten. Ihnen wurde hier bescheinigt, dass sie „ein deutlicheres Zeugnis des gegenwärtigen Friedensgebotes unseres Herrn" ablegten, weil sie dafür leiden müssten. Sie „bezeugen die Freiheit der Christen von den politischen Zwängen" und „den wirklichen und wirksamen Friedensbund Gottes mitten unter uns." 1964 hatte die DDR zwar den Dienst des Bausoldaten, also einen Soldatendienst ohne Waffenausbildung eingeführt – ein Unikum im Ostblock –, aber die ‚Spatensoldaten' waren eben doch Soldaten, unterstanden dem Militärstrafrecht und wurden militärisch geführt. Sogar die Totalverweigerer galten als Soldaten und wurden eingepfercht in Militärgefängnissen (Wenzke 2016). Einen zivilen Friedensdienst als Ersatzdienst für den Wehrdienst konnte und wollte die DDR nicht einführen. Eine komplementäre Gedankenfigur – es gibt zwei ‚Wege', zwei Gewissensentscheidungen angesichts eines Dilemmas – konnte der BEK also überhaupt nicht verwenden, weil es nur einen Zwangsdienst für alle jungen Männer gab, der keine zweite Option duldete.

Die Atomfrage spielt in der „Handreichung" keine Rolle. Das ist die logische Folge davon, dass man in der DDR nicht wusste – und auch nicht wissen durfte – dass viele russische Atomraketen hier stationiert waren. Die ostdeutschen Kirchenführer beschränkten sich also darauf, besondere Wertschätzung für die NVA-Kritiker und Pazifisten auszudrücken, die in die Bausoldatenuniform oder ins Gefängnis gezwängt wurden. Im Rahmen des Warschauer Pakts war die Nationale Volksarmee der DDR mit der als Atomarmee bekannten Armee der Sowjetunion verbunden; Sie verfügte aber nicht über die Möglichkeit zur atomaren Teilhabe und war auch nicht an der Bewachung der sowjetischen Liegenschaften beteiligt – ja man wusste in der DDR bis zum Abzug der Waffensysteme weder auf der Ebene der Politik noch auf der der Streitkräfte, dass beispielsweise im Industriedreieck Bitterfeld – Halle – Leipzig Atomraketen loziert waren. Erst beim Abzug der Waffensysteme mit der Eisenbahn konnte über das auf die Schienen gebrachte Gewicht darauf geschlossen werden, dass Atomwaffen abtransportiert wurden (Gunold 2018).

6 Vergleich von „Heidelberger Thesen" und „Handreichung für Wehrpflichtige"

Beide Dokumente spiegeln die politische Lage und speziell die Lage der Evangelischen Kirche in ihrem jeweiligen Staat: Minderheitskirche contra Volkskirche ist die eine Spannung, Zeugnisablegen wider die Gegenwart des realen Sozialismus contra Vertrauen darauf, dass die Diskussionen und die politische Entwicklung einen besseren als den gegenwärtigen politischen Zustand herbeiführen werden, ist die andere Spannung. Den ostdeutschen Weg musste eine Kirche gehen, die keinen institutionalisierten Einfluss auf Soldaten haben durfte – die DDR hat das Angebot der EKD, Militärseelsorge für die NVA einzurichten, brüsk zurückgewiesen (BArch MA DWV 1/6313, am 4. März 1957, Stoph an Dibelius). Ihre politische und gesellschaftliche Marginalisierung in den sechziger und siebziger Jahren des 20. Jahrhunderts konnte diese Kirche mit der Formel „Kirche im Sozialismus" kaum verbrämen. In den Blick der Behörden des eigenen Staates kamen die evangelischen Landeskirchen und die Christen in der DDR ausschließlich als Störfaktor. Wer aber nicht mitspielen darf im Orchester der öffentlichen Meinung, der muss erzählen, er wolle sowieso kein Instrument in diesem Orchester übernehmen. Faktisch fand das Konzert freilich nicht ohne Kirchenvertreter statt, denn die verfügten über internationale Kontakte, die für den DDR-Staat von Interesse waren, wenn der seine internationale Reputation aufpolieren oder Devisen einnehmen wollte. Zudem waren die ostdeutschen Landeskirchen und Christen eng verschwistert mit den westdeutschen in einer auch nach der erzwungenen Trennung von 1969 gepflegten „besonderen Gemeinschaft" (Silomon 2005). Deshalb konnte die durch staatliche Einschränkungs- und Zersetzungsmaßnahmen zermürbte ostdeutsche Kirche ihre Anhänger nicht in die politische Mitverantwortung, sondern nur in den Dissens zum SED-Staat führen, denn „verbesserlich" (Heino Falcke) wollte der real existierende Sozialismus keinesfalls sein. Das kirchliche Wirken für eine friedliche Welt erfolgte also in einer ‚Gegenwelt'; in dieser konnte die Friedenslogik eingeübt werden. Eine produktive Beteiligung an der Verbesserung des Sozialismus war den Christen dagegen nicht gestattet, sie mussten sich in der sozialistischen Gesellschaft den Raum dafür erobern. Erst einmal ging es darum, mit der „Handreichung" die Bausoldaten und die Totalverweigerer auf ihrem schwierigen Weg zu stärken.

Die westdeutsche Evangelische Kirche sah sich dagegen verpflichtet, Einfluss auf die Politik zu nehmen: Sie problematisierte die Notwendigkeit der Stationierung von Atomsprengköpfen auf deutschen Boden und förderte zugleich die Akzeptanz eines atomar gestützten Friedens.

Sie erinnerten daran, dass ein wahrer Frieden ohne Waffen auskommt. Evangelische Pfarrer begleiteten Soldaten der Bundeswehr und zugleich Kriegsdienstverweigerer bei ihrer Gewissensüberprüfung vor den zuständigen Ausschüssen. Die „Heidelberger Thesen" sind deshalb argumentativ deutlich komplexer als die Handreichung, wenn sie das Verhältnis von zwei Wegen zu dem einen Ziel Frieden bedenken. Die EKD gibt außerdem die Idee eines kirchlichen Lehramts auf. Und sie trägt dem Gedanken der individuellen Freiheit eines jeden Menschen Rechnung. Damit ist die EKD ‚modern' und demokratiekompatibel: Sie macht Ernst mit der Freiheit eines jeden Christenmenschen, sich für Weltverbesserung durch Friedensförderung einzusetzen. Sie schreibt sich selbst kein Wissen zum Willen Gottes zu, sondern bittet die politisch Verantwortlichen und die Gläubigen um ihre je eigene, selbstverantwortete Entscheidung. Entsprechende Freiheitsrechte hatten die Menschen in der DDR nicht, sie konnten allenfalls „leidend" ihr Zeugnis ablegen, im Wissen darum, dass sie in den Fürbitten der evangelischen Kirchen genannt würden.

7 Aktualisierung der Friedensdiskussion im gesamtdeutschen Protestantismus

Anders als in den „Heidelberger Thesen" angelegt, wurden diese in der EKD rezipiert als Argument für eine statische Symmetrie. Der Gedanke zweier ethisch gleichwertiger, komplementärer Wege wurde in der Öffentlichkeit popularisiert, erkennbar im Titel des Kirchentags in Hannover im Jahr 1967 „Friedensdienst mit und ohne Waffen". Damit hat die EKD vorerst innerkirchliche Diskussionen vermieden und den jungen Männern in Westdeutschland den Weg in die Bundeswehr leicht gemacht. Zugleich bemühte sich die evangelische Militärseelsorge, bei den Soldaten das Gewissen zu schärfen hinsichtlich eines friedensethisch verantwortlichen Umgangs mit Macht- und Gewaltmitteln (EKA 1981). Das hatte aber zur Zeit der Nachrüstungsdiskussion zur Folge, dass 1981 die ostdeutsche Idee eines „deutlichere[n] Zeichen[s]" für den Frieden in Westdeutschland wie ein Neuaufbruch in der Friedensfrage wirkte. In der Friedensbewegung der 1980er Jahre setzte sich argumentativ weithin der Komparativ durch: Friedensdienst mit der Waffe ist ethisch ‚schlechter' als ein solcher ohne Waffe. Der Soldat galt als derjenige, der sich rechtfertigen muss dafür, dass er bereit ist, im Auftrag des deutschen Parlamentes eine Waffe, nötigenfalls auch die Atombombe, einzusetzen. Ein duldendes „noch" dürfe es nicht länger geben. Ethik geht vor Politik, Soldaten sind ‚schlechtere' Christen – das war die Botschaft. Diese Zurückdrängung der Idee der Komplementarität wurde allerdings von Theologen und Christen auch problematisiert (Werkner 2020). Ein Zeichen für die bleibende Bedeutung der „Heidelberger Thesen" war ihr Wiederabdruck zusammen mit der EKD-Friedensdenkschrift von 1981.

Die Tendenz zur einlinigen Lösung realpolitischer Spannungen hat sich bis heute weiter verstärkt – etwa im Vorwort der EKD-Friedensdenkschrift Aus Gottes „Frieden leben – für gerechten Frieden sorgen" (2007), im EKD-Wort „Selig sind die Friedfertigen" (2014) und in der Kundgebung der Dresdner Friedenssynode von 2019 (EKD 2019a, b). Dabei zeigt sich eine weitere Verengung der Diskussion. Wenn Christen sich selbst bescheinigen, besser als ihre Mitchristen zu wissen, was dem irdischen Frieden wirklich dient, dann maßen sie sich ein Urteil an, das zu sprechen ihnen nicht aufgetragen und das für ihr eigenes Seelenheil gefährlich ist.

In Zeiten humanitär begründeter Einsätze der Bundeswehr ist die Idee diskutiert worden, aus Soldaten ‚Friedensfachkräfte' zu machen (EKA 1990). Diese Überlegungen zum „Schutzmann für den Frieden" werden gegenwärtig nicht weitergetrieben. Angesichts der als ‚Kampfeinsätze' beschriebenen Erfahrungen von Bundeswehrsoldaten, Einsätzen mit „Gefallenen" und „Verwundeten", hat sich die öffentliche Diskussion verändert. Viele Soldaten fordern, als „Kämpfer" ernst- und wahrgenommen zu werden (Rink 2021; Knöbl 2021; Maurer 2021). Das fordert verschärften Protest von zivilen Friedensfachkräften heraus (EKD 2014). Die Zeit von militärisch gestützten Auslandseinsätzen dürfte mit dem Abzug aus Afghanistan an ihr Ende gekommen sein, denn deren Erfolgsaussichten werden als eher gering eingeschätzt. Die militärische Logik zielt aktuell auf die Konsolidierung des NATO-Bündnisgebietes. Damit werden sich auch die Diskussionen um Krieg und Gefecht beruhigen. Offensichtlich ist aber auch, dass Friedensfachkräfte angesichts realistischer Gefährdungen gar nicht auf allen Konfliktfeldern der Welt tätig sein können. Die Frage, ob die Konzeption der Komplementarität in dieser Lage helfen kann, ob und wie sie gegebenenfalls weiterentwickelt werden muss, ist noch nicht entschieden.

Zudem gibt es wegen der Proliferation von Atomwaffen gegenwärtig mehr ‚Atomarmeen' als in der zweiten Hälfte des letzten Jahrhunderts (Daase 2003). Eine breite internationale Bewegung zur Abschaffung aller Atomwaffen hat sich formiert, allerdings keinen Anklang bei denjenigen Staaten gefunden, die über diese verfügen. Eine Diskussion darüber, ob ein eindeutigeres Zeugnis der Kirchen, ein unbedingtes Nein zu Atomwaffen erforderlich ist, um den Proliferationsprozess zu stoppen und zu einer atomwaffenfreien Welt zu gelangen, ist in Gang gekommen.

Können angesichts der veränderten Weltsituation die „Heidelberger Thesen" weiterhin in Geltung stehen? Oder sollte die evangelische Kirche in der Tradition der ostdeutschen Kirchen den Christen empfehlen, keinen Dienst in Streitkräften zu leisten? Das würde dann bedeuten, dass die seelsorgliche Betreuung von Soldatinnen und Soldaten der Bundeswehr eingestellt werden müsste. Ich würde eine solche Entwicklung für gefährlich halten, denn die Grundeinsicht der „Heidelberger Thesen" bleibt bestehen und ist immer noch hoch aktuell: Ein individuelles pazifistisches Friedenszeugnis kann nur solange in Freiheit und persönlich unversehrt abgelegt werden, wie abschreckende und Ordnung stiftende Gewaltmittel vorhanden und Menschen bereit und fähig sind, diese im Notfall oder zur Nothilfe auch einzusetzen. Unsere Welt braucht immer noch beide: Soldatinnen und Soldaten sowie Pazifisten. Beide Gruppen sollten dessen eingedenk bleiben, dass sie für den Frieden in der Welt arbeiten und Zeugnis ablegen für den Frieden, den Gott der Welt schenkt.

Literatur

Anhalt, Markus. 2016. *Die Macht der Kirchen brechen. Die Mitwirkung der Staatssicherheit bei der Durchsetzung der Jugendweihe in der DDR*. Göttingen: Vandenhoeck & Ruprecht.

Bald, Detlev. 1999. *Hiroshima 6. August 1945. Die nukleare Bedrohung*. München: dtv.

Bald, Detlev. 2008. *Politik der Verantwortung. Das Beispiel Helmut Schmidt*. Berlin: Aufbau Verlagsgruppe.

Bald, Detlev und Wolfram Wette (Hrsg.). 2008. *Alternativen zur Wiederbewaffnung. Friedenskonzeptionen in Westdeutschland 1945–1955*. Essen: Klartext-Verlag.

Bernhart, Patrick. 2005. Kriegsdienstverweigerung per Postkarte. Ein gescheitertes Reformprojekt der sozialliberalen Koalition. 1969–1978. *Vierteljahreshefte für Zeitgeschichte* 53: 103–139.

Bund evangelischer Kirchen (BEK). 1967. Zum Friedensdienst der Kirche. Eine Handreichung für Seelsorge an Wehrpflichtigen. Vom 6. November 1965, veröffentlicht nur für den innerkirchlichen Dienstgebrauch von der Konferenz der Kirchenleitungen 1965. In *Kirchliches Jahrbuch für die Evangelische Kirche in Deutschland 1966*, hrsg. von Joachim Beckmann, 249–261. Gütersloh: Gütersloher Verlagshaus. https://www.ekmd.de/attachment/aa234c91bdabf22 7d333e5305b/2f100511036e3f121cbb9c43d27928cf/zeit-dokument+-+Friedensdienst+Handreichung_6.11.1965.pdf. Zugegriffen: 30. April 2021.

Daase, Christopher. 2003. Der Anfang vom Ende des nuklearen Tabus. Zur Legitimitätskrise der Weltnuklearordnung. *Zeitschrift für internationale Beziehungen* 10 (1): 7–41.

Die Bundeswehr. 1956. Rundschau über Wehrfragen 1. Jg. Nr. 1/Dezember, S. 1. Reprint. In *Die Bundeswehr. Das Magazin des Deutschen BundeswehrVerbandes* 2021 (2): 65.

Dörfler-Dierken, Angelika. 2008. *Zur Entstehung der Militärseelsorge und zur Aufgabe der Militärgeistlichen in der Bundeswehr*. Strausberg: Sozialwissenschaftliches Institut der Bundeswehr.

Eisenbart, Constanze. 2012: Die Sprache des atomaren Mythos – Anmerkungen zu einer protestantischen Debatte. In *Die Singuläre Waffe. Was bleibt vom Atomzeitalter?*, hrsg. von ders., 31–46. Wiesbaden: VS Verlag für Sozialwissenschaften.

Evangelisches Kirchenamt (EKA) (Hrsg.). 1981. *… und wage es, Soldat zu sein. Vom Friedensdienst mit der Waffe. Arbeitsbuch.* Hannover: Lutherisches Verlagshaus.

Evangelisches Kirchenamt (EKA) (Hrsg.). 1990. *Streitkräfte im Wandel. Soldat – Schutzmann für den Frieden. Ein Arbeitsbuch.* Hannover: Lutherisches Verlagshaus.

Evangelische Kirche in Deutschland (EKD). 1981. *Frieden wahren, fördern und erneuern. Eine Denkschrift des Rates der EKD.* Gütersloh: Gütersloher Verlagshaus.

Evangelische Kirche in Deutschland (EKD). 2007. *Aus Gottes Frieden leben, für gerechten Frieden sorgen.* Gütersloh: Gütersloher Verlagshaus.

Evangelische Kirche in Deutschland (EKD). 2014. „Selig sind die Friedfertigen". Der Einsatz in Afghanistan. Aufgaben evangelischer Friedensethik. https://www.ekd.de/ekdtext_116.htm. Zugegriffen: 29 April 2021.

Evangelische Kirche in Deutschland (EKD). 2019a. *Auf dem Weg zu einer Kirche der Gerechtigkeit und des Friedens. Ein friedenstheologisches Lesebuch.* Leipzig: Evangelische Verlagsanstalt.

Evangelische Kirche in Deutschland (EKD). 2019b. *Kundgebung der 12. Synode der EKD auf ihrer 6. Tagung Kirche auf dem Weg der Gerechtigkeit und des Friedens.* https://www.edk.de/ek_de/ds_doc/Kundgebung-Kirche-auf-dem-Weg-der-Gerechtigkeit-und-des-Friedens.pdf. Zugegriffen: 30. April 2021.

Gunold, Sascha. 2018. Bilder vom sowjetischen Nuklearwaffenlager in Halle/Saale. *Militärgeschichte. Zeitschrift für historische Bildung* 2018 (1): 28.

Heidelberger Thesen. 1959. In *Atomzeitalter, Krieg und Frieden*, hrsg. von Günter Howe, 226–236. Witten und Berlin: Eckhart Verlag.

Heymel, Michael. 2017. *Martin Niemöller. Vom Marineoffizier zum Friedenskämpfer.* Darmstadt: Lambert Schneider Verlag

Jentzsch, Christian. 2020. Die Bundeswehr im Golfkonflikt 1990/91. *Militärgeschichte. Zeitschrift für historische Bildung* 2020 (4): 5–9.

Keßelring, Agilof und Thorsten Loch. 2015a. Der „Besprechungsplan" vom 5. Januar 1950 Gründungsdokument der Bundeswehr? Eine Dokumentation zu den

Anfängen westdeutscher Sicherheitspolitik. *Archiv für Christlich-Demokratische Politik* 22: 199–229, Faksimile 222–229.

Keßelring, Agilof und Thorsten Loch. 2015b. Himmerod war nicht der Anfang. Bundesminister Eberhard Wildermuth und die Anfänge westdeutscher Sicherheitspolitik. *Militärgeschichtliche Zeitschrift* 74 (1–2): 60–96.

Knöbl, Wolfgang. 2021. Die Produktion von Paradoxien. Theorie und Praxis von Friedensmissionen oder „Wir wollten nur das Beste, aber dann kam es wie immer". In *Einsatz ohne Krieg? Die Bundeswehr nach 1990 zwischen politischem Auftrag und militärischer Wirklichkeit. Militärgeschichte, Sozialwissenschaften, Zeitzeugen*, hrsg. von Jochen Maurer und Martin Rink, 91–106. Göttingen: Vandenhoeck & Ruprecht.

Kunst, Hermann. 1986. Entstehung und Auftrag der Militärseelsorge. In *Credo ecclesiam. Vorträge und Aufsätze 1953 bis 1986, hrsg. von Kurt Aland*, 91–101. Bielefeld: Luther.

Lipp, Karlheinz, Reinhold Lütgemeier-Davin und Holger Nehring (Hrsg.). 2010. *Frieden und Friedensbewegungen in Deutschland 1892–1992*. Ein Lesebuch. Essen: Klartext.

Maurer, Jochen. 2021. „Hier ist Krieg!" Der ISAF-Einsatz und seine Perzeption in Ego-Dokumenten von Soldaten der Bundeswehr. In *Einsatz ohne Krieg? Die Bundeswehr nach 1990 zwischen politischem Auftrag und militärischer Wirklichkeit. Militärgeschichte, Sozialwissenschaften, Zeitzeugen*, hrsg. von Jochen Maurer und Martin Rink, 347–366. Göttingen: Vandenhoeck & Ruprecht.

Militärseelsorgevertrag. 2007 [1957]. Vertrag der Bundesrepublik Deutschland mit der Evangelischen Kirche in Deutschland zur Regelung der evangelischen Militärseelsorge. BGBl 1957 II, S. 702ff; VMBl 1957, S. 757. In *Glauben leben. Evangelische Militärseelsorge in der Deutschen Bundeswehr*, hrsg. von Evangelisches Kirchenamt für die Bundeswehr (EKA), 114–124. Leipzig: Evangelische Verlagsanstalt.

Möller, Ulrich. 1999. *Im Prozess des Bekennens. Brennpunkte der kirchlichen Atomdiskussion im deutschen Protestantismus 1957–1962*. Neukirchen-Vluyn: Neukirchner Verlag.

Niemöller, Martin. 1961. Denn sie wissen, was sie tun! In *Reden 1958–1961*, 137–155. Darmstadt: Stimme Verlag.

Rautenberg, Hans-Jürgen und Norbert Wiggershaus. 1985. *Die Himmeroder Denkschrift vom Oktober 1950. Politische und militärische Überlegungen für einen Beitrag der Bundesrepublik Deutschland zur westeuropäischen Verteidigung*. 2. Aufl. Karlsruhe: Braun.

Reichenberger, Florian. 2018. *Der gedachte Krieg. Vom Wandel der Kriegsbilder. Vom Wandel der Kriegsbilder in der militärischen Führung der Bundeswehr im Zeitalter des Ost-West-Konflikts*. Berlin: de Gruyter.

Rink, Martin. 2021. Was ist „Krieg"? Was nennen wir „Krieg"? In *Einsatz ohne Krieg? Die Bundeswehr nach 1990 zwischen politischem Auftrag und militärischer Wirklichkeit. Militärgeschichte, Sozialwissenschaften, Zeitzeugen*, hrsg. von Jochen Maurer und Martin Rink, 31–58. Göttingen: Vandenhoeck & Ruprecht.

Russell, Bertrand und Albert Einstein. 1955. Manifesto. https://www.pugwash.org/about/manifesto.htm. Zugegriffen: 29. April 2021.

Silomon, Anke. 2005. *Anspruch und Wirklichkeit der „besonderen Gemeinschaft". Der Ost-West-Dialog der deutschen evangelischen Kirchen 1969–1991*. Göttingen: Vandenhoeck & Ruprecht.

Walther, Christian (Hrsg.). 1981. *Atomwaffen und Ethik. Der deutsche Protestantismus und die atomare Aufrüstung 1954–1961. Dokumente und Kommentare*. München: Christian Kaiser.

Wenzke, Rüdiger. 2016: *Ab nach Schwedt! Die Geschichte des DDR-Militärstrafvollzugs*. 3. Aufl. Berlin: Links-Verlag.

Werkner, Ines-Jacqueline. 2020. Komplementarität als Königsweg christlicher Friedensethik? Kontroversen im Spannungsfeld von Pazifismus und militärischer Gewalt. *Sicherheit und Frieden (S+F)* 31 (3): 133–139.

Ziemann, Benjamin. 2019. *Martin Niemöller. Ein Leben in Opposition*. München: Deutsche Verlagsanstalt.

Gewaltfreiheit zwischen Anspruch und Realität
Was bedeutet die Forderung nach Gewaltfreiheit für die Institution Bundeswehr und ihre Stellung in der Gesellschaft?

Ute Finckh-Krämer

Gewaltfreiheit kann sowohl friedensethisch als auch friedenspolitisch begründet und diskutiert werden. In diesem Text wird die Relevanz friedenspolitischer Argumente für gewaltfreies Handeln für die Institution Bundeswehr untersucht.

Seit 2014 wird eine breite gesellschaftliche Debatte über Außenpolitik gefordert, nicht nur von Außenpolitikerinnen und -politikern, sondern auch von Verteidigungspolitikerinnen und -politikern oder dem/der jeweiligen Wehrbeauftragten. Diese Debatte wurde weder von den jeweiligen Initiatorinnen und Initiatoren noch von denjenigen, die sie in den Medien aufgegriffen haben,

---

U. Finckh-Krämer (✉)
Berlin, Deutschland
E-Mail: finckh@zedat.fu-berlin.de

als Grundsatzdebatte über die Bundeswehr als Institution oder über die Mitgliedschaft Deutschlands in der NATO gesehen – wohl aber als eine Debatte, welche die Frage miteinschließt, ob und unter welchen Bedingungen und mit welcher Mandatierung die Bundeswehr in Auslandseinsätze geschickt werden sollte. Einige wissenschaftliche Institute und politische Stiftungen haben diese Debatte aufgegriffen und in den letzten Jahren teilweise auch Umfragen zu diesem Thema vorgelegt, die regelmäßig – grob formuliert – zu dem Ergebnis kamen, dass eine solide Mehrheit der Deutschen bereit ist, mehr außenpolitisches Engagement Deutschlands mitzutragen, wenn dieses nicht in erster Linie durch Auslandseinsätze der Bundeswehr erfolgt.

Die Bundeswehr als Institution ist übrigens in großen Teilen der Bevölkerung unstrittig. Daran hat sich in den letzten Jahren nicht viel geändert, wobei in den letzten zwei Jahren aufeinander folgende FORSA-Befragungen – kurzfristig gesehen – sogar eine zunehmende Akzeptanz der Bundeswehr ergeben haben.[1] Die Debatte um Deutschlands Rolle in der Welt wurde im ersten Quartal 2021 durch ein besonderes Projekt unter Schirmherrschaft des Bundestagspräsidenten angeregt: Ein Bürgerrat mit 160 zufällig ausgewählten Bürgerinnen und Bürger diskutierte mit 30 Expertinnen und Experten über fünf Themenbereiche: nachhaltige Entwicklung, Wirtschaft und Handel, Frieden und Sicherheit, Demokratie und Rechtsstaat und die Europäische Union. Auf der Expertenliste waren sowohl ein Vertreter der

---

[1] Forsa-Institutionen-Ranking (wird jährlich um den Jahreswechsel herum erhoben): Medienportal RTL Deutschland (2021); Medienportal RTL Deutschland (2020). Bundeswehr-Werte steigen – 40 % im Januar 2019, 45 % im Januar 2020, 50 % im Januar 2021.

Evangelischen Landeskirche in Baden und die (inzwischen in den Ruhestand gegangene) Präsidentin von Brot für die Welt, Cornelia Füllkrug-Weitzel, als auch General a. D. Hans-Lothar Domröse und die Geschäftsführerin des Zentrums für Internationale Friedenseinsätze, Almut Wieland-Karimi (Bürgerrat 2021a). Das Abschlussdokument dieses Bürgerdialogs wurde als Bürgergutachten am 19. März 2021 Bundestagspräsident Wolfgang Schäuble überreicht und veröffentlicht (Bürgerrat 2021b). Das Bürgergutachten enthält zu allen fünf Themenbereichen Empfehlungen, die jeweils mit großer Mehrheit verabschiedet wurden. Die Empfehlungen zum Themenbereich Frieden und Sicherheit enthalten ein klares Bekenntnis zur Bundeswehr als Instrument der Landes- und Bündnisverteidigung, schließen auch Auslandseinsätze außerhalb des NATO-Gebietes nicht aus. Gleichzeitig wird aber gefordert, dass diplomatische Mittel vor einem militärischen Einsatz ausgeschöpft sein müssen, und dass die Bundeswehr sich in Einsatzgebieten „nach Möglichkeit in nicht-kämpfenden Bereichen (zum Beispiel Gesundheit, Schutz ziviler Einsatzkräfte, Technik, Versorgung, Cybersicherheit, Vermittlung zwischen Konfliktparteien, Diplomatie) engagieren" (Bürgerrat 2021b, S. 44) soll. Weitere Empfehlungen betonen die Notwendigkeit präventiven Handelns und einer stärkeren Kontrolle von Rüstungsexporten, fordern mehr Ressourcen für zivile Friedensförderung und „Gespräche zur Abrüstung und zu Waffenregimen". Auch wenn sich an einigen Punkten zeigt, dass die Grenzen dessen, was Soldatinnen und Soldaten können und dürfen, den beteiligten Bürgerinnen und Bürgern nicht immer ganz klar waren, ist die Botschaft eindeutig: Deutschlands Rolle in der Welt soll mit möglichst wenig Waffeneinsatz verbunden sein, auch wenn der Bestand der Bundeswehr und ihre Ausrüstung mit Waffen bzw. die Ausbildung, diese in bestimmten Fällen auch einzusetzen, von den Beteiligten ganz überwiegend nicht infrage gestellt wurde. Die Friedenssynode der EKD im November 2019 reiht sich thematisch in diese Debatte ein, wie sich aus der Situationsbeschreibung im Abschlussdokument („Kundgebung") ergibt (EKD 2019):

„Seit der Friedensdenkschrift der EKD aus dem Jahr 2007 hat sich die Situation erneut geändert:

- Der Klimawandel entzieht Menschen die Lebensgrundlagen. Das führt zunehmend zu gewaltsamen innerstaatlichen und zwischenstaatlichen Konflikten und Migrationsdruck.
- Die globalen sozialen und wirtschaftlichen Ungleichheiten vergrößern sich.
- Aus innerstaatlichen Konflikten entstehen zunehmend Kriege, in die Großmächte und/oder Nachbarstaaten involviert sind.
- Der internationale Terrorismus verändert und verschärft die Konflikte.
- Die Ausgaben für Rüstung und Militär steigen deutlich.
- Die Bilanz militärischer Einsätze, die zur Beendigung von Menschenrechtsverletzungen führen sollen, ist enttäuschend.
- Hybride Kriege, Kriegsführung im Cyberraum, Weiterverbreitung von Massenvernichtungswaffen und automatisierte sowie teilautonome Waffensysteme werfen grundlegende ethische Fragen auf.
- Die regelbasierte multilaterale Weltordnung ist in der Krise. Großmächte kündigen internationale Verträge zur Rüstungskontrolle und stellen internationale Abkommen infrage.
- Der zunehmende Zerfall von Staatlichkeit in vielen Regionen der Welt verändert die sicherheitspolitische Herausforderung.
- Das gesellschaftliche Klima wird rauer, Reden und Handeln werden gewaltförmiger."

Die „Kundgebung" macht dann in Anknüpfung an die Friedensdenkschrift von 2007 einige grundsätzliche Bemerkungen zum Vorrang des gewaltfreien Konfliktaustrags und stellt so einen Bezug zwischen den in unserer Gesellschaft gelebten, in unserem Rechtssystem verankerten und von der evangelischen Kirche vertretenen Werten und der Rolle Deutschlands in der Welt her. Nichts darin ist als spezielle Aussage über die Bundeswehr als Institution gedacht, geschweige denn formuliert. Es werden weltweite Entwicklungen beschrieben, mit denen Regierungen und Parlamente sich ebenso auseinandersetzen müssen wie die Angehörigen der Bundeswehr, die durch die von der Regierung beauftragten Auslandseinsätze, denen der Bundestag explizit zustimmen muss, in besonderer Weise betroffen sind.

Soldatinnen und Soldaten sind im Umgang mit Waffen ausgebildet und haben größtenteils – möglichst mit dem Ziel, dass die Waffen nicht zum Einsatz kommen – tagtäglich direkt oder indirekt damit zu tun. Welchen Bezug zu Gewaltfreiheit haben sie oder könnten sie haben?

1 Staatsbürger in Uniform: Im Alltag ist Gewaltfreiheit unumstritten

Wir leben in einem Staat, in dem Kinder das Recht auf eine gewaltfreie Erziehung haben und die Anwendung von Gewalt außer in gesetzlich genau definierten Situationen wie zum Beispiel Notwehr und direkte Gefahrenabwehr verboten ist. Das war nicht immer so – bis deutlich in bundesrepublikanische Zeit hinein durften Lehrerinnen und Lehrer Kinder schlagen, von Eltern ganz zu schweigen.

Die gesellschaftliche Ächtung von Gewalt gilt nicht nur für Soldatinnen und Soldaten außerhalb ihres Dienstes, sondern im Inland auch für die Bundeswehr als Institution. Die Bundeswehr muss daher im Sinne des „Staatsbürgers in Uniform" ihre eigenen Strukturen und Umgangsformen am Prinzip der Gewaltfreiheit ausrichten und die – oft sehr jungen – Soldatinnen und Soldaten im Rahmen des staatsbürgerlichen Unterrichts mit diesen Grundsätzen vertraut machen. Und das Prinzip der Gewaltfreiheit in den Ausbildungsmethoden und im Umgang mit Initiationsritualen berücksichtigen, die von Rekruten entwickelt und – oft heimlich – durchgeführt werden.

Die Bundeswehr als Institution sollte diejenigen respektieren, die gewaltfreie Methoden der Konfliktbearbeitung entwickeln, erforschen, anwenden und sie nicht als Konkurrenz oder Bedrohung ansehen.

2 Aufgaben der Bundeswehr im Bereich Abrüstung, Rüstungskontrolle und Vertrauensbildende Maßnahmen

Die Bundeswehr hat eine – in der Öffentlichkeit leider wenig bekannte – offizielle Rolle bei der Prävention militärischer Gewaltanwendung, insbesondere im Bereich Abrüstung, Rüstungskontrolle und Vertrauensbildende Maßnahmen. Auch wenn internationale Verträge in diesen Bereichen unter Federführung des Auswärtigen Amtes verhandelt und abgeschlossen werden: Das Fachwissen von Soldatinnen und Soldaten – zum Beispiel aus dem Zentrum für Verifikationsaufgaben der Bundeswehr (ZVBw) – ist spätestens bei der konkreten Umsetzung der Verträge unverzichtbar. Als 1990 auf Basis der KSZE-Schlussakte das erste „Wiener Dokument" vereinbart wurde, das die 1975 in Helsinki vereinbarten vertrauensbildenden Maßnahmen präzisierte und verbindlich machte, wurde zur Implementierung dieser Maßnahmen im April 1991 das ZVBw gegründet. Im Jahresabrüstungsbericht 1990/1991 der Bundesregierung (Die Bundesregierung 1992) werden seine Aufgaben im Abschnitt „Organisationsstruktur für die Implementierung und Verifikation rüstungskontrollpolitischer Vereinbarungen" wie folgt beschrieben: „Der Bundesminister der Verteidigung ist zuständig für die fachliche Vorbereitung, Steuerung, Durchführung und Auswertung von Implementierungsaktivitäten und hat zu diesem Zweck insbesondere das ‚Zentrum für Verifikationsaufgaben der Bundeswehr' (ZVBw) in Geilenkirchen in Dienst gestellt." (Die Bundesregierung 1992, S. 27) Mit dem Abschluss weiterer Abkommen und Verträge im Bereich Rüstungskontrolle und Verifikation wurden die Aufgaben des ZVBw entsprechend erweitert – dazu gehören zum Beispiel der Vertrag über konventionelle Streitkräfte in Europa (KSE-Vertrag) von 1990, der 1992 in Kraft trat[2] oder der Open Skies-Vertrag von 1992, der 2002 in Kraft trat. Das „Wiener Dokument" wurde übrigens im Rahmen der OSZE mehrfach aktualisiert, zuletzt 2011 (vgl. Auswärtiges Amt 2019). Es spricht nichts dagegen, die Rolle der Bundeswehr im Bereich Abrüstung, Rüstungskontrolle und Vertrauensbildende Maßnahmen öffentlich bekannter zu machen und sich dafür einzusetzen, dass die Expertise der Fachleute aus dem ZVBw in den einschlägigen öffentlichen Debatten genutzt wird. Am 7. Dezember 2020 hat eine Gruppe von etwa 40 Expertinnen und Experten aus verschiedenen NATO-Staaten und Russland, zu denen auch ehemalige

---

[2] Vgl. z. B. zum KSE-Vertrag: Die Bundesregierung (1993, S. 12).

hohe Offiziere gehörten, Empfehlungen zu aus ihrer Sicht notwendigen und wünschenswerten Maßnahmen zur militärischen Risikoreduzierung in Europa vorgelegt (Expert Dialogue 2020), die von weiteren ca. 100 Expertinnen und Experten unterstützt werden. Die Empfehlungen umfassen viele klassische Vertrauensbildende Maßnahmen und sollten auch von aktiven Soldatinnen und Soldaten fachlich diskutiert werden. Insbesondere fordert die Expertengruppe, den Vertrag über den Offenen Himmel zu erhalten. Das ist nach dem Austritt der USA unter Präsident Trump schwierig; Der deutsche Open Skies-Experte, Oberst a. D. Wolfgang Richter, hat aber eine Studie (Richter 2021) verfasst, die zeigt, dass es eine Chance für die Erhaltung dieses wichtigen Vertrags gibt.

Militärisches Fachwissen wird auch dort benötigt, wo – wie derzeit in der Ostukraine oder in Georgien – unbewaffnete Beobachterinnen und Beobachter einen Waffenstillstand überwachen und unterstützen. Deswegen werden vom Zentrum für Internationale Friedenseinsätze (ZIF) auch ehemalige Soldatinnen und Soldaten für derartige Missionen ausgebildet und entsandt. Es ist wichtig, dass aktive Soldatinnen und Soldaten schon während ihrer aktiven Dienstzeit wissen, wie unbewaffnete Waffenstillstandsbeobachtung funktioniert und welche Voraussetzungen dafür erfüllt sein müssen. Militärisches Fachwissen ist generell wichtig, um Eskalationsrisiken, die sich durch militärische Aktivitäten aller Art ergeben, rechtzeitig zu erkennen – auch und gerade dort, wo sie drohen, in eigentlich von beiden Seiten nicht gewollte militärische Auseinandersetzungen zu münden. Deswegen gab es bereits während des Kalten Krieges nicht nur politische Kontakte zwischen beiden Blöcken, sondern auch Kontakte zwischen Militärvertretern auf verschiedenen Hierarchieebenen, die einen Krieg aus

Versehen (der mit hoher Wahrscheinlichkeit zum Atomkrieg eskaliert wäre) verhindern sollten. Militär kann keinen Frieden schaffen, das ist eine Erkenntnis, auf die sich Militärangehörige und zivile, gewaltfreie Konfliktexpertinnen und -experten schnell einigen können. In vielen Konflikten ist es sinnvoll, die jeweilige Perspektive auf einen bewaffneten Konflikt in gemeinsamen Konfliktanalysen zu teilen und weiterzuentwickeln. Unabhängig davon, ob ein Auslandseinsatz in der jeweiligen Region stattfindet, diskutiert wird oder das Thema ‚nur' fachlich interessant ist.

Konfliktexpertinnen und -experten befassen sich seit vielen Jahren mit militärischem Denken und Vorgehen. Es wäre spannend, wenn die Bundeswehr Soldatinnen und Soldaten im Rahmen ihrer Ausbildung und Weiterbildung systematisch mit gewaltfreien Methoden der Konfliktbearbeitung vertraut machen würde, damit sie einschätzen können, welche Rolle diese Methoden auch und gerade bei der Deeskalation und Bearbeitung gewaltsam ausgetragener Konflikte bis hin zu Krieg und Bürgerkrieg haben können. Gerade wer damit rechnen muss aufgrund politischer Entscheidungen in einen Auslandseinsatz geschickt zu werden, sollte wissen, welche zivilen Methoden und Ressourcen es gibt, mit denen Friedensprozesse unterstützt werden können.

3 Soldaten im Auslandseinsatz: die meisten Auslandseinsätze sind keine Kampfeinsätze

Die Debatte um Auslandseinsätze der Bundeswehr ist stark vom Afghanistan-Einsatz geprägt, der bis 2014 ein Kampfeinsatz war. Dass es aktuell keinen einzigen

Kampfeinsatz der Bundeswehr gibt und auch keiner absehbar ist, spielt in der politischen Debatte keine Rolle. Es könnte ja theoretisch – mit Zustimmung des Deutschen Bundestages – jederzeit wieder einen geben. Damit gerät die Frage aus dem Fokus, welche Grundsätze in Einsätzen gelten, in denen Angriffe auf die Soldatinnen und Soldaten zwar nicht auszuschließen sind, im Normalfall aber nicht stattfinden.

Die aktuellen Einsätze finden größtenteils in Regionen statt, in denen in den letzten Jahren Krieg oder Bürgerkrieg herrschte, und in denen ein grundsätzliches Gewaltverbot gesellschaftlich (noch) nicht so tief verankert ist wie in Deutschland. Es ist mit Sicherheit eine große Herausforderung, zum Beispiel in Ausbildungseinsätzen neben waffentechnischen Kenntnissen auch die Erkenntnis zu vermitteln, dass Frieden etwas mit der gewaltfreien Austragung von Konflikten im Kleinen (zum Beispiel in der Familie oder in der Nachbarschaft) zu tun hat. Unmöglich ist es vermutlich nicht und sollte daher zumindest versucht werden.

In den letzten Jahren wurde von Organisationen wie der „Nonviolent Peaceforce" der Ansatz des Unbewaffneten Zivilen Peacekeepings bzw. des Schutzes durch unbewaffnete zivile Begleitung (Unarmed Civilian Protection/UCP) entwickelt. In manchen Konfliktgebieten (zum Beispiel dem Südsudan) sind sowohl Nichtregierungsorganisationen, die diesen Ansatz verfolgen, als auch bewaffnete Peacekeeper (teilweise im Rahmen von UN-Blauhelmmissionen) im Einsatz. Soldatinnen und Soldaten sollten daher wissen, wie UCP funktioniert und mit welchen Einsatzregeln und Sicherheitskonzepten die zivilen Friedensfachkräfte arbeiten (die oft genauso international zusammengesetzt sind wie die Blauhelme).

In der Regel sind dort, wo bundesdeutsche Soldatinnen und Soldaten im Auslandseinsatz sind, auch deutsche

Hilfsorganisationen vor Ort (ebenso wie Hilfsorganisationen aus anderen Staaten). Oft waren sie schon lange vor Beginn des Bundeswehreinsatzes dort, insbesondere Fachkräfte für Entwicklungszusammenarbeit und von humanitären Hilfsorganisationen. Die Bundeswehr muss also generell damit rechnen, dass im Einsatzland auch deutsche Zivilpersonen mit spezifischen Aufgaben aktiv sind und muss ihre Soldatinnen und Soldaten, die – auch kurzfristig – für Auslandseinsätze vorgesehen sind, darauf vorbereiten, was im Umgang mit ihnen wichtig ist. Insbesondere dann, wenn damit zu rechnen ist, dass durch die Anwesenheit der Bundeswehr in einem Land auch deutsche Zivilpersonen in den Fokus einer Konfliktpartei geraten (was zeitweise zum Beispiel in Afghanistan der Fall war). Umgekehrt gilt das nicht: nur ein winziger Bruchteil derer, die für deutsche Entwicklungs- oder Hilfsorganisationen in anderen Ländern arbeiten, kommt jemals in die Situation, in einem Einsatzland zu sein, in dem auch die Bundeswehr eingesetzt wird. Daher spielt die generelle Frage, wie mit einem neu ausbrechenden oder unvermutet eskalierenden Krieg oder Bürgerkrieg in einem Einsatzland umzugehen ist, für Entwicklungs- und Hilfsorganisationen eine größere Rolle als die konkrete Abstimmung in Bezug auf die in seltenen Fällen im gleichen Land stattfindenden Auslandseinsätze der Bundeswehr.

Die Bundeswehr weist zu Recht darauf hin, dass Soldatinnen und Soldaten weder Entwicklungshelfer in Uniform noch ein bewaffnetes Technisches Hilfswerk sind, und dass in manchen Einsätzen von Soldatinnen und Soldaten wohl oder übel Aufgaben wahrgenommen werden, die in Deutschland aus guten Gründen Polizistinnen und Polizisten vorbehalten sind. Die entsprechenden Erwartungen (die sich auch im oben erwähnten Bürgergutachten niederschlagen) hängen teilweise – aber nicht nur – mit den Bildern zusammen, die aus Auslandseinsätzen veröffentlicht werden und zum Beispiel Sanitätsfachkräfte bei der Versorgung von Zivilpersonen im Einsatzland zeigen. Eine wichtige Rolle spielt aber auch, dass Militär in der öffentlichen Wahrnehmung jederzeit verfügbar ist, während die finanziellen und personellen Ressourcen für Auslandseinsätze in den Bereichen Polizei, zivile Konfliktbearbeitung, unbewaffnete Waffenstillstandsbeobachtung etc. sehr begrenzt sind. Dazu kommt insbesondere in der politischen Debatte die Vorstellung, dass in Konfliktregionen gegen Gewalt nur Gegengewalt hilft. Die Botschaft, dass Militär keinen Frieden schaffen kann, ist zwar bei der Mehrheit der EKD-Synodalen, aber offensichtlich nicht bei der Mehrheit derer angekommen, die über Außenpolitik öffentlich diskutieren (einschließlich der einschlägigen Artikel in den Hauptstadtmedien).

4 Die Problematik der politischen Debatte um die Rolle des Militärs

In der politischen Diskussion wird immer wieder die These vertreten, dass nur ein Land, das zum Einsatz von Militär über die Landesverteidigung hinaus, das heißt als Instrument der Außenpolitik, bereit und in der Lage ist, international ernst genommen wird, wenn es um Krieg und Frieden geht. Empirische Belege dafür gibt es nicht. Für Deutschland sind Auslandseinsätze der Bundeswehr außerhalb des NATO-Territoriums ohnehin eine relativ neue Situation – im Kalten Krieg gab es keinen einzigen Auslandseinsatz der Bundeswehr und niemand rechnete damit, dass der Kalte Krieg nach einigen Jahrzehnten enden würde. Während des Kalten Krieges hat die Bundesrepublik Deutschland bedeutende außenpolitische

Leistungen erbracht, sowohl was die Einigung (zunächst West-)Europas betraf als auch in Bezug auf die Anerkennung der Realitäten nach Ende des Zweiten Weltkrieges (Ostverträge). Deutschlands Ansehen in der Welt hat sich nicht nur durch die ungebrochene demokratische und rechtsstaatliche Entwicklung im Inneren, sondern auch durch diese außenpolitische Professionalität laufend erhöht.

Wer nun behauptet, dass 30 Jahre nach dem Kalten Krieg außenpolitische Stärke entscheidend von der Bereitschaft abhängt, im Zweifelsfall Militär als Mittel der Außenpolitik einzusetzen, müsste dies mit Beispielen belegen können. Zum Beispiel mit Beispielen dafür, dass ein deutsches Angebot für diplomatische Vermittlung in einem Konflikt abgelehnt und dann stattdessen ein Staat um Vermittlung gebeten wurde, der sich in Bezug auf den Einsatz von Militär als Mittel der Außenpolitik weniger zurückhaltend verhält. Derartige Beispiele werden in der Debatte nicht genannt – vielleicht, weil es sie nicht gibt?

Dafür, dass Deutschland bei wichtigen Verhandlungen explizit eingebunden wurde, lassen sich dagegen leicht Beispiele finden. Bei den Verhandlungen mit dem Iran zu seinem Nuklearprogramm zum Beispiel saßen dem Iran sechs Staaten gegenüber: die fünf ständigen Mitglieder des VN-Sicherheitsrates und Deutschland. Ausschlaggebend dafür war, dass Deutschland über profundes Wissen zu kerntechnischen Anlagen verfügt, und dass Deutschland eine Wirtschaftsmacht ist, die lange ein wichtiger Handelspartner des Iran war und wieder hätte werden können.

In vielen eskalierten Konflikten sind neutrale Mediationsteams oder neutrale Orte für Waffenstillstands- und Friedensverhandlungen erforderlich. Eine mögliche „Friedensdividende" muss in der Regel durch Humanitäre Hilfe und Hilfe zum Wiederaufbau bzw.

Wirtschaftshilfe im weiteren Sinne von außen unterstützt werden. Deutschland ist in den letzten Jahren zu einem der weltweit größten Geber im Bereich Humanitärer Hilfe geworden und hat leistungsfähige und international aktive mittelständische und Großunternehmen, kann also ohne langwierige Verhandlungen mit anderen Staaten direkt zur Friedensdividende beitragen.

Es wird kaum darüber nachgedacht, welche Rollen Deutschland in einer Konfliktregion nicht mehr oder nur noch eingeschränkt übernehmen kann, wenn deutsches Militär dorthin entsandt wird, um eine der Konfliktparteien – zum Beispiel im Rahmen einer Ausbildungsmission – zu unterstützen oder wenn Deutschland Waffen an direkt oder indirekt am Konflikt beteiligte Regierungen exportiert. Staaten, die bereit sind, Waffen zu liefern oder – zumindest in bestimmte, für sie interessante Regionen – Militär zu entsenden, gibt es genug. Staaten, die international als wirtschaftliche Schwergewichte gelten und die über eine nennenswerte Expertise in diplomatischer Mediation und ziviler Konfliktbearbeitung verfügen, gibt es deutlich weniger. Ein entsprechendes außenpolitisches Profil könnte wesentlich mehr zum Frieden in der Welt beitragen als pauschale Erklärungen, dass Deutschland im Zweifelsfall bereit sei, irgendwohin Militär zu entsenden.

5 Was könnte nach der „Kundgebung" der EKD kommen?

Die deutschen Kirchen haben eine lange Tradition darin, gesellschaftlich kontroverse Themen in Fachgesprächen zu behandeln, zum Beispiel in ihren Akademien. Die Auslandseinsätze der Bundeswehr waren dort immer wieder Thema, und es ist zu hoffen, dass die Kundgebung der EKD-Synode innerkirchlich so ernst genommen wird, dass sich mehr Akademietagungen mit der Frage befassen, was Deutschland kurz-, mittel- und langfristig mit welchen Mitteln zum Frieden in der Welt beitragen kann. Die Bundeswehr ist eine Institution, die – aufgrund ihrer Aufgaben, aufgrund ihrer Geschichte, aufgrund des besonderen Status der Soldatinnen und Soldaten – den meisten Menschen inner- und außerhalb der Kirche sehr fremd ist. Auch diejenigen Christen, die irgendwann einmal Wehrdienst geleistet haben, wissen meist wenig über die aktuelle Institution Bundeswehr. Die polarisierte Debatte um den NATO-Doppelbeschluss ist inzwischen 40 Jahre her, die heutige Bundeswehr unterscheidet sich diametral von der damaligen, die heutige Gesellschaft auch. Auf kirchlichen Tagungen wird auf faire, sachliche Debatten geachtet, in denen pauschale Vorurteile keinen Raum bekommen. Die Angst mancher Soldatinnen und Soldaten, dort nicht willkommen zu sein, ist unbegründet. Auch wenn die eine oder andere Tagung besonders diejenigen anzieht, die sich für zivile Konfliktbearbeitung und Friedensförderung interessieren.

Literatur

Auswärtiges Amt. 2019. Wiener Dokument: Mehr Vertrauen durch Transparenz. https://www.auswaertiges-amt.de/de/aussenpolitik/themen/abruestung-ruestungskontrolle/-/203012. Zugegriffen: 18. April 2021.

Bürgerrat des Bundestages „Deutschlands Rolle in der Welt" (Bürgerrat). 2021a. Bürgerrat Deutschlands Rolle in der Welt. https://deutschlands-rolle.buergerrat.de/. Zugegriffen: 18. April 2021.

Bürgerrat des Bundestages „Deutschlands Rolle in der Welt" (Bürgerrat). 2021b. Deutschlands Rolle in der Welt. Die

Empfehlungen des digitalen Bürgerrats. 13.01. bis 20.02.2021. https://deutschlands-rolle.buergerrat.de/fileadmin/downloads/buergergutachten2021.pdf. Zugegriffen: 18. April 2021.

Die Bundesregierung. 1992. Bericht zum Stand der Bemühungen um Rüstungskontrolle und Abrüstung sowie der Veränderungen im militärischen Kräfteverhältnis (Jahresabrüstungsbericht 1990/91). Bundestagsdrucksache 12/2442. http://dipbt.bundestag.de/doc/btd/12/024/1202442.pdf. Zugegriffen 18. April 2021.

Die Bundesregierung. 1993. Bericht zur Rüstungskontrolle und Abrüstung 1992. Bundestagsdrucksache 12/4846. https://dip21.bundestag.de/dip21/btd/12/048/1204846.pdf. Zugegriffen: 18. April 2021.

Evangelische Kirche in Deutschland (EKD). 2019. Kirche auf dem Weg der Gerechtigkeit und des Friedens. Kundgebung der 12. Synode der Evangelischen Kirche in Deutschland auf ihrer 6. Tagung. https://www.ekd.de/kundgebung-ekd-synode-frieden-2019-51648.htm. Zugegriffen: 18. April 2021.

Medienportal RTL Deutschland. 2020. Pressemitteilung vom 06.01.2020. https://www.presseportal.de/pm/72183/4484126. Zugegriffen: 18. April 2021.

Medienportal RTL Deutschland. 2021. Pressemitteilung vom 11.01.2021. https://www.presseportal.de/pm/72183/4808331. Zugegriffen: 18. April 2021.

Recommendations of the Participants of the Expert Dialogue on NATO-Russia Military Risk Reduction in Europe (Expert Dialogue). 2020. http://iskran.ru/wp-content/uploads/Statement-on-Russia-NATO.pdf. Zugegriffen: 18. April 2021.

Richter, Wolfgang. 2021. Open-Skies-Vertrag in Gefahr. SWP-Aktuell Nr. 10 Februar 2021. https://www.swp-berlin.org/fileadmin/contents/products/aktuell/2021A10_open_skies.pdf Zugegriffen: 18. April 2021.

Die Institution Bundeswehr und die kirchliche Forderung nach Gewaltfreiheit
Input aus rechtlicher Perspektive

Stefan Oeter

1 Einleitung

Das Verhältnis zwischen erklärter Friedenstheologie und bewaffneten Streitkräften sowie deren Angehörigen ist seit langem spannungsgeladen. Wahrscheinlich kann dies strukturell auch gar nicht anders sein, stehen alle Spielarten einer Friedenstheologie, die bewusst auf die Sicherung von Gewaltfreiheit im gesellschaftlichen Kontext, aber auch die theologisch grundierte Betonung der Friedfertigkeit des Einzelnen orientiert sind, doch in einem (letztlich unaufhebbaren) Gegensatz zur Existenz bewaffneter staatlicher Streitkräfte, die in Organisation,

---

S. Oeter (✉)
Fakultät für Rechtswissenschaft, Universität Hamburg, Hamburg, Deutschland
E-Mail: stefan.oeter@jura.uni-hamburg.de

Ausrüstung und Ausbildung ausgerichtet sind auf die gezielte Tötung gegnerischer Kombattanten und die Zerstörung militärischer Ziele. In einer fundamentalpazifistischen Lesart der Bergpredigt ist schon die Existenz eines solchen staatlichen Gewaltapparates ein Skandalon. Nun hat traditionelle Sozialethik viel Zeit und Mühen darauf verwendet, diese scheinbar unüberbrückbaren Gegensätze durch differenzierende Ansätze zu moderieren und intellektuell Brücken zwischen den unterschiedlichen Positionen zu bauen. Ohne den Versuch, eine moderierende Position einzunehmen und auch den (vielleicht berechtigten) Anliegen klassischer Sicherheitspolitik und den Einstellungen und Positionen der (im Dienste dieser Sicherheitspolitik stehenden) Soldaten Rechnung zu tragen, wäre so etwas wie Militärseelsorge gar nicht möglich gewesen (siehe dazu den Beitrag von Roger Mielke in diesem Band). Seelsorge im Binnenbereich der Streitkräfte (in Deutschland konkret der Bundeswehr) wäre dann dazu verdammt gewesen, Soldaten stetig das theologisch wie moralisch Verwerfliche Ihres Tuns vor Augen zu halten (vgl. auch den Beitrag von Bernd Oberdorfer in diesem Band). Empathie für die Sorgen und Nöte der Soldaten und deren ethisch-moralische Dilemmata hätte sich bei einer fundamentalpazifisch orientierten Friedenstheologie von vornherein verboten (siehe zu den Positionen des Radikalpazifismus Hofheinz 2017, S. 413 ff.). Und auch die Masse der Gläubigen und Kirchenangehörigen, die in den Traditionen klassischer staatlicher Sicherheitspolitik verwurzelt sind, wären intellektuell für eine solchermaßen auf radikale Positionen orientierten Kirche emotional wie intellektuell nicht zu erreichen gewesen. Mit guten Gründen hat die evangelische Kirche in Deutschland es historisch vermieden, kirchenamtlich eine derart radikale Position in Kategorien einer fundamentalpazifistischen

Friedenstheologie zu beziehen. Auch die Friedensdenkschrift der EKD von 2007 trug dem ersichtlich Rechnung, indem sie gemäßigten Positionen eines ‚Friedens durch Recht' Ausdruck gab, in denen noch Raum bleibt für legitime militärische Gewaltanwendung im Interesse der Durchsetzung des Rechts (vgl. Hoppe und Werkner 2017, S. 343 ff.).

Vor diesem Hintergrund ist die Lektüre der „Kundgebung der 12. Synode der EKD" zunächst einmal irritierend. Natürlich hängt diese Irritation ab von der konkreten Epistemologie des Lesers. Zumindest aus der Sicht eines durch und durch im Gedanken einer ‚Herrschaft des Rechts' sozialisierten Juristen – einer ‚Herrschaft des Rechts', die im Zweifel auch der Gewaltmittel zur Durchsetzung und Aufrechterhaltung des Rechts bedarf – erscheint die Abkehr von der ausdifferenzierten, auf die ganz verschiedenen Stränge friedensethischer Tradition eingehenden Überlegungen der Friedensdenkschrift erstaunlich, wenn nicht alarmierend. Zwar bezieht die „Kundgebung" vordergründig nicht Position zu diesem Mikrokosmos friedensethischer Überlegungen, übergeht den Fragenkreis der ‚gerechtfertigten Gewalt' im Kern mit einer sehr dürren, letztlich eher nichtssagenden Bemerkung, einem simplen Paraphrasieren der Grundgedanken der Friedensdenkschrift als eines Fremdtextes – doch genau dieses ‚dröhnende Schweigen' irritiert, und die Überleitung im Text der „Kundgebung", die Situation habe sich seit 2007 entscheidend verändert, verstärkt noch diese Irritation, suggeriert sie doch, die Friedensdenkschrift von 2007 sei mittlerweile überholt.

Die „Kundgebung" als Dokument der EKD, das mit dem Titel „Kirche auf dem Weg der Gerechtigkeit und des Friedens" beansprucht, eine kirchenamtliche Stellungnahme zu Fragen der Friedenstheologie darzustellen, zeigt eine Kirche, die ein gebrochenes Verhältnis zum ‚hier und jetzt' unseres Gemeinwesens und seiner rechtlichen Verfasstheit aufweist. Das staatlich verfasste Gemeinwesen der Bundesrepublik Deutschland, das in seiner Verfasstheit ein geradezu emphatisches Bekenntnis zur Herrschaft des Rechts (und auch zur Durchsetzung des Rechts) abgibt, in klarer Reaktion auf die Rechtlosigkeit und den Terror der nationalsozialistischen Willkürherrschaft (Oeter 2013, S. 467 ff.), wird in den Grundlagen seiner Legitimität letztlich keiner Erwähnung für wert befunden. Dass ‚Herrschaft des Rechts' – und die damit verbundene, notfalls auch gewaltsame Durchsetzung des Rechts – auf die Existenz eines funktionsfähigen staatlichen Gewaltapparates angewiesen ist, ohne den man der Aggression des Unrechts wehrlos gegenüberstünde, findet in der „Kundgebung" praktisch keine Reflektion. Ganz im Gegenteil: In seiner eschatologischen Orientierung auf eine Utopie absoluter Gewaltfreiheit wirkt dieses Dokument wie aus der Zeit gefallen. Die intrikaten sozialethischen Fragen der ‚gerechten Gewalt', die Jahrzehnte bundesrepublikanischer und dann gesamtdeutscher Diskussion über Fragen von Frieden und Gerechtigkeit bestimmt haben, werden in einem dürren Satz in den Anfangsteilen des Textes mehr versteckt als abgehandelt, das zentrale Problem der Rechtfertigung staatlicher Gewalt als *ultima ratio* in der Sicherung und Bewahrung der Rechtsordnung wird so nahezu invisibilisiert. Die Verfassungsinstitution der Bundeswehr wird keines Wortes gewürdigt, ja misstrauisch unter der Perspektive eines fundamentalpazifistischen Gebots absoluter Gewaltfreiheit als Übel betrachtet.

2 Friedensethik als Opfer einer Kluft zwischen Recht und Gerechtigkeit?

Irritierend ist die Herangehensweise der „Kundgebung" aus der Sicht eines Rechtswissenschaftlers zunächst einmal deshalb, weil hier eine (vielleicht auch nur scheinbare) Konvergenz von Recht und Theologie aufgekündigt wird. Vielleicht war diese Konvergenz, die vor allem in einer starken Betonung der Notwendigkeit einer institutionalisierten Friedensordnung kulminierte, auch nur eine Illusion. Bis dato schien an diesem Punkt ein weitgehender Gleichklang zwischen Grundannahmen und zentralen Orientierungen der Vertreter der Theologie wie der Rechtswissenschaft zu bestehen – ein Gleichklang, der vor allem darauf beruhte, dass christliche Theologie und Rechtswissenschaft zumindest seit 1945 die Vision einer systemischen Eindämmung von Gewalt im Rahmen einer institutionell abgesicherten Friedensordnung teilten. Die „Kundgebung" deutet allerdings darauf hin, dass sich hier zunehmend eine Kluft auftut, in der Recht und Gerechtigkeit tendenziell gegeneinander ausgespielt werden. Natürlich hat auch die Jurisprudenz als Wissenschaft schon immer gewusst, dass (positives) Recht und Gerechtigkeit nicht bruchlos ineinander aufgehen, sondern untergründig in einer starken Spannung stehen, da Gerechtigkeit als Grundwert einen utopischen Überschuss aufweist, der im Recht nie vollständig abgebildet werden kann (siehe Mahlmann 2021, S. 29 ff., 264 ff.). Modernes Recht bedarf daher auf einer Metaebene immer so etwas wie eines kritischen Gewissens, das die Pragmatik der Rechtsordnung an der Utopie der Gerechtigkeit ausrichtet. Doch ist dem Juristen in seiner einsozialisierten Pragmatik zugleich auch bewusst, dass das positive Recht immer nur annäherungsweise Werten der Gerechtigkeit entsprechen kann, da die soziale Praxis der real existierenden Rechtsgemeinschaft immer von Elementen der (historisch vorgeprägten) Herrschaftsordnung und des pragmatisch operierenden, auf Aushandlungsprozesse orientierten Umgangs mit sozialen Widersprüchen und Konflikten geprägt ist (vgl. Baer 2017, S. 132 ff., 146 ff.). Recht ist also, im Gegensatz zum Ideal der Gerechtigkeit, immer mit Elementen von Herrschaft, Ungleichheit und Interessendurchsetzung, der Pragmatik von Herrschaftstechnik durchsetzt, man könnte auch sagen: verunreinigt. Doch bleibt die gemeinsame Grundorientierung auf die Zurückdrängung von Gewalt und die Durchsetzung einer auf Werte der Gerechtigkeit angelegten Ordnung. Herrschaft des Rechts rechnet allerdings mit dem Menschen, wie er uns in der Empirie der sozialen Realität begegnet, zum Guten fähig, aber im Alltag häufig von niederen Motiven getrieben, von Hass, Neid und Gier, unvollkommen in seiner Wahrnehmung der Welt, gefangen in Vorurteilen und verzerrten Wahrnehmungen. Im Gegensatz zu der chiliastischen Heilserwartung eines ‚neuen Menschen' und einer Gemeinschaft absoluter Gewaltfreiheit, die die „Kundgebung" in ihrer Anthropologie prägt, muss sich das Recht unweigerlich auf eine erfahrungsbezogene Anthropologie des Menschen als notorischen Sünders stützen, muss mit der ‚Macht des Bösen' rechnen. Wendet sich Theologie von dieser Einsicht der Allgegenwart des ‚Bösen' ab, in Verwischung der Grenze zwischen Versöhnung und Erlösung, so gerät sie auf einen gefährlichen Weg. „Wer von Menschen und nicht von Gott ‚Erlösung jetzt' fordert, hat langfristig nur drei Optionen", wie Günter Thomas es plakativ formuliert hat – Depression und Enttäuschung, weltflüchtige Selbstillusionierung, oder Gewalt (2020, S. 85 f.).

‚Frieden durch Recht' muss mit der Allgegenwart des Bösen und der Sünde rechnen. Wie uns die Empirie des Sozialen auch in der heutigen Welt lehrt, ist die Verworfenheit, Aggressionsgeneigtheit und Gewaltbereitschaft des Menschen schwer aus der Realität der sozialen Beziehungen hinwegzudenken, ja muss notwendig mitgedacht werden, soll eine Rechtsordnung nachhaltig zur Stabilisierung gesellschaftlicher Ordnung beitragen und Gewalt eindämmen. Das zivilisatorische Großprojekt der Ablösung des ‚Krieges aller gegen alle' durch eine staatsgestützte Rechtsordnung modernen Typs muss diese anthropologischen Konstanten in Rechnung stellen. Mit anderen Worten: Der kategorische Imperativ des Eintritts in den Rechtszustand bedarf der Institutionalisierung des Rechts in Form staatlicher Ordnung und Herrschaft des Rechts. Verwerfe ich das Recht, weil es von den Niederungen konkreter sozialer Verhältnisse beschmutzt ist, historisch gegebene Herrschaftsverhältnisse in sich einkodiert trägt und fortschreibt und damit überlieferte Formen sozialer Ungerechtigkeit tradiert, so bleibt nur die alleinige Orientierung am hehren Ideal der Gerechtigkeit. Gerechtigkeit kann allgemeine Leitlinie sein, sie liefert uns aber kein konkretes Ordnungssystem, das soziale Verhältnisse nachhaltig zu stabilisieren vermag und uns schützt vor einseitiger Durchsetzung partikularer Interessen, unter Umständen auch mittels Gewalt (Mahlmann 2021, S. 264 ff.). Diskreditiert man das Recht aus der überhöhten Vogelschauperspektive der Ideale von Gerechtigkeit, so tut sich eine Kluft auf, in der auch die diffizilen Abwägungen und differenzierten Argumente klassischer Friedensethik zu verschwinden drohen. Was bleibt, sind dann einzig die Heilsversprechen des ‚neuen Menschen', der von sich aus immer das Gute tut – und der keines Rechts mehr bedarf, um seine ideale Gesellschaft zu bauen. Doch tragen derartige Utopien einer ‚neuen Welt' fatale Versuchungen in sich. „In allen Gulags des 20. Jahrhunderts steckten Menschen, die einer großformatigen Weltverbesserung, einem umfassenden Programm einer Erlösung, der Schaffung einer neuen Welt im Wege standen" (Thomas 2020, S. 85).

3 Recht und Gewalt

Das schwierige, aber letztlich kaum wirklich aufzulösende Wechselverhältnis von Recht und Gewalt ist mit Sicherheit eines der Elemente, das Recht in den Augen eschatologischer Heilslehren so verdächtig macht. Recht sucht zwar die uneingeschränkte Ausübung von Gewalt einzudämmen, ist aber im Innersten auf Gewalt angewiesen. Die Errichtung einer funktionierenden Rechtsordnung bringt die Gewalt nicht zum Verschwinden, sondern basiert auf Strategien der Einhegung, der Disziplinierung und Eindämmung von Gewalt, in Form der Monopolisierung legitimer Gewalt in der Hand der (rechtsgebundenen) Staatsorgane. Seit Jean Bodin und Thomas Hobbes hat sich in Europa der Gedanke durchgesetzt, im Kampf gegen den Bürgerkrieg aller gegen alle – und dafür hatten die Autoren dieser Lehre in den überaus blutigen konfessionellen Bürgerkriegen des späten 16. und frühen 17. Jahrhunderts mehr als genug Anschauungsmaterial – helfe nur die Errichtung einer tendenziell omnipotenten Staatsgewalt, die die ungeheuren Gewaltpotenziale einer von Gewalt geprägten Gesellschaft in Schach halten könne (siehe Kersting 1994, S. 59 ff.). Daraus entstand die Idee vom Gewaltmonopol des Staates (Münkler 2017, S. 21 ff.).

Die Begrifflichkeit ist neueren Datums, die dahinter liegende Idee aber ist mehr als vierhundert Jahre alt: Ohne Gewaltmonopol, so die Grundessenz moderner

Staatstheorie, gibt es keine funktionierende Rechtsordnung (vgl. Grimm 2002, S. 1297 ff.). Recht bedarf, soll es gesellschaftliche Gewaltpotenziale unter Kontrolle bringen, der Durchsetzungsmacht gegenüber den (das Recht leugnenden) Gewaltakteuren. Leugnen diese das Recht oder versuchen sie dessen Maßgaben zu ihren Gunsten selektiv zu beugen, so bedarf es einer organisierten Rechtsdurchsetzung über einen notfalls auch zur Anwendung von Gewalt befähigten Herrschaftsapparat – und diesem Herrschaftsapparat muss im Ernstfall Dominanz zukommen, auch im Rückgriff auf massive Gewaltmittel, derer es gegebenenfalls zur Durchsetzung des Rechts bedarf. Dies bedeutet nicht, dass die (in Händen des Staates monopolisierte) Gewalt omnipräsent sein sollte, im Sinne der alltäglichen Ausübung staatlicher Gewalt im Leben der Menschen. Es handelt sich bei der Option gewaltsamer Durchsetzung des Rechts um eine *ultima ratio* der Rechtsordnung. Je weniger diese *ultima ratio* im Alltag der Gesellschaft sichtbar ist, desto effektiver ist die Rechtsordnung im Zweifel, denn das effiziente Funktionieren von Recht beruht im Kern auf Praktiken der Sozialisation und Internalisierung der geltenden Rechtsnormen, und nur hilfsweise auf Formen zwangsweiser staatlicher Durchsetzung (vgl. Rehbinder 2014, S. 113 ff.). Anders stellt sich die Sachlage erst dar, wenn die Rechtsordnung massiv herausgefordert wird von organisierter Gegengewalt, die die Geltung des Normensystems prinzipiell leugnet. Wenn der Staat dann nicht seine Mittel der Durchsetzung zur Anwendung bringt, verliert das Recht an Glaubwürdigkeit, die Rechtsordnung erodiert und verliert ihre gesellschaftliche Prägekraft.

Die Option staatlicher Gewaltausübung muss also im Hintergrund als Möglichkeit präsent bleiben, um (potenzielle) gewaltsame Friedensbrecher unter Kontrolle zu halten. Ein Blick auf die vielen ‚Räume begrenzter

Staatlichkeit' auf der Welt zeigt, dass ohne eine solche Bereitschaft zur Anwendung staatlicher Gewalt die Rechtsordnung ihre Anerkennung verliert und zur rein symbolischen Ressource verkommt (vgl. zum Konzept der ‚Räume begrenzter Staatlichkeit' die Beiträge in Risse 2011). Die Gesellschaft wird dann in die Rechtlosigkeit geworfen, skrupellosen Gewaltakteuren ausgeliefert, die sich bei erstbester Gelegenheit zusammenfinden werden, um alternative Herrschaftsordnungen zu errichten, Ordnungen gestützt auf blanke Gewalt, die das Leben der Menschen nicht unbedingt besser machen. Selbst innerhalb fortgeschrittener Industriestaaten des Nordens finden sich im übrigen solche Räume ‚begrenzter Staatsgewalt', man denke an die Herrschaft der Clans und Banden des organisierten Verbrechens in bestimmten Problemquartieren fast aller Großstädte Europas (vgl. Dienstbühl 2021, S. 4 ff., 19 ff.). Diese permanente Gefährdung der Herrschaft des Rechts ist der Grund dafür, dass moderner Staatlichkeit (und auch dem Rechtsstaat) immer noch im Kern das Element der Gewalt eingeschrieben ist – eine Erkenntnis, die spätestens seit dem Werk von Michel Foucault (siehe nur Foucault 2014) eigentlich im Bewusstsein präsent sein sollte.

4 Internationale Rechtsordnung und Gewaltmonopol

Wie ein Blick in die empirischen Befunde der Sozialwissenschaft zeigt, ist das Modell des (auf die Herrschaft des Rechts gebauten) Verfassungsstaates mit effektivem Gewaltmonopol zutiefst voraussetzungsvoll und in weiten Teilen der Welt nicht wirklich etabliert. Beim Blick auf den Zustand der internationalen Ordnung aber erweist es sich, dass die ‚internationale Gemeinschaft' von diesem für die staatlichen Ordnungen gesetzten Ideal der nachhaltigen Friedensordnung erst recht weit entfernt ist. Der Völkerrechtsordnung ist der Schritt in die Institutionalisierung (und damit Verkapselung) der Gewalt, hin zu einer auf eine stabile institutionelle Basis mit einem Gewaltmonopol in Händen einer ‚öffentlichen Gewalt' gestellten Ordnung, bis heute nicht gelungen (vgl. Heintschel von Heinegg 2018, S. 1131 ff.). Die Mittel der organisierten Gewalt sind in den Händen der Staaten verblieben, damit in den Händen derer, die den zwischenstaatlichen Frieden als potenzielle Gewaltakteure bedrohen, die in der Versuchung stehen, ihre partikularen Interessen mit Mitteln überlegener Gewalt durchzusetzen.

Zwar ist mit dem normativen Postulat eines prinzipiellen Gewaltverbots in Art. 2(4) UN-Charta ein normativ äußerst wichtiger Schritt vollzogen worden, der in seinen Auswirkungen nicht geringgeschätzt werden sollte. Die Anwendung militärischer Gewalt als Mittel zur Durchsetzung eigener Interessen, selbst als Mittel zur Durchsetzung bestehender Rechtspositionen, ist mit der Schaffung der Charta der Vereinten Nationen, die als übergreifender Rahmen alle Staaten bindet, ein für alle Mal geächtet worden (vgl. zur Bedeutung des Art. 2 (4) UNC Randelzhofer und Dörr 2012, S. 200 ff.). Dies bedeutet nicht, dass militärische Gewalt nachhaltig aus der Realität zwischenstaatlicher Beziehungen verschwunden wäre. Sie ist jedoch zu einem empirisch eher seltenen Phänomen geworden, Real ausgeübt wird militärische Gewalt heute fast nur noch von einer kleinen Gruppe globaler Großmächte und um ihre Dominanz kämpfender Regionalmächte. Dass diese mit ihren Regelverstößen allzu häufig davonkommen und die Verletzung der grundlegenden Regel des Gewaltverbots ungesühnt bleibt, hängt im Kern mit bestimmten Pathologien des Systems internationaler Institutionen zusammen, insbesondere der ‚organisierten Verantwortungslosigkeit' des UN-Sicherheitsrates und seiner zentralen Mitglieder, nicht mit dem mangelnden Bewusstsein der zentralen Rolle des Gewaltverbots für eine internationale Friedensordnung (siehe Oeter 2015, S. 359 ff.).

Das Fehlen einer zentralen Instanz der Rechtsdurchsetzung (mit Gewaltmonopol) sollte durch das System der kollektiven Sicherheit gemäß Kapitel VII der UN-Charta kompensiert werden (vgl. zum System der kollektiven Sicherheit der UN-Charta Bothe 2016, S. 219 ff.). Die Funktionsfähigkeit dieses Systems hängt, so die Konstruktion der UN-Charta, im Kern am gemeinsamen Zusammenwirken einer Gruppe von Großmächten, die als ‚Ständige Mitglieder' des Sicherheitsrates zu den Wächtern der kollektiven Sicherheit erhoben worden sind (vgl. etwa Henderson 2013). Leider haben sich diese Mächte – im Kern vor allem die USA, Russland und China – als weitgehend verantwortungslose Akteure erwiesen, die das ihnen zugesprochene Veto fast einzig zur Verfolgung von Partikularinteressen nutzen (vgl. auch Trahan 2020). Der Rest der Staatengemeinschaft ist diesem Zustand ‚organisierter Verantwortungslosigkeit' nahezu hilflos ausgeliefert, kann – schon mangels zureichender eigener militärischer Ressourcen – den gewaltgeprägten Ränkespielen dieser dominanten Gewaltakteure kaum etwas entgegensetzen und muss hilflos zusehen, wie Geist und Buchstabe des internationalen Rechts mit Füßen getreten wird (siehe Oeter 2015, S. 359 ff.). Was bleibt, ist das Lindern des Leids, gerade auch das der endemischen innerstaatlichen Konflikte, durch die Entsendung von UN-Friedenstruppen in Situationen peripherer Konflikte, wo diese ‚Blauhelmtruppen', meist personell und ressourcenmäßig fatal unterausgestattet, nur wenig auszurichten vermögen.

5 Individuelle und kollektive Selbstverteidigung als Grundbaustein globaler Friedenssicherung

Mangels Funktionsfähigkeit des globalen Systems kollektiver Sicherheit – und mangels effektiver Strukturen kollektiver Sicherheit auf regionaler Ebene – bleiben die Staaten für ihre Sicherheitsgewährleistung zurückgeworfen auf die Instrumente der individuellen und kollektiven Selbstverteidigung, also die klassischen Formate der Territorial- und Bündnisverteidigung (vgl. Heintschel von Heinegg 2018, S. 1155 ff.; Ruys 2010, S. 53 ff.). Solange ich mich als einzelner Staat nicht darauf verlassen kann, dass der Bruch grundlegender Regeln des Rechts, wie des Gewaltverbots, von einem zentralen Apparat organisierter Rechtsdurchsetzung geahndet und der *status quo ante* wiederhergestellt wird, muss ich als Staat die Vorsorge (und auch die Abschreckung) gegen mögliche Friedensbrüche selbst in die Hand nehmen und einen Apparat militärischer Gewaltanwendung aufbauen, der allen möglichen Gewaltakteuren mit prohibitiv hohen Kosten für die Durchsetzung eigener Ansprüche mittels Gewalt droht. Für die große Zahl eher kleiner Staaten ist dies auf sich gestellt kaum möglich, es bedarf daher des Zusammenschlusses mit anderen in Bündnissen kollektiver Selbstverteidigung, die tendenziell die militärische Reaktionsfähigkeit einer Vielzahl von Staaten ‚poolen' und so die Glaubwürdigkeit der Abschreckung steigern (vgl. Hufeld 2013, S. 485 ff.).

Bündnisse kollektiver Selbstverteidigung (wie die NATO) spielen in der Praxis der internationalen Politik die Hauptrolle in der Gewährleistung von Sicherheit und Frieden, stellen die zentralen Pfeiler in der Eindämmung von Gewalt in den internationalen Beziehungen dar (vgl. auch Krisch 2001, S. 167 ff.). Sie sind es, die den nach wie vor mit gewaltsamer Durchsetzung eigener Interessen liebäugelnden Militärmächten glaubhafte Gegenwehr in Aussicht stellen, womit die Kosten der Gewaltanwendung in prohibitive Größenordnungen hochgeschraubt werden. Individuelle und kollektive Selbstverteidigung hängen strukturell jedoch zum einen an der Bereitschaft, militärische Mittel notfalls einzusetzen, also am Willen zur Verteidigung, zum anderen aber auch der tatsächlichen Fähigkeit, sich im Ernstfall militärisch verteidigen zu können. Ohne funktionsfähige und schlagkräftige Streitkräfte bleibt der Mechanismus individueller und kollektiver Selbstverteidigung eine leere Ankündigung, leicht zu durchschauen für jeden etwaigen Gegner. Elementares Bauelement dieser auf Mechanismen individueller und kollektiver Selbstverteidigung gebauten Sicherheitsordnung ist damit im Ergebnis die Existenz von bewaffneten Streitkräften, die im Ernstfall zu effektiver militärischer Gewaltanwendung befähigt wären (vgl. Hufeld 2013, S. 483 ff.).

Diese Abstützung der Sicherheitspolitik auf Strukturen kollektiver Selbstverteidigung hat unbestreitbar negative Nebenfolgen. Das Streben nach Eskalationsdominanz setzt unheilvolle Dynamiken des Rüstungswettlaufes in Gang. Begegnen kann man diesen Dynamiken nur mit Strukturen kooperativer Sicherheit, einschließlich ausgebauter Arrangements der Rüstungskontrolle und Abrüstung (grundlegend dazu Baudissin 1981).

Man mag diesen Zustand der Dominanz von Strukturen kollektiver Selbstverteidigung friedenspolitisch bedauern – man entkommt der darin angelegten Aporie zeitgenössischer Friedensethik aber nicht, indem man die Augen vor den Gewaltpotenzialen einer im Kern immer noch zutiefst friedlosen Welt verschließt. Es gibt schlicht und einfach immer noch zu viele Gewaltakteure mit hochgerüsteten Potenzialen militärischer Überwältigung, die bereit sind, ihre Gewaltpotenziale zu entfesseln, um sich mental in einer Traumwelt allgemeiner Friedfertigkeit einrichten zu können. Eine solche Weltflucht mögen sich sektiererische Glaubensgemeinschaften leisten können, die bewusst darauf verzichten, reale Politik (und die konkreten Lebensverhältnisse der Menschen) im Gehäuse der staatlich verfassten Globalordnung noch beeinflussen zu wollen. Ein Staat jedenfalls, dem der Schutz von Leben, Freiheit und Eigentum seiner Bürger als Verantwortung übertragen ist, kann sich derartige Formen der Weltflucht nicht leisten. Im Übrigen gilt: Selbst bei Etablierung einer nachhaltig institutionalisierten globalen Friedensordnung mit Gewaltmonopol zu Händen einer globalen Form ‚öffentlicher Gewalt' bliebe der Zwang zur Aufrechterhaltung eines militärischen Apparates bestehen, um im Ernstfall mit Mitteln gewaltgestützten Zwangs den Rückfall in organisierte Formen rechtsleugnender Gewalt effektiv abwehren zu können.

6 Die ‚Schutzverantwortung' und die daraus resultierenden Pflichten der Staaten

Neben der Friedenssicherung im Verhältnis der Staaten untereinander stellt sich zunehmend das Problem der ‚Schutzverantwortung' zugunsten friedlos gelegter, mit Gewalt überzogener Bevölkerungen in unterschiedlichen Teilen der Welt. Der gängige Typus bewaffneter Konflikte ist heute nicht mehr der klassische zwischenstaatliche Konflikt, traditionell als ‚Krieg' bezeichnet. Zwischenstaatliche Konflikte gibt es durchaus noch in der Empirie der internationalen Beziehungen, sie sind aber insgesamt ein eher seltenes Phänomen geworden. An deren Stelle getreten als dominantes Phänomen militärischer Gewaltanwendung ist der innerstaatliche Konflikt in Gemeinwesen, deren Rechts- und Friedensordnung zusammengebrochen ist oder in denen (partikularen Interessen verhaftete) Gewaltorgane ihre eigenen Interessen (und die ihrer Patrone) mit brachialer Gewalt gegen ein sich widersetzendes Volk durchzusetzen suchen (vgl. Bothe 2016, S. 675 ff.). Unvermeidlich gehen derartige Konflikte einher mit systemischen Mustern grober Menschenrechtsverletzungen (,gross and consistent patterns of serious human rights violations'), die im Blick auf das in jüngerer Zeit entstandene Völkerstrafrecht auch durchgängig als strafbare Taten des Völkerstrafrechts zu qualifizieren sein werden, entweder als Verbrechen gegen die Menschlichkeit oder Kriegsverbrechen, wenn nicht gar Völkermord (vgl. als Überblick über die *core crimes* des Völkerstrafrechts Frau 2018, S. 762 ff.). Kann es der Staatengemeinschaft erlaubt sein, derartigen Verbrechen gegen elementare Rechtsgüter der internationalen Gemeinschaft tatenlos zuzusehen? Macht man Ernst mit dem weithin vertretenen *jus cogens*-Charakter der elementaren Menschenrechte, so wird man diese Frage nur noch *ex negativo* beantworten können – und das völkerrechtliche Konzept der ‚Schutzverantwortung' (*responsibility to protect*/R2P) transformiert diese Einsicht in ein tragendes Grundprinzip der Völkerrechtsordnung (vgl. zum Konzept der *responsibility to protect* exemplarisch Bellamy 2011; Hehir 2011; Hilpold 2013; von Arnauld 2015) Adressiert wird damit zunächst einmal natürlich der zuständige Territorialstaat, der alles ihm Mögliche zu unternehmen hat, um die elementaren Rechtsgüter seiner Bevölkerung gegen Naturkatastrophen und deren Folgen, aber auch gegen endemische Gewalt durch nichtstaatliche

Gewaltakteure zu schützen (Bellamy 2013). Ist der zuständige Staat zu diesem Schutz nicht in der Lage, muss er andere Staaten (und Organisationen) um Hilfe bitten, die zumindest in einer ethischen Perspektive dann ihrerseits in einer Verantwortung stehen, zum Schutz der notleidenden Bevölkerung beizutragen (vgl. auch Diggelmann 2013).

Der Sicherheitsrat hat in seiner Praxis die Reichweite kollektiver Sicherheit ausgedehnt auf die Konstellationen extremer Gewaltanwendung innerhalb von Staaten, vor allem soweit diese einhergehen mit der systematischen Begehung völkerrechtlicher Verbrechen (vgl. nur Krisch 2012, S. 1272 ff.; Oeter 2008, S. 183 ff.). Die damit einhergehende Frage nach der Solidarität der Staatengemeinschaft für die Opfer solcher endemischen Gewalt ist in die Figur der *responsibility to protect* neu gefasst worden (vgl. Bellamy und Dunne 2016) und wirft ganz grundsätzliche Fragen nach der Pflicht zu einem solidarischen Zusammenwirken im Bemühen um Verwirklichung der ‚Schutzverantwortung' auf (vgl. auch Diggelmann 2013, S. 347 ff.). Wie es Thomas Hoppe in seinem Text beschreibt, bedarf es einer „angemessenen Antwort auf die Frage, was zu tun sei, wenn schutzlose Menschen von organisierten Gruppen staatlicher, parastaatlicher oder nichtstaatlicher Gewalttäter angegriffen werden, denen es um die Unterjochung oder sogar Vernichtung ihrer Opfer geht". Der Sicherheitsrat liefert uns diese Antwort nur sehr bedingt – seine problematische institutionelle Architektur führt zu einem Zustand der ‚Verantwortungsdiffusion', in dem zentrale Postulate der ‚Schutzverantwortung' ohne Nachhall bleiben. Die Frage einer unilateralen ‚Ersatzvornahme', anstelle des strukturell gelähmten Sicherheitsrates, ist bis heute (unter dem Stichwort der ‚humanitären Intervention') eine ungelöste

Streitfrage geblieben, über die global so bald kein Konsens zu erzielen sein wird (vgl. Johnstone 2015).

Doch gibt es unterhalb der Schwelle der denkbaren, *in praxi* aber kaum vorkommenden militärischen Erzwingungsinterventionen, mit vom Sicherheitsrat erteilten Mandaten nach Kapitel VII der UN-Charta, mittlerweile eine Reihe von UN-Friedensmissionen im Format des *robust peacekeeping* mit *Protection of Civilians*-Mandaten (vgl. Stensland und Sending 2012; MacDermott und Hanssen 2012; Wilmot et al. 2016). Man könnte hier von einer ‚kleinen Schwester' der (auf Kapitel VII gestützten) militärischen Durchsetzung der ‚Schutzverantwortung' sprechen (siehe auch Evans 2016). Auch diese Mandate sind auf Kapitel VII der UN-Charta gestützt und erlauben damit (begrenzte) Formen militärischer Zwangsmaßnahmen, in der Regel zugunsten des Schutzes der Zivilbevölkerung. Die Realität dieser Mandate krankt allerdings durchgängig am Fehlen zureichender monetärer, personeller und militärischer Ressourcen, die die jeweilige Schutztruppe in die Lage versetzen würden, dem Auftrag des Schutzes der Zivilbevölkerung wirklich nachzukommen (vgl. etwa Stensland und Sending 2012, S. 63 ff.). Die Staaten des ‚Globalen Südens', die typischerweise diese Missionen bemannen, haben weder die militärische Hardware noch (quantitativ wie qualitativ) zureichend ausgebildete Einheiten, die zu effektiver Unterbindung massenhafter Gewalt gegen die Zivilbevölkerung in der Lage wären. Industriestaaten mit den nötigen militärischen Ressourcen sind jedoch in der Regel nicht bereit, sich ernsthaft in derartigen Missionen zu engagieren, da diese mit erhöhten Risiken einhergehen – ein evidenter Mangel an Solidarität mit den leidgeplagten Gesellschaften des ‚globalen Südens'. Das in der Politik anzutreffende, wohlfeile Beschwören der ‚Schutzverantwortung' bei gleichzeitiger (systematischer)

Verweigerung einer Erfüllung der damit verbundenen Solidaritätsanforderungen trägt einen Zug ins Heuchlerische. Zumindest diesen Vorwurf kann man der „Kundgebung" nicht machen – sie erwähnt die ‚Schutzverantwortung' mit keinem Wort. Vor lauter Beschwörungsformeln im Sinne der überragenden Bedeutung der Prävention und der zivilen Konfliktbearbeitung scheint die ‚Schutzverantwortung' der Synode keiner Erwägung wert – doch was ist ethisch geboten, wenn Prävention und zivile Konfliktbearbeitung versagen? Da dies ein leider gar nicht so seltener Zustand in der Realität ins Gewaltsame kippender Konflikte ist, hätte man eine Reflexion zu diesem Punkt in einem Papier zu ‚Gerechtigkeit und Frieden' eigentlich erwarten können. Es sei aber zugegeben, die Extremkonstellationen der ‚Schutzverantwortung' werfen tiefgreifende ethische Dilemmata auf, denen mit dem Postulat genereller Gewaltfreiheit nicht mehr sinnvoll beizukommen ist – der intellektuelle Schonraum der Synode wäre da wohl doch zu nachhaltig gestört worden.

7 ‚Rechtserhaltende Gewalt' und das Verfassungssystem des Grundgesetzes

Das Grundgesetz hat die Strukturen internationaler Friedenssicherung, die mit dem System der UN-Charta 1945 geschaffen worden sind, emphatisch begrüßt und zum Grundbaustein der deutschen Verfassungsordnung erhoben (vgl. zum ‚Prinzip Frieden' unter dem GG Häberle 2017, S. 36 ff., 166 ff.). Die Einbettung in die internationale Friedensordnung des ‚Frieden durch Recht' ist so etwas wie die genetische Codierung der

Außendimension der Verfassung (siehe auch Deiseroth 2010). Dies schlägt sich zum einen im fundamentalen Friedensgebot des Grundgesetzes nieder. So ist nach Art. 26 Abs. 1 GG jede Beteiligung an einem (völkerrechtswidrigen) Angriffskrieg per se verfassungsrechtlich verboten und unter Strafe gestellt (was im Kern dem heutigen Aggressionstatbestand des Völkerstrafrechts entspricht). Die ‚allgemeinen Regeln des Völkerrechts' sind durch Art. 25 GG zum tragenden Bestandteil der deutschen Rechtsordnung erhoben, gehen dem Gesetzesrecht vor und „erzeugen Rechte und Pflichten unmittelbar für die Bewohner des Bundesgebietes". Daraus spricht die Absicht, sich unauflösbar in die Völkerrechtsordnung einzubetten und jede Form nationaler Atavismen, die spezifische nationale Belange gegen die geltenden ‚allgemeinen Regeln des Völkerrechts' durchsetzen wollen, ein für alle Mal zu unterbinden (vgl. zu Art. 25 GG Koenig und König 2018).

Dieses emphatische Bekenntnis zur Völkerrechtsordnung gilt nicht nur für das Verbot des Angriffskrieges in Art. 26 GG, sondern auch für die explizite Einbettung in die globalen Strukturen kollektiver Sicherheit. Art. 24 Abs. 3 GG sieht die Eingliederung in die Strukturen obligatorischer gerichtlicher Streitbeilegung auf internationaler Ebene vor (vgl. hierzu nur Classen 2018, S. 509 ff.). Art. 24 Abs. 2 GG sieht als Auftrag vor, „sich zur Wahrung des Friedens einem System gegenseitiger kollektiver Sicherheit" einzuordnen – gemeint ist im Kern das UN-System der Friedenssicherung und kollektiven Sicherheit (siehe hierzu Classen 2018, S. 504 ff.).

Um diesen in das Grundgesetz tief eingeschriebenen Aufträgen der globalen Rechtswahrung und der Teilnahme am System kollektiver Sicherheit gerecht werden zu können, sieht die Verfassung in Art. 87a GG die Aufstellung von Streitkräften vor, als zentralem Instrument der Gewährleistung von Sicherheit und der Teilhabe an globaler Friedenssicherung (vgl. hierzu Baldus und Müller-Franken 2018). Teilnahme an einem ‚System gegenseitiger kollektiver Sicherheit' ist von der grundlegenden Verpflichtungsarchitektur eines solchen Systems her nicht ohne die Aufstellung und den Unterhalt sachangemessen ausgestatteter Streitkräfte zu bewerkstelligen, denn die ‚gegenseitige kollektive Sicherheit' umfasst nicht nur die (solidarische) Sicherheitsgewähr durch andere Staaten, die dem System angehören, sondern verlangt zugleich auch die solidarische Teilhabe an der Sicherheitsgewährleistung für dritte Staaten, die Opfer von Akten militärischer Aggression geworden sind, sei es in Form kollektiver Selbstverteidigung, sei es auch in Form militärischer Zwangsmaßnahmen unter dem System der kollektiven Sicherheit der Vereinten Nationen (vgl. Classen 2018, S. 506 ff.). Die Bundeswehr ist in dieser Perspektive ein Verfassungsorgan, dessen militärischer Auftrag konstitutiv für die Behauptung der Verfassungsordnung und die Gewährleistung von Rechtsdurchsetzung nach innen und außen ist (so auch Hufeld 2013, S. 483 ff.). Gerade in seinem Charakter als ‚wehrhafte Demokratie' hat sich das deutsche Verfassungssystem nicht nur als ‚wehrhaft' gegenüber Bestrebungen der Aushöhlung und des Umsturzes der Verfassungsordnung von innen definiert, sondern statuiert auch eine Verantwortung des Staates zum Schutz seiner Verfassungsordnung – und damit von Leib, Leben, Freiheit und Eigentum seiner Bewohner – gegen Bedrohungen von außen.

8 ‚Frieden durch Recht' als Leerstelle der Kundgebung

Im Blick auf die beschriebenen Grundstrukturen internationalen und nationalen Rechts kann die – in der „Kundgebung" der 12. Synode offensiv zum Ausdruck gebrachte – messianische Utopie unbedingter Gewaltfreiheit nur mit Befremden zur Kenntnis genommen werden. Denkt man in der Sachlogik, die Politik und Recht der Bundesrepublik seit Jahrzehnten prägen, so wirkt das Dokument auf merkwürdige Weise wie ‚aus der Zeit gefallen'. Es zeigt sich hier ein tief greifendes ‚Fremdeln' mit Grundstrukturen der globalen Rechtsordnung wie mit den tragenden Strukturen der emphatisch in diese Völkerrechtsordnung eingebetteten Verfassungsordnung des Grundgesetzes. Die „Kundgebung" zeigt im Ergebnis – man verzeihe diese zugespitzte Bemerkung – eine tiefe Distanz zu Grundstrukturen der Verfassungsordnung, die in ihren Grundfesten auf dem Gedanken der Legitimität ‚rechtserhaltender Gewalt' aufruht.

Auf jeden Fall lässt sich festhalten, dass die „Kundgebung" sich in einer (leider im Ergebnis allzu durchschaubaren) Strategie der möglichst vollständigen Vermeidung innerkirchlicher Konflikte verrannt hat, die in ihrer ausschließlichen Bezogenheit auf den innerkirchlichen Diskurs nachgerade autistische Züge aufweist. Es mag sein, dass für viele der in eschatologischen Kategorien denkenden Synodalen ein erneutes Bekenntnis zur Legitimität ‚rechtserhaltender Gewalt' und zum Gedanken des ‚Friedens durch Recht', der im Ernstfall durch militärische Gewalt durchzusetzen ist, zu viel des Guten gewesen wäre. Die „Kundgebung" fällt damit aber zurück hinter grundlegende theologische Errungenschaften der Lutherischen Zwei-Reiche-Lehre (vgl. hierzu Duchrow

1983, S. 437 ff.), vermengt den ‚Frieden Gottes' mit der Friedensordnung im ‚hier und jetzt' der real existierenden Rechts- und Institutionenordnung. Die darin aufscheinende Programmatik der „Erlösung jetzt" aber führt theologisch zu Entgrenzungen der Verantwortung des Christenmenschen, die letztlich nur in Überlastung, Relevanzinflation und Selbstradikalisierung münden können (Thomas 2020, S. 122 ff.).

Für den Außenstehenden, im Sinne des nicht unmittelbar am synodalen Prozess Beteiligten, ist es mehr als befremdlich, dass eine Kundgebung, die unter dem Titel „Kirche auf dem Weg der Gerechtigkeit und des Friedens" steht, praktisch kein Wort zur zentralen Frage des ‚gerechten Friedens' verliert, nämlich zur Frage der ‚gerechtfertigten', da ‚rechtserhaltenden' Gewalt. Es mindert dieses Befremden nicht, dass die „Kundgebung" zugleich breite Ausführungen zu den aktuell modischen (Zeitgeist-)Themen ‚progressiver' Politikdiskurse enthält, wie der Thematik des Klimawandels, der Migration, der autonomen Waffen, der feindlichen Cyberoperationen und der Atomwaffen. Der Eindruck drängt sich auf, dass die zentrale Leerstelle des Textes durch (unschwer konsensfähige) politische Bekenntnisse, die allseits als Emanationen des ‚Wahren, Schönen und Guten' wahrgenommen werden, überdeckt werden sollte. Doch sind diese Bekenntnisse im sozialethischen Diskurs ihrerseits zutiefst anfechtbar – vor allem in dem, was jeweils nicht thematisiert wird – und vertiefen die Distanz zur Verantwortungsethik staatlicher Entscheidungs- und Funktionsträger auf eine mehr als nachhaltige Weise. Jede der im Folgenden hier kurz herausgegriffenen Passagen ist tendenziös in den Grundzügen der Argumentation, verweigert sich den damit aufgeworfenen Dilemmata und gibt erschreckend undifferenzierte Antworten auf wichtige Teilfragen des Paradigmas des ‚gerechten Friedens'.

Sichtbar wird dies bereits an der zentralen Passage zu „Nachhaltige Entwicklung und Klimaschutz für gerechten Frieden". Das dezidierte Bekenntnis zum Klimaschutz ist politisch wohlfeil und entspricht dem politischen Konsens der Bundesrepublik. Wenn aber – in scheinbarer ethischer Radikalität – gefordert wird, die gesetzten Klimaschutzziele „endlich entschieden umzusetzen" und postuliert wird, die „getroffenen Maßnahmen, verabschiedeten Gesetze wie auch die Deutsche Nachhaltigkeitsstrategie" reichten bei weitem nicht aus, so liegt die Radikalität hier vor allem in der Verweigerung, die dabei involvierten ethischen Dilemmata, politischen Zielkonflikte und praktischen Umsetzungsprobleme auch nur zur Kenntnis zu nehmen. Selbst unter den Bedingungen eines fast einhelligem Grundkonsenses über die klimapolitischen Ziele sind die Mühen einer fachpolitischen Umsetzung der Klimaziele bei weitem nicht trivial – im Gegenteil stellen sich hier erst wirklich die zentralen Probleme einer nachhaltigen Klimapolitik (vgl. Edenhofer und Jakob 2018, S. 99 ff.; Armbruster 2016). Die tief greifenden Schwierigkeiten der deutschen ‚Energiewende' im Bereich der Stromerzeugung zeigen dies ebenso wie die industriepolitischen Folgeprobleme einer forcierten Reduktion von CO_2-Emissionen. Zudem zeigt sich bis heute eine massive Diskrepanz zwischen gestiegenem Umweltbewusstsein und nahezu unveränderten Mustern des Konsumverhaltens der Bevölkerung, mit weiter hohem Klimafußabdruck (Engels 2016, S. 17 ff.). Dies *in extenso* widerzuspiegeln ist nicht Aufgabe einer Synodalkundgebung; die tiefsitzenden Schwierigkeiten in der Umsetzung ambitionierter Klimaziele völlig zu verschweigen zeigt jedoch einen Mangel an Problembewusstsein.

Ähnlich ergeht es dem kritischen Leser bei der migrationsbezogenen Passage unter „4. Die europäische Verantwortung für den Frieden". Die Forderung nach einer ‚konsequenten Wahrnehmung der Schutzverantwortung für Flüchtlinge', des Ausbaus der Seenotrettung und der Eröffnung ‚sicherer und legaler Wege für Schutzsuchende in die EU' spiegelt eine Position radikaler Aktivisten wider. Das radikal-kosmopolitische Postulat eines unbedingten Gastrechts aller in jedem Teil der Welt kann jedoch, das zeigen die Forschungsbefunde der einschlägigen Wissenschaften, nicht Maßstab verantwortlicher Politik sein. Arbeiten sozialökonomischer Provenienz demonstrieren eindrücklich, welch hohe Kosten Herkunfts- wie Aufnahmegesellschaften zu tragen haben, wenn der Exodus häufig gut ausgebildeter und mit Initiative begabter junger Menschen zu große Ausmaße annimmt, von den individuellen Kosten der betroffenen Migranten ganz zu schweigen (vgl. hierzu eindrücklich Collier 2014). Selbst in Kategorien kosmopolitischer Ansätze der Sozialphilosophie ergeben sich eine Vielzahl von Argumenten für eine staatliche Steuerung der Migrationsströme (siehe Miller 2016; Nida-Rümelin 2017). Das tiefgründige Dilemma, dem sich eine Philosophie ‚globaler Gerechtigkeit' insoweit zu stellen hat (Nida-Rümelin 2019), wird schlicht unterschlagen.

Radikal einseitig sind auch die erhobenen Postulate unter Punkt ‚5. Herausforderungen durch Autonomisierung, Cyberraum und Atomwaffen'. Der Positionsbezug für eine völkerrechtliche Ächtung ‚autonomer Waffen' ist zwar ehrenwert, arbeitet allerdings mit nicht unproblematischen Prämissen – „automatisierte, teilautonome und unbemannte Waffensysteme" werden hier undifferenziert in einen Topf geworfen und es wird eine „Entgrenzung des Krieges" an die Wand gemalt, die jedenfalls für die heutigen Generationen von *remotely-controlled drones* nicht recht nachvollziehbar ist (vgl. etwa Schmitt 2012, S. 595 ff.). Natürlich entstehen bei autonomen Waffensystemen schwierige Fragen der Kontrolle und Verantwortlichkeit – doch unlösbar sind auch diese Fragen nicht, selbst wenn gravierende ethische Bedenken insoweit nicht von der Hand zu weisen sind (vgl. Boothby 2016, S. 229 ff.; Geiß und Lahmann 2017, S. 371 ff.). Doch auch umgekehrt stellen sich ethische Dilemmata, soweit die eigenen Soldaten bei radikalem Verzicht auf militärische Drohnen im Ernstfall bewusst schutzlos gestellt werden.

Die Hinweise auf die manifesten Gefahren einer – in Form von Cyberoperationen erfolgenden – neuen Form der Kriegführung sind zwar berechtigt (siehe etwa Delerue 2020, S. 193 ff.; Kittichaisaree 2017, S. 233 ff.; Dinniss 2012, S. 193 ff.); das prioritäre Abstellen auf rein zivile Strukturen und defensive Maßnahmen wird jedoch der Bedrohungslage nicht wirklich gerecht, wenn auch die geforderte Stärkung der Resilienz kritischer Infrastrukturen sicherlich ein vorrangiges Ziel sein muss. Diese Strategie der Resilienz kritischer Infrastrukturen muss jedoch eingebettet sein in ein holistisches Konzept der ‚Gesamtverteidigung', das zivile und militärische Maßnahmen und Dispositive miteinander verzahnt (siehe nur Oeter 2020).

Nahezu naiv ist das alleinige Abstellen auf den neuen Atomwaffenverbotsvertrag. Natürlich stellen Nuklearwaffen eine schreckliche Bedrohung dar – und ist deren Einsatz praktisch in keiner Weise mit dem geltenden Konfliktvölkerrecht in Einklang zu bringen (vgl. Boothby 2016, S. 215 ff.; Fleck 2021, S. 158 ff.). Der Atomwaffenverbotsvertrag beseitigt jedoch keinen einzigen Nuklearsprengkopf, sondern stellt eher eine hilflose Geste der symbolischen Bekundung von moralischem Abscheu dar – so berechtigt diese ethisch auch sein mag (vgl. Mackby 2020, S. 31 ff.). Das Dilemma der nuklearen Abschreckung wird so nicht gelöst (vgl. nur Black-Branch 2020, S. 323 ff.); völkerrechtlich wäre eine

Abrüstungsverpflichtung weit erfolgreicher unter dem Nichtverbreitungsvertrag einzufordern, dem alle großen Nuklearmächte angehören (siehe Kirchner und Oeter 2016, S. 167 ff.).

9 Schlussfolgerung: Der zunehmend tiefe Graben zwischen der Institution Bundeswehr und der evangelischen Kirche

Meine Schlussfolgerung mag sehr scharf und überpointiert klingen, soll aber eine Warnung für die Institution Kirche ausdrücken: Die Strategie der (innerkirchlichen) Konfliktvermeidung hat die „Kundgebung" jeglicher Chance beraubt, handlungsleitend auf Akteure einzuwirken, deren Lebenspraxis außerhalb des kirchlichen Binnenraums stattfindet (wie Soldaten und Soldatinnen). Persönliche Äußerungen aus dem Binnenbereich der Bundeswehr zeigen dies in aller Schärfe. Eine kirchliche Stellungnahme, die in Fragen der Friedensethik (und Friedenstheologie allein auf das Bekenntnis zu radikaler Gewaltfreiheit abstellt und – im Gegensatz zur Friedensdenkschrift von 2007 – die Frage der Legitimität ‚rechtserhaltender Gewalt' keiner Erwähnung mehr für würdig befindet, jenseits eines kurzen Paraphrasierens des Inhalts der vorausgehenden Friedensdenkschrift, verweigert sich der institutionellen Logik verfasster Staatlichkeit und lässt die Angehörigen des Militärs (und des Sicherheitsapparats im weiteren Sinne) ethisch im Regen stehen. Ihre Nöte und Sorgen, die aus tiefen und zum Teil unauflösbaren ethischen Dilemmata und Aporien des soldatischen Berufs (und der soldatischen Mission) resultieren, interessieren die Kirche nicht mehr, so die Botschaft. Fatal ist dies zunächst einmal für die Institution der Militärseelsorge, die mit derartigen Positionsbezügen kaum noch etwas Sinnvolles anfangen kann in der Interaktion mit den Soldatinnen und Soldaten.

Der Kollateralschaden einer solchen Positionierung geht aber weit über die Militärseelsorge hinaus. Kirchliche Friedenstheologie verabschiedet sich mit einer solchen Positionsbezug aus dem produktiven Dialog mit staatlichen Funktionsträgern, die Verantwortung für die Sicherheit dieses Staates tragen – und dem (großen) Teil der Bevölkerung, der konventionelle Formen von Sicherheitsgewähr immer noch für unverzichtbar hält. Nicht zufällig liest sich die „Kundgebung" bei unbefangener Lektüre wie die friedenstheologische Position einer (sektiererischen) protestantischen Freikirche. Auf einer symbolischen Ebene wird hier – wie Bernd Oberdorfer es in seinem Beitrag zu diesem Band ausdrückt – die „Umstellung kirchlicher Argumentationslogik weg vom integrativ-pluralistischen Volkskirchen- hin auf ein positionsbezogenes Freikirchen-Paradigma" vollzogen, wenn auch offenbleibt, ob dieser Argumentationsduktus wirklich den Konsens der evangelischen Kirche in ihrer Gesamtheit widerspiegelt. Letztlich handelt es sich bei der synodalen „Kundgebung" ja um kein geschlossenes Dokument quasi kirchenamtlicher Lehre; der „Kundgebung" kommt eher Symptomcharakter für Kräfteverschiebungen im innerkirchlichen Diskurs zu – doch gerade unter diesem Blickwinkel sollte man das Dokument ernstnehmen.

Geht die evangelische Kirche diesen Weg konsequent weiter, gewinnt sie sicherlich an theologischer Klarheit; Sie gibt aber zugleich den Anspruch auf, ‚Volkskirche' im traditionellen Sinne zu sein, deren Theologie anschlussfähig für weite Teile des Volkes ist und die, da sie intellektuell die ethischen Dilemmata staatlicher

Entscheidungs- und Funktionsträger ernstnimmt und produktiv verarbeitet, auch Einfluss auf politische und administrative Entscheidungsprozesse nehmen kann. Verabschiedet sich die evangelische Kirche von diesem Erbe, das eng mit der lutherischen Tradition verwoben ist, so wird sie zur Sekte, die am Rande der Gesellschaft steht. Man kann dies für erstrebenswert halten – die Entscheidung darüber scheint aber in der Kirche noch nicht breit genug diskutiert und bewusst getroffen worden zu sein.

Literatur

Armbruster, Stephanie. 2016. *Nachhaltige Klimapolitik: Hindernisse einer effektiven Klimapolitik in einem demokratischen System*. Hamburg: Diplomatica.

Arnauld, Andreas von. 2015. Werdende Norm oder politisches Konzept? Zur völkerrechtlichen Einordnung der Responsibility to Protect. In *Schutzverantwortung in der Debatte – Die „Responsibility to Protect" nach dem Libyen-Dissens*, hrsg. von Michael Staack und Dan Krause, 55–76. Opladen: Barbara Budrich.

Baer, Susanne. 2017. *Rechtssoziologie: eine Einführung in die interdisziplinäre Rechtsforschung*. 3. Aufl. Baden-Baden: Nomos.

Baldus, Manfred und Sebastian Müller-Franken. 2018. Art. 87a GG. In *von Mangoldt/Klein/Starck, Grundgesetz-Kommentar*, hrsg. von Andreas Vosskuhle und Peter Michael Huber. Bd.3, 197–271. 7. Aufl. München: C.H. Beck.

Baudissin, Wolf von. 1981. *Kooperative Rüstungssteuerung: Sicherheitspolitik und strategische Stabilität*. Baden-Baden: Nomos.

Bellamy, Alex J. 2011. *Global Politics and the Responsibility to Protect. From Words to Deeds*. New York: Routledge.

Bellamy, Alex J. 2013. Responsibility to Protect: A Wide or Narrow Conception?. In *Die Schutzverantwortung (R2P). Ein Paradigmenwechsel in der Entwicklung des internationalen Rechts?*, hrsg. von Peter Hilpold, 35–58. Leiden und Boston: Nijhoff.

Bellamy, Alex J. und Tim Dunne. 2016. R2P in Theory and Practice. In *The Oxford Handbook of the Responsibility to Protect*, hrsg. von Alex J. Bellamy und Tim Dunne, 3–19. Oxford: Oxford University Press.

Black-Branch, Jonathan. 2020. Precarious Peace. Nuclear Deterrence and Defence Doctrines of Nuclear-Weapon States in the Post-Cold War Era. In *Nuclear Non-Proliferation in International Law Vol. 5: Legal Challenges for Nuclear Security and Deterrence*, hrsg. von von Jonathan Black-Branch und Dieter Fleck, 323–349. Den Haag: Asser Press.

Boothby, William. 2016. *Weapons and the Law of Armed Conflict*. 2. Aufl. Oxford: Oxford Univ. Press.

Bothe, Michael. 2016. Friedenssicherung und Kriegsrecht. In *Völkerrecht*, hrsg. von Wolfgang Graf Vitzthum und Alexander Proelß. 596–682. 7. Aufl. Berlin: De Gruyter.

Classen, Claus Dieter. 2018. Art. 24 GG. In *von Mangoldt/ Klein/Starck, Grundgesetz-Kommentar*, hrsg. von Andreas Vosskuhle und Peter Michael Huber. Bd.2, 465–514. 7. Aufl. München: C.H. Beck.

Collier, Paul. 2014. *Exodus. Immigration and Multiculturalism in the 21st Century*. London: Penguin.

Deiseroth, Dieter. 2010. Das Friedensgebot des Grundgesetzes und der UN-Charta – aus juristischer Sicht. In *Frieden durch Recht?*, hrsg. von Peter Becker, Reiner Braun und Dieter Deiseroth, 35–61. Berlin: BWV Berliner Wissenschafts-Verlag.

Delerue, François. 2020. *Cyber Operations and International Law*. Cambridge: Cambridge Univ. Press.

Dienstbühl, Dorothee. 2021. *Clankriminalität. Phänomen, Ausmaß, Bekämpfung*. Heidelberg: Kriminalistik C.F. Müller.

Diggelmann, Oliver. 2013. Ethical Dilemmas connected with the ‚Responsibility to Protect'. In *Die Schutzverantwortung*

(R2P). *Ein Paradigmenwechsel in der Entwicklung des internationalen Rechts?*, hrsg. von Peter Hilpold, 347–358. Leiden und Boston: Nijhoff

Dinniss, Heather Harrison. 2012. *Cyber Warfare and the Laws of War*. Cambridge: Cambridge Univ. Press.

Duchrow, Ulrich. 1983. *Christenheit und Weltverantwortung. Traditionsgeschichte und systematische Struktur der Zweireichelehre*. 2. Aufl. Stuttgart: Klett-Cotta.

Edenhofer, Ottmar und Michael Jakob. 2018. *Klimapolitik: Ziele, Konflikte, Lösungen*. 2. Aufl. München: C.H. Beck.

Engels, Anita. 2016. Anthropogenic climate change: how to understand the weak links between scientific evidence, public perception, and low-carbon practices. *Energy and Emission Control Technologies*. 2016 (4): 17–26.

Evans, Gareth. 2016. R2P – The Next Ten Years. In *The Oxford Handbook of the Responsibility to Protect*, hrsg. von Alex J. Bellamy und Tim Dunne, 913–931. Oxford: Oxford University Press.

Fleck, Dieter. 2021. Weapons of Mass Destruction. In *The Handbook of International Humanitarian Law*, hrsg. von Dieter Fleck, 156–169. 4. Aufl. Oxford: Oxford Univ. Press

Foucault, Michel. 2014. *Geschichte der Gouvernementalität. Bd. 1: Sicherheit, Territorium, Bevölkerung*. 3. Aufl. Frankfurt/M.: Suhrkamp.

Frau, Robert. 2018. 9. Kapitel: Völkerstrafrecht. In *Völkerrecht*, hrsg. von Knut Ipsen, 748–794. 7. Aufl. München: C.H. Beck.

Geiß, Robin und Henning Lahmann. 2017. Autonomous Weapons Systems: A Paradigm Shift for the Law of Armed Conflict?. In *Research Handbook on Remote Warfare*, hrsg. von Jens David Ohlin, 371–404. Cheltenham: Edward Elgar.

Grimm, Dieter. 2002. Das staatliche Gewaltmonopol. In *Internationales Handbuch der Gewaltforschung*, hrsg. von Wilhelm Heitmeyer. 1297–1313. Wiesbaden: Westdeutscher Verlag.

Häberle, Peter. (2017). *Die „Kultur des Friedens" – Thema der universalen Verfassungslehre*. Berlin: Duncker & Humblot.

Hehir, Aidan. 2011. The Responsibility to Protect and International Law. In *Critical Perspectives on the Responsibility to Protect – Interrogating Theory and Practice*, hrsg. von Philip Cunliffe, 84–100. Abingdon/New York: Routledge.

Heintschel von Heinegg, Wolff. 2018. 14. Kapitel: Friedenssicherung. In *Völkerrecht*, hrsg. von Knut Ipsen, 1131–1193. 7. Aufl. München: C.H. Beck.

Henderson, Christian. 2013. The Centrality of the United Nations Security Council in the Legal Regime Governing the Use of Force. In *Research Handbook on International Conflict and Security Law*, hrsg. von Nigel D. White und Christian Henderson, 120–169. Cheltenham: Elgar.

Hilpold, Peter. 2013. Von der humanitären Intervention zur Schutzverantwortung. In *Die Schutzverantwortung (R2P). Ein Paradigmenwechsel in der Entwicklung des internationalen Rechts?*, hrsg. von Peter Hilpold, 1–34. Leiden und Boston: Nijhoff.

Hofheinz, Marco. 2017. Radikaler Pazifismus. In *Handbuch Friedensethik*, hrsg. von Ines-Jacqueline Werkner und Klaus Ebeling, 413–431. Wiesbaden: Springer VS.

Hoppe, Thomas und Ines-Jacqueline Werkner. 2017. Der gerechte Frieden: Positionen in der katholischen und evangelischen Kirche in Deutschland. In *Handbuch Friedensethik*, hrsg. von Ines-Jacqueline Werkner und Klaus Ebeling, 343–359. Wiesbaden: Springer VS.

Hufeld, Ulrich. 2013. Verteidigung. In *Leitgedanken des Rechts. Bd. I*, hrsg. von Hanno Kube et al., 483–491. Heidelberg: C.F. Müller.

Johnstone, Ian. 2015. When the Security Council is Divided. Imprecise Authorizations, Implied Mandates, and the ‚Unreasonable Veto'. In *The Oxford Handbook of the Use of Force in International Law*, hrsg. von Marc Weller, 227–250. Oxford: Oxford University Press.

Kersting, Wolfgang. 1994. *Die politische Philosophie des Gesellschaftsvertrags*. Darmstadt: Wissenschaftliche Buchgesellschaft.

Kirchner, Gerald und Stefan Oeter. 2016. Technical Limits of Verification and their Implications for Treaty Design. In *Nuclear Non-Proliferation in International Law. Vol. 2: Verification and Compliance*, hrsg. von Jonathan Black-Branch und Dieter Fleck, 167–186. Den Haag: Asser Press.

Kittichaisaree, Kriangsak. 2017. *Public International Law of Cyberspace*. Cham: Springer.

Koenig, Christian und Doris König. 2018. Art. 25 GG. In *von Mangoldt/Klein/Starck, Grundgesetz-Kommentar*, hrsg. von Andreas Vosskuhle und Peter Michael Huber. Bd. 2, 515–544. 7. Aufl. München: C.H. Beck..

Krisch, Nico. 2001. *Selbstverteidigung und kollektive Sicherheit*. Berlin/Heidelberg: Springer.

Krisch, Nico. 2012. Article 39. In *The Charter of the United Nations. A Commentary. Vol. II*, hrsg. von Bruno Simma et al., 1272–1293. 3. Aufl. Oxford: Oxford University Press.

MacDermott, Justin und Mans Hanssen. 2012. Protection of Civilians in UN Peacekeeping Mandates. An Overview. In *The Protection of Civilians in UN Peacekeeping: Concept, Implementation and Practice*, hrsg. von Benjamin de Carvalho und Ole Jacob Sending, 89–108. Baden-Baden: Nomos.

Mackby, Jenifer. 2020. The NPT-CTBT Connection. In *Nuclear Non-Proliferation in International Law. Vol. 5: Legal Challenges for Nuclear Security and Deterrence*, hrsg. von Jonathan Black-Branch und Dieter Fleck, 31–52. Den Haag: Asser Press.

Mahlmann, Matthias. 2021. *Konkrete Gerechtigkeit: eine Einführung in Recht und Rechtswissenschaft der Gegenwart*. 5. Aufl. Baden-Baden: Nomos.

Miller, David. 2016. *Strangers in our midst. The political philosophy of immigration*. Cambridge, Mass.: Harvard Univ. Press.

Münkler, Herfried. 2017. Das staatliche Gewaltmonopol seit Thomas Hobbes – eine Antwort auf die Religionskriege?. In *Impulse der Reformation: der zivilgesellschaftliche Diskurs*, hrsg. von Ansgar Klein und Olaf Zimmermann, 31–40. Wiesbaden: Springer VS.

Nida-Rümelin, Julian. 2017. *Über Grenzen denken. Eine Ethik der Migration*. Hamburg: Edition Körber.

Nida-Rümelin, Julian. 2019. Zur Legitimität von Staatlichkeit. Eine kosmopolitische Kritik offener Grenzen. In *Internationale Gerechtigkeit und institutionelle Verantwortung*, hrsg. von Julian Nida-Rümelin et al., 239–255. Berlin: De Gruyter.

Oeter, Stefan. 2008. Menschenrechte, Demokratie und Kampf gegen Tyrannen als Probleme der Friedenssicherung? Voraussetzungen und Grenzen der Autorisierung militärischer Gewalt durch den Sicherheitsrat der Vereinten Nationen. In *Legalität, Legitimität und Moral. Können Gerechtigkeitspostulate Kriege rechtfertigen?*, hrsg. von Thomas Bruha, Sebastian Heselhaus und Thilo Marauhn, 183–209. Tübingen: Mohr Siebeck.

Oeter, Stefan. 2013. Äußere Sicherheit. In *Leitgedanken des Rechts. Bd. I*, hrsg. von Hanno Kube et al., 467–473. Heidelberg: C.F. Müller.

Oeter, Stefan. 2015. Krise der kollektiven Sicherheit? Überlegungen zum Sicherheitsrat, seinen ständigen Mitgliedern und deren Versuchungen des ‚Exzeptionalismus'. In *Gesellschaftliche Herausforderungen des Rechts. Gedächtnisschrift für Helmut Rittstieg*, hrsg. von Markus Krajewski et al., 359–378. Baden-Baden: Nomos.

Oeter, Stefan. 2020. Verteidigung als gesamtstaatlicher Ansatz oder Primat des Militärischen im Verteidigungsfall? In *Die Wiederkehr der Landes- und Bündnisverteidigung. Neue Rechtsfragen eines alten Szenarios*, hrsg. von Sebastian Graf Kielmannsegg et al., 209–233. Baden-Baden: Nomos

Randelzhofer, Albrecht und Oliver Dörr. 2012. Article 2 (4). In *The Charter of the United Nations. A Commentary. Vol. I*, hrsg. von Bruno Simma et al., 200–234. 3. Aufl. Oxford: Oxford University Press.

Rehbinder, Manfred. 2014. *Rechtssoziologie*. 8. Aufl. München: C.H. Beck.

Risse, Thomas (Hrsg.). 2011. *Governance Without a State? Policies and Politics in Areas of Limited Statehood*. New York: Columbia Univ. Press.

Ruys, Tom. 2010. *„Armed Attack" and Article 51 of the UN Charter. Evolutions in Customary Law and Practice*. Cambridge: Cambridge University Press.

Schmitt, Michael N. 2012. Unmanned Combat Aircraft Systems and International Humanitarian Law: Simplifying the Oft Benighted Debate. *Boston University International Law Journal* 30 (2): 595–619.

Stensland, Andreas und Ole Jacob Sending. 2012. Unpacking the „Culture of Protection". A Political Economy Analysis of UN Protection of Civilians. In *The Protection of Civilians in UN Peacekeeping*, hrsg. von Benjamin de Carvalho und Ole Jacob Sending, 63–88. Baden-Baden: Nomos.

Thomas, Günter. 2020. *„Im Weltabenteuer Gottes leben". Impulse zur Verantwortung für die Kirche*. Leipzig: Evangelische Verlagsanstalt.

Trahan, Jennifer. 2020. *Existing Legal Limits to Security Council Veto Power in the Face of Atrocity Crimes*. Cambridge: Cambridge Univ. Press.

Willmot, Haidi, Ralph Mamiya, Scott Sheeran und Marc Weller (Hrsg.). 2016. *Protection of Civilians*. Oxford: Oxford Univ. Press.

Gewaltfreiheit in der Nachfolge Jesu

Die friedensethische (Neu-?) Positionierung der EKD und ihre Auswirkung auf die professionsethische Selbstreflexion evangelischer Soldatinnen und Soldaten

Bernd Oberdorfer

Die 12. Synode der EKD hat auf ihrer 6. Tagung im November 2019 einen friedensethischen Schwerpunkt gesetzt und am Ende eine „Kundgebung" (EKD 2019) verabschiedet, in der sie die EKD-Friedensdenkschrift „Aus Gottes Frieden leben – für gerechten Frieden sorgen" (EKD 2007) fortzuführen beansprucht. Beschränkt diese „Kundgebung" sich auf eine aktualisierende Fortschreibung der in der „Denkschrift" entwickelten Ansätze?

B. Oberdorfer (✉)
Institut für Evangelische Theologie,
Universität Augsburg, Augsburg, Deutschland
E-Mail: bernd.oberdorfer@phil.uni-augsburg.de

Oder markiert sie einen Paradigmenwechsel in der friedensethischen Positionierung? Im folgenden Beitrag will ich unter dieser Leitfrage zunächst nach Anlass, Motiv und Stoßrichtung der „Kundgebung" fragen und ihre theologischen Begründungsfiguren rekonstruieren. Dabei legt sich die Deutung nahe, dass die „Kundgebung" eine theologisch-ethische Legitimation des Einsatzes militärischer Mittel für grundsätzlich nicht (mehr) möglich hält. Auch spielt die in der lutherischen Sozialethik traditionell gewichtige Zwei-Reiche-Lehre argumentativ keine Rolle mehr; Sie wird ersetzt durch eine Ethik der auf Gewaltfreiheit fokussierten Jesusnachfolge. Im zweiten Teil frage ich nach der Orientierungskraft dieser Konzeption für die professionsethische Selbstreflexion von Soldatinnen und Soldaten und nach Konsequenzen für die Militärseelsorge.

1 Ein Schritt weiter „auf dem Weg der Gerechtigkeit und des Friedens"? Die „Kundgebung" der 12. EKD-Synode

1.1 Anlass, Motiv und Selbstverortung der „Kundgebung"

Die Friedensdenkschrift von 2007 hatte die seit dem Ende des West-Ost-Konflikts und zusätzlich durch neue terroristische Bedrohungen entstandenen neuartigen Konstellationen im Licht des Leitbilds des „gerechten Friedens" bereits gründlich reflektiert. Die „Kundgebung" sieht die Notwendigkeit, sich dennoch ein weiteres Mal mit der Thematik zu beschäftigen, darin begründet, dass sich seitdem „die Situation erneut geändert" habe (EKD 2019, Einleitung). Angesichts gesteigerter Konfliktträchtigkeit der geopolitischen Lage und gewachsener Konfliktbereitschaft der politischen Akteure einerseits, einer „enttäuschend(en)" „Bilanz militärischer Einsätze" andererseits sei es erforderlich, die 2007 erklärte Festlegung auf das Leitbild des „Gerechten Friedens" noch einmal zuzuspitzen in Richtung auf „gewaltfreie", „zivile" Wege des Konfliktaustrags – mit besonderem Akzent auf Konfliktprävention und Konfliktvermeidung. In gewisser Hinsicht liegt das durchaus in der Fluchtlinie der friedensethischen Aussagen der EKD spätestens seit den „Heidelberger Thesen" von 1959, die zwar die „Komplementarität" militärischer und gewaltfreier Friedenssicherung betont, zugleich aber faktisch eine Stufung vorgenommen hatten, indem sie militärische Rüstung zur heute „noch" möglichen Option erklärten und damit als zu überwinden bestimmt darstellten (vgl. den Beitrag von Angelika Dörfler-Dierken). Dieser asymmetrischen Balance war 2007 auch die Friedensdenkschrift verpflichtet geblieben.

Hier scheint die „Kundgebung" nun einen entscheidenden Schritt weiter gehen zu wollen. Denn dass die Friedensdenkschrift den „Einsatz militärischer Mittel" im Sinne „rechtserhaltender Gewalt" als „äußerstes Mittel (ultima ratio)" noch „unter engen Kriterien für legitim" erklärt hatte, wird nur noch referiert (EKD 2019, Einleitung) und erscheint im Duktus der Argumentation als Position der Vergangenheit, die man angesichts der veränderten Situation heute hinter sich lassen muss. Zwar wird dies nicht explizit so gesagt. Aber indirekt erschließt es sich daraus, dass militärische Friedenssicherung in der gesamten „Kundgebung" überhaupt keine Rolle mehr spielt und offenkundig auch nicht spielen soll. Pauschal wird erklärt, die – differenziert und sachkundig aufgelisteten – „wichtigen globalen Herausforderungen" der Gegenwart ließen sich „nicht militärisch lösen" (EKD 2019, Einleitung). Dem werden ebenso pauschal die „positiven

Erfahrungen mit Prävention und ziviler Konfliktverarbeitung" gegenübergestellt (EKD 2019, Ziff. 1). Ohnehin lehre „(d)ie Erfahrung", „dass Menschen, Gemeinschaften und Staaten in der Lage sind, Probleme und Konflikte in allen Bereichen gesellschaftlichen und politischen Lebens auf konstruktive und gewaltfreie Weise zu bearbeiten" (EKD 2019, Ziff. 1). Als maßstabsetzendes Beispiel, dem die Synode sich verpflichtet weiß, erscheint „die friedliche Revolution in der DDR", deren „gewaltfrei(er)" Charakter eigens betont wird (EKD 2019, Einleitung).

1.2 Friedensethik als Jesusnachfolge

Der Eindruck einer friedensethischen Neuausrichtung wird verstärkt durch die theologische Grundlegung, die die „Kundgebung" für ihre Argumentation in Anschlag bringt. Sie beruft sich dabei nämlich explizit auf Jesus selbst. Das Wort „Christus ist unser Friede" (Eph 2,14) wird – in sehr freier Exegese – unmittelbar als Befähigung und Auftrag verstanden, „uns aufrecht und mündig mit unseren Kompetenzen und Ressourcen, auch mit unseren Schwächen, an Christi gewaltfreiem Friedenshandeln auszurichten und Verantwortung für einen gerechten Frieden zu übernehmen" (EKD 2019, Einleitung). Eine kategoriale Unterscheidung zwischen dem (in Eph 2 thematisierten) Frieden mit Gott und dem (Einsatz für) innerweltlichen Frieden erfolgt nicht. Ebenso wenig findet sich ein rechtfertigungstheologischer Zwischenschritt, wie ihn Luther etwa in seiner Schrift „Von der Freiheit eines Christenmenschen" (Luther 1982 [1520]; zur Deutung Oberdorfer 2017) vornimmt: Weil Gott uns in Christus mit sich versöhnt und dadurch alles gegeben hat, was wir für unser ewiges Heil brauchen, müssen wir uns nicht mehr um uns und unser irdisches Wohl kümmern, sondern können unsere Kräfte selbstlos zugunsten anderer einsetzen – wobei, wie noch zu zeigen sein wird, bei Luther dieser selbstlose Einsatz über die Zwei-Reiche-Lehre vermittelt und daher nicht notwendig gewaltlos ist. Die „Kundgebung" folgt vielmehr einer Vorbild-Abbild-Logik, in der das Vorbild Christus seine abbildliche Repräsentation ermöglicht und wirkmächtig verursacht. Die Vorbildhaftigkeit Christi – gemeint ist zweifellos der ‚irdische' Jesus – wird ohne Erläuterung als „gewaltloses Friedenshandeln" charakterisiert. Allenfalls eine Differenz der Umsetzungsintensität und ein eschatologischer Vorbehalt werden konzediert: „Der Friede Gottes ist umfassend; unsere Umsetzungen sind partikular." (EKD 2019, Einleitung). Der „Friede Gottes" wird innerweltlich, nämlich kulturell-sozial als multidimensionale Realisierung von Gerechtigkeit und Würde beschrieben, der wir als in Christus bereits gelebtem Ideal nachzustreben haben (und – befähigt durch Christus – nachzustreben vermögen), ohne es vor der endzeitlichen Vollendung ganz erreichen zu können (vgl. EKD 2019, Einleitung).

Die lutherische Zwei-Reiche-Lehre, die unterscheidet zwischen ewigem Heil und zeitlichem Wohl, zwischen religiöser Gewissheit und äußerer Gestaltung und Erhaltung einer geordneten Welt, spielt für die Argumentation keine Rolle. Das stattdessen leitende Konzept einer abbildhaften, wenn auch vorläufigen und unvollkommenen Verwirklichung des (Friedens-)Reiches Gottes in der Welt, ist näher an der reformierten Tradition. Doch auch diese kennt eine nicht nur graduelle Unterscheidung von „göttlicher und menschlicher Gerechtigkeit" (Zwingli 1995 [1523]), und dies schließt die Anerkenntnis ein, dass in der noch unvollendeten Welt die Anwendung von Zwang und Gewalt unvermeidlich sein könne. Entsprechendes gilt für die Barmer Theologische Erklärung, die in ihrer 5. These dem Staat bekanntlich „nach göttlicher Anordnung die Aufgabe" zuschreibt, „nach dem Maß menschlicher Einsicht und menschlichen Vermögens unter Androhung und Ausübung von Gewalt für Recht und Frieden zu sorgen" (Barmer Bekenntnissynode 2009 [1934]). Die „Kundgebung" nimmt darauf nicht Bezug.

1.3 Von der „Denkschrift" zum „prophetischen Wort"?

Die eindeutige Positionierung für zivile und gewaltfreie Mittel der Konfliktgestaltung und das Schweigen über militärische Friedenssicherung könnten im Vergleich mit der Friedensdenkschrift einen grundlegenden Wechsel der kirchlichen Redehaltung indizieren, pointiert gesagt: vom Deliberativen zum „Prophetischen". Die „Kundgebung" hätte dann weniger die Funktion, wie eine „Denkschrift" differenziert abwägend in die Diskussion der Ambivalenzen innerweltlicher Gestaltungsprozesse einzutreten; sie würde vielmehr „prophetisch" das ‚Ideal' des „Friedens Gottes" mahnend und werbend zu Gehör bringen, ohne sich um die Umsetzungsfragen zu kümmern. Dies wäre ein Hinweis auf eine Umstellung kirchlicher Argumentationslogik weg vom integrativ-pluralistischen Volkskirchen- hin auf ein positionshomogenes Freikirchen-Paradigma. Man könnte dies lesen als Reaktion auf die veränderte Stellung der Kirchen in der Gesellschaft, die – unter anderem aufgrund der zurückgehenden Mitgliederzahlen und der schwindenden kulturellen Prägekraft – nicht mehr unbedingt die ganze Breite des sozialen, politischen und lebensweltlich-kulturellen Spektrums repräsentieren und daher auch nicht mehr genötigt sind (bzw. sich nicht mehr genötigt sehen), ein entsprechendes Spektrum in ihren Urteilsbildungsprozessen abzubilden und zu integrieren.

Kirchliche Stellungnahmen hätten dann nach innen die Funktion der Artikulation identitätsstiftender Eindeutigkeit und nach außen die Funktion des klar identifizierbaren Zeugnisses. Man müsste das nicht im Sinne eines eskapistischen Rückzugs aus der Gesellschaft deuten. Die Kirche könnte ja mit dem Anspruch auftreten, Gottes authentischen Willen erinnernd, mahnend, werbend in die Gesellschaft hineinzutragen, ohne Rücksicht auf kirchenexterne Plausibilitätshorizonte nehmen zu müssen. Mit der Terminologie, die Roger Mielke in seinem Beitrag in diesem Band vorgeschlagen hat, könnte man einen solchen Stilwechsel als Überführung eines „güterethischen" in einen „pflichtethischen" Argumentationsstil beschreiben. In gewisser Hinsicht würde die evangelische Kirche sich damit einem in manchen Teilen des römischen Katholizismus vertretenen Selbstverständnis annähern, demgemäß die Kirche gegenüber der Gesellschaft, „gelegen oder ungelegen", die in der Offenbarung erschlossenen moralischen Normen in ihrer zeitinvariant-unbedingten Geltung zu bezeugen hat, selbst wenn dies dem „Zeitgeist" bzw. den in einer Kultur oder Gesellschaft weithin anerkannten Überzeugungen widerspricht. Das Friedenszeugnis der EKD-Kundgebung, in dieser Perspektive gelesen, wäre dann kein unmittelbarer Beitrag zur politischen Urteilsbildung in konkreten Entscheidungsfindungsprozessen mehr, sondern hätte den Charakter einer „prophetischen" Erinnerung an eine (möglicherweise im politischen Alltagsgeschäft und in den aufgeheizten medialen Diskursen schnell vergessene, auch gern verdrängte) elementare Norm. Vorausgesetzt wäre dabei freilich, dass dieses Friedenszeugnis einen umfassenden kircheninternen Konsens formuliert bzw. normativ für die Kirchenmitglieder so bindend ist, dass es die Zugehörigkeit zur Glaubensgemeinschaft definiert. Beides dürfte indes nicht der Fall sein.

Gegen diese Deutung eines grundlegenden Wandels von Redehaltung und Selbstverständnis spricht jedoch zum einen, dass die EKD sich in anderen Texten, v. a. dem neuen Reformpapier „Kirche auf gutem Grund" (EKD 2020), weiterhin vehement zum Modell einer offenen, „aufgeschlossenen" Kirche bekennt, die sich weder nach innen homogenisiert noch nach außen abschottet. Das (vom derzeitigen EKD-Ratsvorsitzenden Heinrich Bedford-Strohm mitentwickelte und leidenschaftlich vertretene) Konzept einer „öffentlichen Theologie" und einer „öffentlichen Kirche" ist ja grundlegend von dem Interesse bestimmt, sich in die gesellschaftlichen, politischen und kulturellen Diskurse konstruktiv einzubringen, durchaus mit dem Bewusstsein, etwas Eigenes zu einer humanen Gesellschaftsgestaltung beitragen zu können, aber zugleich dialogoffen und lernbereit.

Zum anderen setzt die „Kundgebung" selbst dezidert ‚realpolitisch' an; sie beansprucht ja gerade, auf die veränderte Weltlage zu reagieren, und artikuliert zum Teil sehr konkrete Vorschläge und Forderungen. Auch finden sich Formulierungen, die ein deliberativ-diskursives Selbstverständnis der „Kundgebung" zumindest andeuten. So wendet sie sich etwa gegen eine „Sakralisierung politischer Positionen, auch unserer eigenen". Die Differenz zwischen Gottes Frieden und unserem Friedenseinsatz „förder(e) nüchterne Unterscheidungen und ermöglich(e) Selbstkritik und Gelassenheit" (EKD 2019, Einleitung). Ein grundlegender Wandel des Genres ist also nicht festzustellen.

1.4 Theologische Positionierung – und ‚realpolitische' Diagnosen

Dies macht es allerdings nicht leichter, sondern sogar schwerer, die „Kundgebung" in ihrer Bedeutung für die kirchliche Friedensethik zu beurteilen. Denn der ‚Ausweg ins Grundsätzliche' ist damit versperrt. Die „Kundgebung" will in theologisch-kirchlicher Verantwortung ethisch-politische Konsequenzen aus (der Deutung von) geopolitischen Entwicklungen des vergangenen Jahrzehnts ziehen. Sie will nicht nur allgemeine Prinzipien formulieren, sondern friedensethisch, ja friedenspolitisch ernstgenommen werden. Und sie will nicht nur für ein homogenes binnenkirchliches Milieu sprechen, sondern beansprucht weiterhin volkskirchliche Weite abzubilden.

Gerade dann ist es allerdings umso befremdlicher, dass die umfangreichen, breitgefächerten und differenzierten neueren Forschungen und Diskussionen der Friedens- und Konfliktforschung, an denen ja auch Theolog*innen beteiligt waren, in der „Kundgebung" nur einseitig aufgegriffen werden. Signifikant ist die pauschale These von der „enttäuschenden Bilanz" militärischer Friedenmissionen und die mehrmalige Hervorhebung der „positiven Erfahrungen" mit „gewaltfreier" Konfliktbearbeitung. Die Beobachtung hingegen, dass unter bestimmten Bedingungen – etwa bei bereits ausgebrochenen gewaltförmigen Konflikten – auch nichtmilitärische Formen der Konfliktregulierung an ihre Grenzen stoßen, findet keinen Widerhall. Eine selektive und zum Teil verkürzende Rezeption der Friedensforschung erzeugt in Verbindung mit einer theologisch kurzschlüssigen Ableitung der christlichen Friedensethik aus dem „gewaltlosen Friedenshandeln" Jesu einen argumentativen Sog, der die Ablehnung militärischer Mittel des Konfliktaustrags (oder auch nur der Konfliktbegrenzung) als theologisch *und* ‚realpolitisch' zwingend erscheinen lässt. Beides stützt sich dann wechselseitig: Was theologisch als nicht wünschenswert gilt (nämlich Friedenssicherung mit militärischen Mitteln), scheint sich ja offensichtlich auch ‚realpolitisch' nicht bewährt zu haben; und umgekehrt bestätigen anscheinend die ‚realpolitischen' Entwicklungen den friedenstheologischen Befund.

Diese Kritik könnte und müsste noch vertieft werden. Ich will mich im Folgenden aber den Konsequenzen dieser Positionierung der EKD für Kirchenmitglieder zuwenden, die davon unmittelbar betroffen sind: die evangelischen Soldatinnen und Soldaten.

2 Double Bind: Evangelische Soldatinnen und Soldaten angesichts der kirchlichen Forderung von Gewaltfreiheit

Wenn die EKD tatsächlich ihre Position zunehmend so zuspitzt, dass die auf Jesus zurückgeführte (und als Nachfolge Jesu verstandene) Gewaltfreiheit als die erste – und möglicherweise einzige – christliche Option erscheint, dann stellt das für evangelische Soldatinnen und Soldaten eine erhebliche Herausforderung dar (sofern sie ihre Urteils- und Gewissensbildung überhaupt an „Kundgebungen" der EKD ausrichten): Wird ihr Dienst dann nicht von ihrer eigenen Kirche als letztlich unvereinbar mit einem christlichen Ethos beurteilt? Oder werden nicht zumindest die Rahmenbedingungen für diesen Dienst so reformuliert, dass ein entscheidender Faktor eines möglichen Einsatzes – nämlich die Anwendung physischer Gewalt – grundsätzlich delegitimiert wird?

Die bisherige friedensethische Positionierung der EKD, auch noch in der „Friedensdenkschrift" von 2007, konnte im Sinn einer Konvergenz mit dem Selbstverständnis der Bundeswehr und ihrer politischen Führung interpretiert werden. Denn die Bundeswehr selbst sieht ihren (verfassungsmäßigen) Auftrag in der Friedenssicherung. Anwendung physischer Gewalt ist ausschließlich zum Zweck der Wiederherstellung bzw. Sicherung einer Friedensordnung legitim. Dies entspricht im Übrigen auch der klassischen Lehre vom gerechten Krieg, die eine Priorisierung nicht-kriegerischer Formen des Konfliktaustrags einschließt; sie erlaubt den Krieg nur als *ultima ratio* nach dem Scheitern aller anderen konfliktbefriedenden Maßnahmen (wenngleich die historische Erfahrung lehrt, dass der Begriff *ultima ratio* dehnbar und im konkreten Kontext deutungsoffen ist). Auch aus militärischer Perspektive besteht daher Konsens darüber, dass Leit- und Zielhorizont des politischen Handelns der „gerechte Friede" ist, innerhalb dessen sich auch die Diskussion um die Vorhaltung (und ggf. den Einsatz) von militärischen Mitteln bewegen muss. Dass unter dem Dach dieses Konsenses unterschiedliche, durchaus auch kontroverse Akzente gesetzt werden können, ist davon unbenommen. Evangelische Soldatinnen und Soldaten konnten in ihrer professionsethischen Selbstreflexion jedenfalls davon ausgehen, dass ihr Beruf nicht in einer prinzipiellen Spannung zu ihrem christlichen Glauben in seiner evangelisch-kirchlichen Gestalt steht (zur Gewissensbildung von Soldaten und Soldatinnen im Horizont der Militärseelsorge vgl. auch den Beitrag von Roger Mielke in diesem Band).

Gleichwohl ist im innerkirchlichen Diskurs seit den 1950er-Jahren immer strittig geblieben, inwieweit im Dienst der Herstellung eines gerechten Friedens die Anwendung militärischer Gewalt weiterhin (bzw. „noch") legitim sein kann. Zur Präzisierung und Limitierung des Auftrags legitimer militärischer Einsätze griff die EKD in der Friedensdenkschrift auf das Konzept der „rechtserhaltenden Gewalt" zurück, das vom rhetorischen Duktus her das Konzept des gerechten Krieges ersetzen sollte, es *de facto* aber reformulierte bzw. unter gegenwärtigen Konstellationen konkretisierte (vgl. Oberdorfer 2019a). Der (bedingten) Anerkennung militärischer Friedenssicherung diente auch deren Umdeutung zu Polizeiaktionen.[1]

Stimmt die hier vorgetragene Interpretation der „Kundgebung", scheint sich derzeit in der EKD die Position zu vereindeutigen zugunsten einer programmatischen Gewaltlosigkeit. Zugleich will man offenbar an der Militärseelsorge, also an der geistlich-ethischen Begleitung der Soldatinnen und Soldaten, festhalten. Was sollen die Militärseelsorger und -seelsorgerinnen ihnen dann aber sagen? Dass ihre Tätigkeit nur solange legitim ist, wie sie mit Gewalt nur drohen, sie aber nicht anwenden? Dass sie eine prinzipiell mit dem christlichen Ethos (nämlich der Jesusnachfolge) unvereinbare Tätigkeit ausüben, die Kirche ihnen aber „seelsorgerlich" dabei beistehen möchte, mit diesem Dilemma „umzugehen"? Müsste die Militärseelsorge – im Licht der „Kundgebung" – dann aber nicht eher Gewissensschulung in dem Sinn betreiben, dass die evangelischen Soldatinnen und Soldaten entweder den Dienst quittieren oder jedenfalls nur unter dem Vorbehalt der Nicht-Beteiligung an bewaffneten Einsätzen weiterdienen? Dies wäre nicht nur in der Hinsicht prekär, dass die Bundeswehr sich fragen müsste, welches Interesse sie an der Förderung dieser Art von Seelsorge haben sollte. Es würde vielmehr auch die Seelsorger*innen selbst ebenso wie die Soldat*innen in eine klassische *double-bind*-Situation treiben, indem die Seelsorge genau das

---

[1] Die Diskussionen im FEST-Konsultationsprozess zum „Gerechten Frieden" haben freilich gezeigt, dass damit nicht alle Probleme gelöst sind bzw. auch neue Probleme auftreten können (vgl. Werkner und Heintze 2019).

problematisieren müsste, zu dessen religiös reflektierter Gestaltung sie eingesetzt ist.

Die Herstellung einer solchen paradoxen Konstellation widerspräche zudem elementaren Einsichten reformatorischer Berufsethik. Luthers (gewiss zum Teil schreckliche, sich in einen Gewaltrausch hineinsteigernde) Äußerungen zum Bauernkrieg (vgl. Oberdorfer 2019b; knapp Oberdorfer 2018) haben jedenfalls darin eine wichtige *particula veri*, dass sie den Soldaten ein gutes Gewissen bei der Ausübung ihres Dienstes machen wollten: Ihr tut nichts Gottwidriges, wenn ihr die äußere (Rechts-)Ordnung mit militärischen Mitteln wiederherstellt, sofern dies mit „zivilen" Mitteln nicht (mehr) möglich ist. Genau dies ist auch der (ungeachtet zeitgebundener Konkretionen heute noch plausible) Kern von Artikel 16 der „*Confessio Augustana*", der – unter Einbezug des *iure bellare* /„Rechte kriege füren" (EKD 2014, S. 111/110) – Christenmenschen die Beteiligung an der Gestaltung und Verteidigung einer gerechten Ordnung des sozialen Lebens nicht nur erlaubt, sondern dies sogar als Realisierungsgestalt des Nächstenliebegebots kenntlich macht.

Sollte die „Kundgebung" so zu interpretieren sein, dass im Licht des „Friedens Christi" als ethische Konsequenz nur die Ablehnung militärischer Gewalt übrigbleibt, dann sollte die EKD das offen kommunizieren und auch die damit verbundenen Konsequenzen klar benennen und vollziehen. Um Konsistenz zwischen Lehren und Handeln herzustellen, wäre es unvermeidlich, sich aus der Militärseelsorge in der bisherigen Form zurückzuziehen und Christinnen und Christen zu raten, den Dienst an der Waffe zu meiden, da er mit der Nachfolge Christi nicht vereinbar sei.

Will die Kirche diesen Schritt nicht gehen, dann muss sie die friedensethischen Konkretionen der Jesusnachfolge so diskutieren, dass die Dimension militärischer Friedenssicherung weder *a limine* ausgeschlossen noch euphemistisch verschleiert und wegdefiniert, sondern explizit thematisiert wird. Nur wenn die Kirche guten Gewissens evangelische Soldatinnen und Soldaten darin bestärken kann, ihren Dienst ihrerseits guten Gewissens zu verantworten (was im Übrigen kritische Reflexion nicht aus-, sondern einschließt!), dann kann sie deren geistliche Betreuung weiterhin konstruktiv gestalten. Eine Militärseelsorge, die sich auf die kommunikative Perpetuierung von Dilemmakonstellationen und die Erzeugung von chronisch schlechtem Gewissen beschränkt, wäre jedenfalls geistlich trostlos und trüge auch zur berufsethischen Urteilsbildung der Soldatinnen und Soldaten wenig Orientierendes bei.[2]

Die „Kundgebung" wirft also nicht nur hinsichtlich ihrer theologischen Grundlegung und ihrer friedensethischen Expertise Fragen auf. Sie erzeugt vielmehr auch gravierende Unklarheiten im Blick auf die zukünftige Gestalt der kirchlichen Präsenz in den Streitkräften. Möglicherweise waren diese Effekte nicht beabsichtigt. Sie müssen aber wahrgenommen und im weiteren Fortgang diskutiert werden. Hilfreich wäre es jedenfalls, bei künftigen friedensethischen „Kundgebungen" die Rezeption unter evangelischen Soldatinnen und Soldaten und die Auswirkungen auf die Militärseelsorge antizipativ mit zu bedenken.

---

[2] Dass bei den derzeit tätigen Militärseelsorger*innen weniger die Gefahr einer Fundamentalopposition gegen die Bundeswehr als diejenige einer „Überidentifikation" mit dieser besteht, hat Roger Mielke in seinem Beitrag angemerkt. Gerade um hier gegensteuern zu können, müsste der kircheninterne friedensethische Diskurs differenziert geführt werden und dürfte sich nicht auf ein abstraktes Postulat der „Gewaltlosigkeit" beschränken.

Literatur

Barmer Bekenntnissynode. 2009 [1934]. Barmer Theologische Erklärung. In *Die Barmer Theologische Erklärung. Einführung und Dokumentation*, hrsg. von Martin Heimbucher und Rudolf Weth, 33–43. 7. Aufl. Neukirchen-Vluyn: Neukirchener Verlag.

Evangelische Kirche in Deutschland (EKD). 2007. *Aus Gottes Frieden leben – für gerechten Frieden sorgen. Eine Denkschrift des Rates der Evangelischen Kirche in Deutschland.* 2. Aufl. Gütersloh: Gütersloher Verlagshaus.

Evangelische Kirche in Deutschland (EKD). 2014. *Die Bekenntnisschriften der Evangelisch-Lutherischen Kirche. Vollständige Neuedition*, hrsg. von Irene Dingel. Göttingen: Vandenhoeck & Ruprecht.

Evangelische Kirche in Deutschland (EKD). 2019. Kirche auf dem Weg der Gerechtigkeit und des Friedens. Kundgebung der 12. Synode der EKD auf ihrer 6. Tagung, 13.11.2019. https://www.ekd.de/kundgebung-ekd-synode-frieden-2019-51648.htm. Zugegriffen: 11. Mai 2021.

Evangelische Kirche in Deutschland (EKD). 2020. Kirche auf gutem Grund – Elf Leitsätze für eine aufgeschlossene Kirche. Ausgearbeitet von einem „Zukunftsteam" im Auftrag der Synode der EKD. Fassung vom Sommer 2020. https://www.ekd.de/11-leitsaetze-fuer-eine-aufgeschlossene-kirche-56952.htm. Zugegriffen: 11. Mai 2021.

Luther, Martin. 1982 [1520]. Von der Freiheit eines Christenmenschen (1520), WA 7, 20–38. In *Martin Luther: Ausgewählte Schriften. Bd. 1*, hrsg. von Karin Bornkamm und Gerhard Ebeling, 239–263, Frankfurt/M.: Insel.

Oberdorfer, Bernd. 2017. „Freiheit von ..." Kleine theologische Apologie des Individualismus – im Horizont von Luthers Freiheitsschrift. In *Kontroverse Freiheit. Die Impulse der Ökumene*, hrsg. von Thomas Söding und Bernd Oberdorfer, 219–236. Freiburg i. Br.: Herder.

Oberdorfer, Bernd. 2018. „Gerechter Frieden" – mehr als ein weißer Schimmel? Überlegungen zu einem Leitbegriff der neueren theologischen Friedensethik. In *Frieden und Gerechtigkeit in der Bibel und in kirchlichen Traditionen. Politisch-ethische Herausforderungen. Band 1*, hrsg. von Sarah Jäger und Horst Scheffler, 13–30. Wiesbaden: Springer VS.

Oberdorfer, Bernd. 2019a. Gerechtigkeit für eine Theorie. Zur Funktion der Lehre vom gerechten Krieg im Rahmen des gerechten Friedens. In *Rechtserhaltende Gewalt – eine ethische Verortung. Fragen zur Gewalt. Band 2*, hrsg. von Ines-Jacqueline Werkner und Torsten Meireis, 9–19. Wiesbaden: Springer VS.

Oberdorfer, Bernd. 2019b. Gottes Faust? Protestantische Positionen zu Krieg und Frieden im historischen Wandel. *Mitteilungen des Instituts für europäische Kulturgeschichte* 25: 83–91.

Werkner, Ines-Jacqueline und Hans-Joachim Heintze (Hrsg.). 2019. *Just Policing. Politisch-ethische Herausforderungen. Band 6*. Wiesbaden: Springer VS.

Zwingli, Huldrych. 1995 [1523]. Von göttlicher und menschlicher Gerechtigkeit, Z II (CR 89), 458–525; neudeutsch: Göttliche und menschliche Gerechtigkeit. In *Huldrych Zwingli: Schriften. Bd. 1*, hrsg. von Thomas Brunnschweiler und Samuel Lutz, 155–213. Zürich: Theologischer Verlag Zürich.

Gewaltprävention als Leitperspektive
Zur Bedeutung der Forderung nach Gewaltfreiheit für christliche Soldatinnen und Soldaten – eine Positionsbestimmung aus katholischer Perspektive

Thomas Hoppe

1 Gewaltprävention als zentrales friedensethisches Desiderat

Nicht nur konfessions-, sondern auch religionsübergreifend herrscht ein weit reichender Konsens in der Überzeugung, dass das Bemühen darum, Konflikte ohne Anwendung gewaltsamer Mittel zu bearbeiten und nach Möglichkeit zu lösen, eine primäre ethische Verpflichtung darstellt. Dies gilt wegen der vielfach irreversiblen

---

T. Hoppe (✉)
Fakultät für Geistes- und Sozialwissenschaften,
Helmut-Schmidt-Universität, Hamburg, Deutschland
E-Mail: hoppe@hsu-hh.de

schädigenden Wirkungen, die die Anwendung von Gewalt unvermeidlich verursacht, grundsätzlich auf der Ebene von Individuen und Gruppen ebenso wie im Hinblick auf politisches Handeln. In der Friedensethik der christlichen Kirchen wurde diese Überzeugung, in manchen kirchlichen Texten als „vorrangige Option für die Gewaltfreiheit" formuliert, in den letzten Jahrzehnten verstärkt in Erinnerung gebracht. Im ökumenischen Konsens darüber, dass es der zunehmenden Ausarbeitung einer differenzierten „Lehre vom gerechten Frieden" bedürfe und auf ihre Umsetzung auch mit Partnern außerhalb des christlichen Raums zu drängen sei, wurde dies über den Binnenbereich der christlichen Kirchen hinaus sichtbar. Die Ökumenische Versammlung in der DDR bestimmte die friedensethische Kernaufgabe der Gegenwart dahingehend, es müsse

> „schon jetzt eine Lehre vom gerechten Frieden entwickelt werden, die zugleich theologisch begründet und dialogoffen auf allgemein-menschliche Werte bezogen ist. Dies im Dialog mit Andersglaubenden und Nichtglaubenden zu erarbeiten, ist eine langfristige ökumenische Aufgabe der Kirchen" (Ökumenische Versammlung 1989, Theologische Grundlegung, Ziff. 36).

Sowohl das „Friedenswort" der deutschen katholischen Bischöfe (2000) wie die „Friedensdenkschrift" der EKD (2007) griffen diesen Perspektivenwechsel auf und entwickelten zentrale Elemente ihrer friedensethischen Argumentation von ihm her, dies durchaus mit unterschiedlichen Akzentuierungen.

Die Hinwendung zumindest zu den wichtigsten Fragen eines gewaltpräventiven Handelns hatte einen guten Grund. Insbesondere in den Jahren der Ost-West-Konfrontation waren Fragen der militärischen

Absicherung eines instabilen *status quo* und der mit ihr einhergehenden Risiken und Kosten – insbesondere der Gefahren, die sich aus der Verfügbarkeit großer Potentiale an Kernwaffen ergaben – stark in den Vordergrund getreten. So war für weitergehende Perspektiven auf eine Verringerung und womöglich Überwindung dieser gewaltträchtigen Konstellation kaum Raum geblieben. Dies galt zumal für die erste Hälfte der 1980er Jahre, als sich das Verhältnis zwischen den USA und der Sowjetunion verhärtet und die militärische Konfrontation gefährlich zugespitzt hatte. Die Menschen innerhalb wie außerhalb Europas lebten in der Empfindung einer ständig steigenden Kriegsgefahr. Nach der allmählichen Entspannung und schließlich dem Ende dieser Konfrontation zweier Blöcke in den Jahren ab 1985 wurde der Blick aufmerksamer für die politisch-strukturellen Voraussetzungen internationaler Friedenssicherung – und damit für die Tatsache, dass die meisten hier relevanten politischen und gesellschaftlichen Handlungsfelder außerhalb des militärischen Bereichs liegen. Die Vernachlässigung der genuin politischen Aufgaben des Friedenserhalts und deren destruktive Folgen wurden in der Folgezeit auch von militärischer Seite wiederholt beklagt. In den Erfahrungen aus Interventionen mit und ohne UN-Mandat zeigte sich seit 1990 erneut, dass nur ein friedenspolitisch eingebundenes militärisches Handeln einen Beitrag zur Friedenssicherung leisten konnte, der auch in einer längerfristigen Perspektive erfolgreich war (Hoppe 2014).

2 Friedensethische Standards und die Praxis politischen Handelns

Im Hinblick auf die Priorität, die gewaltfreien Mitteln zur Sicherung des Friedens zukommt, lässt sich kein substanzieller Dissens zwischen denjenigen erkennen, die jede Anwendung von Gewalt ausnahmslos ablehnen, und denen, die sie unter extremen Umständen und bedingt, das heißt unter Einhaltung ethischer Grenzziehungen in Bezug auf das Ausmaß der anzuwendenden Gewalt, bejahen. Alle friedensethischen Debatten innerhalb der Kirchen vollziehen sich seit jeher im Gegenüber dieser beiden grundsätzlichen Positionen.

In friedensethischen Stellungnahmen kommt es deswegen besonders darauf an, dass sichtbar wird, wo unterschiedliche Sichtweisen tatsächlich auf prinzipiellen Dissensen beruhen und wo vielmehr Differenzen in der Beurteilung der Faktenlage vorliegen, einschließlich dessen, was jeweils aufgrund einer bestimmten Einschätzung der gegebenen Situation für die Zukunft erwartet wird. Ein solcher Klärungsbedarf ergab sich zum Beispiel angesichts der Ausführungen in der Denkschrift der EKD von 2007 zur Problematik der nuklearen Abschreckung (Ziff. 162–164). Eine Friedensethik, die mehr anstrebt als die Vergewisserung über prinzipielle Standpunkte, muss sich deswegen auf eine sorgfältige Analyse der empirischen Voraussetzungen dafür einlassen, wie sich friedensfähige(re) Verhältnisse herbeiführen lassen.

Dabei ist zudem von entscheidender Bedeutung, welches theoretische Konzept zugrunde gelegt wird, um den Charakter der internationalen Beziehungen und die in ihnen wirkenden Handlungslogiken zu beschreiben. Verschiedene Ansätze innerhalb der Theoriedebatte zu grundlegenden Fragen der internationalen Beziehungen unterscheiden sich unter anderem darin, dass sie mehr oder weniger optimistisch bzw. skeptisch in der Frage sind, wie weit sich die nutzentheoretischen Präferenzen von einzelstaatlichen Akteuren oder nichtstaatlichen Akteursgruppen verändern lassen.

Diese Differenz kann sich auf politischer Ebene unmittelbar auswirken, wie am gegenwärtigen Stand der Debatte über Fragen einer Weltordnung sichtbar wird, die sich zunehmend mit den Grenzen multilateraler Institutionen und Instrumente konfrontiert sieht. Die Rückwendung gerade großer und einflussreicher Staaten zu einzelstaatlicher oder bündnispolitisch abgestützter Sicherheitsvorsorge erweist sich vor diesem Hintergrund als keineswegs zufällig oder arbiträr, auch wenn ihre Auswirkungen ambivalent sind. Denn sie können auf eine Schwächung von Institutionen hinauslaufen, in denen sich bislang starke Machtasymmetrien einzelner Staaten bzw. Staatengruppen durch die Modi gemeinsamer Entscheidungsfindung abmildern ließen.

Die beiden skizzierten friedensethischen Grundpositionen (absolute Absage an Gewaltanwendung oder ihre Zulassung in engen Grenzziehungen, die nach ethischen Kriterien erfolgen müssen) stehen zugleich einer Auffassung des Politischen gegenüber, die auch den Griff zur Gewalt als Mittel der Politik versteht, das bei gegebenen Opportunitätsbedingungen gewählt werden darf, das heißt wenn dies den partikularen Interessen des bzw. der Kriegführenden nützt. In dieser Sicht wird eine vorrangige Verpflichtung zur gewaltfreien Beilegung von Konflikten entweder gar nicht oder nur im Sinne eines zweckrationalen Kalküls, jedenfalls aber nicht wegen ihrer ethischen Begründung anerkannt. Beide ethische Positionen sehen sich darüber hinaus mit der Tatsache konfrontiert, dass in der politischen Realität über Gewaltanwendung häufig im Sinne dieser dritten Position, das heißt unter Hintanstellung ethischer Prüfkriterien, entschieden wurde und wird. Im Rahmen des „realistischen" Erklärungsmodells der internationalen Beziehungen wird diesem Sachverhalt auf analytischer Ebene Rechnung getragen, ohne dass freilich die damit verbundenen ethischen Implikationen übersehen würden.

Unter den gegebenen Umständen hängt daher das Bemühen um Gewaltprävention bzw. um die Befriedung gewaltträchtiger Zustände nicht nur von äußeren Bedingungen ab, die zu gestalten zudem oftmals nicht in der Hand derer liegt, die unmittelbar die Überwindung der Gewalt in politischen bzw. sozialen Konflikten anstreben. Die Situation wird dadurch noch komplizierter, dass das Interesse an einer nachhaltigen Beendigung von Gewaltverhältnissen selbst den an ihnen Beteiligten nicht ohne weiteres unterstellt werden kann. Häufig werden Beendigung oder aber Fortführung und womöglich Eskalation des Gewaltgeschehens von den übergreifenden Zielsetzungen einer oder mehrerer Konfliktparteien abhängig gemacht. Wenn weitere Gewaltanwendung mehr politische oder ökonomische Vorteile zu versprechen scheint oder mit der Aussicht einhergeht, eigene kulturelle und/oder religiöse Vorstellungen durchsetzen zu können, steht zu befürchten, dass sogar ein ausgehandelter Waffenstillstand nicht zustande kommt bzw. umgesetzt werden kann. An der Konfliktentwicklung in Afghanistan angesichts des Abzugs der internationalen Truppenkontingente wird dies beispielhaft sichtbar.

Die gleichwohl zuweilen beanspruchten ethischen bzw. religiösen Rechtfertigungsgründe für die fortgesetzte Anwendung von Gewalt erweisen sich in einem solchen Fall als nur vorgeschoben, stellen mit anderen Worten einen politischen Missbrauch ethischer und/oder theologischer Argumente dar. Vor diesem Missbrauchspotential „politisierter Religion" ist kein religiöses

Denksystem prinzipiell gefeit. Die Geschichte der in der antiken Staatsphilosophie entwickelten Lehre vom „gerechten Krieg", die im Christentum rezipiert und erweitert wurde, zeigt nicht zuletzt, wie sich wichtige ihrer Autoren gegen die vielfältigen Formen missbräuchlicher Inanspruchnahme dieser Lehre zu wehren suchten, indem sie ihre Kriterien zunehmend präzise und gewaltrestriktiv formulierten. Parallel hierzu wird im Rahmen der islamischen Theologie seit Jahrhunderten um ein adäquates Verständnis dessen gerungen, was mit dem Begriff *djihad* gemeint ist. Auch hier geht es darum zu verhindern, dass aus einem ursprünglich gewaltrestriktiv formulierten ethischen Anliegen eine Rechtfertigungsideologie wird, derer sich gewaltbereite Akteure nach Belieben bedienen können.

3 Die Aporie des Gewaltproblems und ihre ethischen Implikationen

Dabei ist weder die ausnahmslos gewaltfreie Option noch diejenige, die Gewaltanwendung unter restriktiven Bedingungen für zulässig hält, davon frei, grundsätzliche und schwerwiegende Einwände auf sich zu ziehen. Das Gewaltproblem zeigt vielmehr eine aporetische Grundstruktur, sobald man es auf seine ethischen Implikationen und faktischen Entwicklungsdynamiken hin untersucht.

In seinem Aufsatz „Zur Kritik der Gewalt", der Anfang der 1920er Jahre entstand, schrieb Walter Benjamin:

> „Ist überhaupt gewaltlose Beilegung von Konflikten möglich? Ohne Zweifel. [...] Gewaltlose Einigung findet sich überall, wo die Kultur des Herzens den Menschen reine Mittel der Übereinkunft an die Hand gegeben hat. [...] Ihr tiefgreifendstes Beispiel ist vielleicht die Unterredung

als eine Technik ziviler Übereinkunft betrachtet. In ihr ist nämlich gewaltlose Einigung nicht allein möglich, sondern die prinzipielle Ausschaltung der Gewalt ist ganz ausdrücklich an einem bedeutenden Verhältnis zu belegen: an der Straflosigkeit der Lüge" (Benjamin 1999, S. 191 f.).

Damit hat Benjamin jedoch zugleich einen entscheidenden Einwand formuliert, denn gerade die Möglichkeit des straflosen Lügens zerstört die Grundlagen dessen, was er als „subjektive Voraussetzung" für die Anwendung „reiner", gewaltloser Mittel betrachtet:

„Herzenshöflichkeit, Neigung, Friedensliebe, Vertrauen und was sich sonst hier noch nennen ließe" (Benjamin 1999, S. 191).

Von diesen Voraussetzungen her betrachtet, erscheinen viele vermeintlich gewaltlose Strategien als im Kern der Gewaltsamkeit verhaftet, auch wenn diese nicht physische Züge annehmen muss. Der Verzicht auf letztere entstammt vielmehr einem auf das Eigeninteresse der Beteiligten hin orientierten Folgenkalkül: die „Furcht vor gemeinsamen Nachteilen, die aus der gewaltsamen Auseinandersetzung zu entstehen drohen, wie auch immer sie ausfalle" (Benjamin 1999, S. 193). Dies führt Benjamin schließlich zu der pessimistischen Diagnose, dass

„jede Vorstellung einer irgendwie denkbaren Lösung menschlicher Aufgaben, ganz zu schweigen von einer Erlösung aus dem Bannkreis aller bisherigen weltgeschichtlichen Daseinslagen, unter völliger und prinzipieller Ausschaltung jedweder Gewalt unvollziehbar bleibt" (Benjamin 1999, S. 196).

Benjamin unterscheidet daher zwischen „rechtssetzender" und „rechtserhaltender" Gewalt, wobei letztere nur vor dem Hintergrund einer schon errichteten und öffentlich wirksam gewordenen Rechtsordnung, die es durchzusetzen gilt, auftreten kann. Fehlt es an ihr, vollständig oder in wesentlichen Elementen, so bedarf es zunächst der Rechtssetzung, die wiederum möglichst ohne den Griff zu Mitteln physischer Gewaltanwendung erfolgen soll. Insbesondere im Blick auf die Begrenzungen der Reichweite und die inhaltlichen Defizite völkerrechtlicher Regelungen lässt sich deswegen fragen, ob der Begriff der „rechtserhaltenden Gewalt", wenn man ihn in diesem Kontext verwendet, nicht optimistischer stimmt, als es bei einem kritischen Blick auf die internationalen Beziehungen gerechtfertigt erscheint.

Wie auch immer diese Frage beantwortet werden mag, ist eine Konsequenz doch unausweichlich: Wer ausschließlich für Gewalt vermeidende Strategien optiert, dem fehlen zumindest bis auf Weiteres angemessene Antworten auf die Frage, was zu tun sei, wenn schutzlose Menschen von organisierten Gruppen staatlicher, parastaatlicher oder nichtstaatlicher Gewalttäter angegriffen werden, denen es um die Unterjochung oder sogar Vernichtung ihrer Opfer geht. Gegenüber systematisch durchgeführtem Genozid wie in Ruanda 1994 und anderen schweren, in großem Umfang verübten Verbrechen gegen die Menschlichkeit *(mass atrocities)* ist eine solche Position letztlich wehrlos und läuft auf unterlassene Hilfeleistung für Menschen hinaus, die geschützt bzw. gerettet werden könnten.

Die persönliche Entscheidung, auf Gewaltanwendung, die gegen einen selbst gerichtet ist, unter allen Umständen zu verzichten, schließt nicht ein, dass man auch berechtigt wäre, diese Haltung einzunehmen, wenn Leib und Leben Dritter unmittelbar bedroht sind und eine realistische

Chance besteht, diese Gefahr abzuwenden. Darin liegt der Grund, warum auch das „Friedenswort" der Evangelischen Kirche im Rheinland von 2018 bewusst anerkennt, dass es in „eng begrenzten Ausnahmesituationen" (Ziff. 13) einen moralisch legitimen Einsatz von rechtserhaltender Gewalt geben könne.

Der hiergegen vorgebrachte Einwand, jegliche Gewalt lasse sich verhindern, wenn man früh genug die Prozesse unterbreche, die letztlich dahin führten, berücksichtigt nicht hinreichend, dass er eine andere Entscheidungssituation vor Augen hat. Das Argument geht zurück auf einen früheren Zustand des Konflikts und diagnostiziert – möglicherweise durchaus zutreffend, manchmal jedoch auch kontrafaktisch –, wo Eingriffsmöglichkeiten bestanden hätten. So waren den Verantwortlichen der UNAMIR-II-Mission in Ruanda, die unter der Führung des kanadischen Generals Roméo Dallaire standen, die Vorbereitungen zum Genozid bekannt geworden (Dallaire 2004; Des Forges 1999): Die Beschaffungen großer Mengen von Äxten und Macheten, die Aufstellung von langen Listen mit Namen und Adressen derjenigen Ruandesen, die der ethnischen Gruppe der Tutsi angehörten bzw. ihr zugerechnet wurden, die systematische Erzeugung von Angst vor und Hass gegen die Tutsi vonseiten der Hutu-dominierten Regierung. Dallaire deutete die Gesamtheit der Indizien für einen unmittelbar bevorstehenden Völkermord zutreffend und alarmierte umgehend das UN-Generalsekretariat, um die Vereinten Nationen zu einem noch rechtzeitigen Handeln zu bewegen, bevor das Morden begann. Aus politischen Gründen – nach der letztlich fehlgeschlagenen UN-Mission in Somalia 1992/1993 wollte keines der ständigen Mitglieder des Sicherheitsrates in einen erneuten Einsatz in Afrika hineingezogen werden – wurde seinem dringenden Ersuchen jedoch nicht entsprochen, und es kam nicht einmal zu einer personellen Verstärkung des UN-Kontingents. Dabei hätte bereits eine Aufstockung in bescheidenem Umfang die Schutzmöglichkeiten für die vom Genozid bedrohten Menschen wesentlich erweitert. Dallaire blieb nichts anderes übrig, als sich zu weigern, das Land zu verlassen, und zu dokumentieren, was geschah. Die Erfahrung völliger Ohnmacht gegenüber dem wochenlangen Massenmord führte zu schweren Traumata bei ihm selbst und etlichen Angehörigen des UN-Kontingents. Eine der späteren Reaktionen auf die Erfahrungen aus Ruanda und auf ähnliche aus Bosnien (vor allem dem Massenmord an etwa 8000 männlichen muslimischen Einwohnern der bosnischen Stadt Srebrenica im Juli 1995) war die Einsetzung einer UN-Kommission unter Leitung des Diplomaten Lakhdar Brahimi. Sie sollte die Frage untersuchen, wie UN-Friedensmissionen befähigt werden konnten, ihre Mandate, die künftig einen besseren Schutz der Zivilbevölkerung einschließen sollten, tatsächlich durchzusetzen. Im sogenannten Brahimi-Report (United Nations 2000) wurden daraufhin die Grundsätze dessen entwickelt, was man seither in einer Kurzformel als „robustes *Peacekeeping*" bezeichnete.

Aus der mehrfachen Erfahrung seit 1990, dass das klare Wissen um gewaltpräventive Handlungsmöglichkeiten aus unterschiedlichen Gründen keineswegs in tatsächliches Handeln münden muss, zogen die Vereinten Nationen die Konsequenz, dass es ihre politische und moralische Pflicht sei, auch für diesen Fall der scheiternden Prävention noch handlungsfähig zu sein. Das am weitesten auf diese Zielsetzung hin ausgearbeitete Konzept wird als „Schutzverantwortung der Staatengemeinschaft" (*responsibility to protect* – R2P) bezeichnet und wurde von einer internationalen Arbeitsgruppe ziviler und militärischer Experten (ICISS *International Commission on*

Intervention and State Sovereignty), die im Auftrag der Vereinten Nationen tätig war, im Jahr 2001 vorgelegt. Es folgt dem Gedanken, dass es zuerst gelte, der Gewalt zuvorzukommen *(responsibility to prevent)*, erkennt aber eine *responsibility to react* – auch militärisch – bei unmittelbarer Lebensgefahr für schutzlose Menschen ausdrücklich an. Ein Einsatz, der nachhaltigen Schutz und Sicherheit im Einsatzland herbeiführen soll, muss zudem von einer entsprechenden Konfliktnachsorge und einem diesem Ziel dienenden Wiederaufbau der zivilen und politischen Strukturen begleitet sein *(responsibility to rebuild)*. In ihrer Resolution 60/1 vom Oktober 2005 bekannte sich die Generalversammlung der Vereinten Nationen zu diesem Konzept (Ziff. 138 f.), nahm aber zugleich Abstriche gegenüber weiterreichenden Vorschlägen der ICISS-Kommission vor, was die Frage möglicher Interventionsgründe und die Modalitäten des Entscheidungsverfahrens betraf.

In einer Auswertung der Erfahrungen, die insbesondere mit dem Verlauf größerer militärischer Auseinandersetzungen verbunden sind, zeigt sich freilich die andere Seite der Gewaltproblematik: Gerade eine Position, die Gewaltanwendung nur unter restriktiven Bedingungen für ethisch rechtfertigungsfähig hält, steht vor dem Problem, wie die Einhaltung der zu ziehenden Grenzen im konkreten Fall sichergestellt werden kann. Judith Butler beschreibt das Problem folgendermaßen:

„Ganz unabhängig von den eifrigsten Bemühungen, Gewalt nur als Mittel und nicht als Zweck einzusetzen, kann der Einsatz von Gewalt als Mittel ungewollt selbst zum Zweck werden und zu neuer Gewalt führen, Gewalt erneut entfachen und weitere Gewalt rechtfertigen. Gewalt erschöpft sich nicht in der Verwirklichung eines gerechten Zwecks, sondern erneuert sich vielmehr in Richtungen jenseits von Intention und instrumenteller Planung" (Butler 2020, S. 34).

„Auch der so genannte ‚gerechte Krieg' geht mit dem Risiko von Zerstörungen einher, die über das ausdrückliche Kriegsziel, seinen wohl erwogenen Zweck hinausreichen" (Butler 2020, S. 193).

Auf den ersten Blick vergleichsweise einfach lösbar erscheint die Aufgabe, die eingesetzte Gewalt zu beherrschen und zu begrenzen, nur in dem seltenen Fall stark asymmetrischer Kräfteverhältnisse, sodass eine Seite den Kampf mit überwältigender Überlegenheit führen und die Phase der Gewaltanwendung nach sehr kurzer Zeit beendet werden kann. Aber selbst hier ist zu fragen: Bedeutet „überwältigende Überlegenheit" nicht oft zugleich ein überwältigendes Ausmaß der zu erwartenden Gewalt, wenn auch in kurzer Frist? Das war das Problem im zweiten Golfkrieg im Januar/Februar 1991. Viel häufiger ist jedoch damit zu rechnen, dass einmal begonnene militärische Auseinandersetzungen sich in die Länge ziehen. Obwohl sie schon dadurch immer höhere Opfer fordern, können sie letztlich *politisch* von der zahlenmäßig wie waffentechnisch überlegenen Seite verloren werden, auch wenn sich der Konflikt *militärisch* nicht entscheiden lässt.

Darüber hinaus wohnt jedem gewaltförmig ausgetragenen Konflikt die Tendenz inne zu eskalieren: Einerseits durch die Eigendynamiken der Gewaltanwendung selbst, andererseits deswegen, weil die Bereitschaft, die Kampfhandlungen zu beenden, auf allen Seiten um so geringer wird, je höher die bisher zu beklagenden Opfer sind – diese sollen schließlich nicht umsonst erbracht worden sein. Wenn sich der bewaffnete Konflikt in die Länge zieht, sinken daher die Chancen auf eine Beendigung der Gewaltanwendung, bis die immer weiter steigenden Opferzahlen schließlich doch zu einer grundsätzlichen Revision des eigenen Vorgehens nötigen. Veranschaulichen lässt sich dieses Problem am Konflikt zwischen dem US-amerikanischen Präsidenten Lyndon B. Johnson und seinem Verteidigungsminister Robert S. McNamara im Jahr 1967, in dem es um die Vietnampolitik der USA ging. Unabhängig von der Problematik, das eingesetzte Gewaltniveau gegen die Dynamiken der Eskalation begrenzt zu halten, hatten überdies beide erhebliche Zweifel daran, dass es die politischen Umstände, unter denen es zu einem militärischen Engagement in Vietnam gekommen war, zuließen, ihn als einen *just war* im Sinne der ethischen Kriterien dieses Konzepts zu rechtfertigen. Darin lag zugleich der moralische Kern der zunehmenden öffentlichen Proteste gegen den Vietnamkrieg, nicht nur in Westeuropa, sondern gerade auch in den USA selbst.

Die beschriebenen, vielfach miteinander verflochtenen Zusammenhänge wirken insgesamt dem Bemühen entgegen, in bewaffneten Konflikten dem ethischen Gebot der Gewaltminimierung zu entsprechen, das überdies zugleich ein Gebot politischer Klugheit ist. Für eine ethische Position, die Gewalt unter restriktiven Bedingungen für zulässig hält, bedeutet dies, in vielen Fällen nicht hinreichend plausibel machen zu können, dass ihre Forderungen, die sich ethisch durchaus überzeugend begründen lassen, in der politischen Praxis realisierbar sind.

Ohne explizit verbalisiert zu werden, durchzieht die beschriebene aporetische Struktur des Gewaltproblems die „Kundgebung" der EKD-Synode 2019 wie ein roter Faden. Diese betont das weite Spektrum der Möglichkeiten, in der internationalen Politik wie in der eigenen Gesellschaft dazu beizutragen, dass in Konflikten – wenn sie sich schon nicht vermeiden lassen – wenigstens keine Gewalt angewendet wird. Durch die Nutzung der Methoden der Gewaltprävention wird also im günstigen Fall erreicht, dass eine Situation, in der es keine ethisch unproblematischen Handlungsalternativen mehr gibt, gar nicht erst eintritt. Aus Sicht beider friedensethischer Grundpositionen kann dieses Anliegen nur nachdrückliche Unterstützung finden.

4 Vertrauensbildung in den internationalen Beziehungen – ein Ausweg aus der Aporie der Gewalt?

Allerdings zeigt sich eine folgenreiche Schwäche der Argumentation der „Kundgebung" dort, wo es nach einer eingehenden Sichtung der aktuellen politischen, gesellschaftlichen und rüstungstechnischen Gefahrenpotentiale heißt:

> „Vertrauen ist die Grundlage jeder Friedenspolitik und der Schlüssel zu nuklearer Abrüstung" (EKD 2019).

Das Fehlen dieses Vertrauens stellt einen der Hauptgründe dafür dar, dass derzeit Fortschritte etwa im Rüstungskontrollbereich kaum in Aussicht stehen und noch in Kraft befindliche Abkommen zwischen den USA und Russland mit großer Mühe davor bewahrt werden müssen, ersatzlos auszulaufen. Daher wäre es wichtig, der Frage nach den Möglichkeitsbedingungen nachzugehen, solches Vertrauen zu begründen, aber eben auch nach den Hindernissen dafür zu fragen – zumal die Konsequenzen abnehmenden Vertrauens auch in anderen sicherheitspolitischen Bereichen immer deutlicher spürbar werden.

Im Herbst 2020 hat Nicholas J. Wheeler in der Zeitschrift „International Relations" an einen Artikel aus dem Jahr 1997 erinnert, der von seinem Autor Nicholas Rengger unter dem Titel „The ethics of trust in world politics" publiziert wurde. Auf der einen Seite hält Rengger internationale Kooperation für unmöglich, wenn es nicht wenigstens ein Mindestmaß an Vertrauensvorschuss in den bzw. die Partner in einer solchen Kooperation geben kann. Andererseits ist er davon überzeugt, dass diese Basis für eine kooperative Gestaltung jedenfalls unter den politischen und sozialen Bedingungen der Gegenwart nicht stabil ist, und dass ihre Fragilität zunimmt. Es gebe weltweit nicht das, was Francis Fukuyama vor Augen habe, um darauf gegründet einen selbst eingebrachten Vertrauensvorschuss zu rechtfertigen, nämlich

> „a community of regular, honest and cooperative behaviour, based on commonly shared norms" (Fukuyama 1995, zit. bei Rengger 1997, S. 482).

Wo ein Minimalvertrauen als ethische Basis fehle, sei man jedoch auf das eigennutzbezogene Kalkül jedes einzelnen Akteurs zurückgeworfen, auf das allein man eine stabile internationale Ordnung nicht gründen könne. Folgerichtig stellt sich ihm die Frage:

> „So do we end up with a ‚realist' conclusion after all? Is it the case that asserting the significance of the ethics of trust in world politics is indeed a quest for fool's gold?" (Rengger 1997, S. 484).

Bereits 1990 hatte einer der führenden Vertreter des realistischen Erklärungsmodells, der US-Amerikaner John Mearsheimer, auf den Begriff gebracht, worin das

Grundproblem des Vertrauens angesichts der politischen Verfasstheit der Welt, wie sie ist, bestehe – es gebe

„little room for trust among states because a state may be unable to recover if its trust is betrayed" (Mearsheimer 1990, zit. bei Wheeler 2020, S. 636).

Dort, wo Macht asymmetrisch verteilt sei, also einzelne Staaten im Verhältnis zu anderen Staaten erheblich überlegene Mittel ins Spiel bringen könnten, trete diese Problematik noch verschärft zutage. Sie wird sichtbar nicht nur an der seinen Strukturen inhärenten Machtlosigkeit des Völkerbundes im Umgang mit den krisenhaften und zunehmend kriegsträchtigen Entwicklungen der 1930er Jahre, sondern ebenso an den Belastungsgrenzen, an die klassische politische Bündnisse zwischen einzelnen Staaten und Staatengruppen in schweren Krisensituationen immer wieder stießen und stoßen.

Wie eine parallele Argumentation hierzu liest sich daher die bereits vor Beginn des Zweiten Weltkrieges – im Frühjahr/Sommer 1939 – entstandene pessimistische Analyse der französischen Philosophin Simone Weil, die unausweichlich diesen Krieg heraufziehen sah:

„Wenn die Existenz großer Nationen in Frage steht, gibt es kein noch so leichtes Problem, das keine schwere Kriegsgefahr beinhaltet, weil die Verhandlungen dann selbst als eine Phase des Krieges gelten. Das kleinste Zugeständnis bedeutet einen Prestigeverlust, der für die Nation, die ihm zugestimmt hat, die Aussichten verringert, ihre eigene Unabhängigkeit verteidigen zu können. Wenn diese Situation eingetreten ist, kann man den Regierungen nicht vorwerfen, dass sie auf ihr Prestige bedacht sind, da das Prestige eine wirkliche Macht ist, vielleicht letzten Endes das Wesen der Macht. Eine große Nation, die alle möglichen Konzessionen gemacht hat und nur noch ihre Existenz verteidigen kann, wäre wahrscheinlich dadurch nicht mehr zur Verteidigung fähig. […] Ein unlösbares Problem: es gibt keine klare Grenze zwischen den Zugeständnissen, die man machen kann – und deshalb machen muss – und denen, die man nicht machen kann. […] Sobald also die Kriegsgefahr besteht, können Verhandlungen sie nicht mehr abwenden, weil die Verhandlungsgegenstände selbst jeden ihnen innewohnenden Wert verlieren; sie haben nur noch symbolischen Wert und zusätzlich den von strategischen Vorteilen. Verhandlungen können sich zwar genauso wie die Zeit, die durch sie vergeht, auf die jeweiligen Siegeschancen auswirken, aber nicht zum Frieden führen. Wir spüren es instinktiv; daher unsere Ängste" (Weil 2011, S. 77 f.).

Im März 1939 hatten deutsche Truppen das gesamte Staatsgebiet der Tschechoslowakei besetzt, womit Hitler das Münchner Abkommen vom September 1938 gebrochen hatte und für die Westmächte klar geworden war, dass weitere Zugeständnisse an Deutschland nicht zum Erhalt des Friedens in Europa führen konnten und man sich auf einen Krieg vorzubereiten hatte.

Für die beschriebenen Implikationen des „Sicherheitsdilemmas" und die daraus folgenden Konsequenzen existiert bis heute keine überzeugende Lösung. Vorschläge zum Umgang mit den damit einhergehenden Gefahren gelten daher der Minderung ihres Risikopotentials, ohne die dadurch definierte internationale Situation grundlegend verändern zu können. Allerdings ist das Bewusstsein erheblich angewachsen, wie prekär diese Situation sich darstellt, wenn man ihre konstitutiven Merkmale eingehender betrachtet.

Da mangelndes oder gänzlich fehlendes Vertrauen eine wesentliche Ursache dafür ist, dass sich gerade lang andauernde Konflikte so schwer befrieden lassen, sollten sich friedensethische Verlautbarungen der Kirchen mit den damit zusammenhängenden Einzelproblemen stärker auseinandersetzen, als es in der Vergangenheit häufig der Fall war. Für Mittel- und Osteuropa wie für den Nahen und Mittleren Osten gilt, dass die Einstellungsmuster der einander befehdenden Parteien oft erst verständlich werden, wenn man sie vor dem Hintergrund einer teils Jahrhunderte langen wechselvollen Geschichte zur Kenntnis nimmt, die oftmals negative Erfahrungen nicht nur mit Nachbarstaaten oder benachbarten ethnischen und/ oder religiösen Gruppierungen, sondern auch mit intervenierenden Mächten von außerhalb der Region mit sich brachten. Dem Ziel des gerechten Friedens näher zu kommen, verlangt daher gerade auch auf diesem Gebiet ein engagiertes Zusammenwirken von Pazifisten und Nichtpazifisten, das nicht an den Grenzen einer verfassten partikularen Kirchengemeinschaft enden darf.

Kritisch zu prüfen sind in die in diesem Kontext begegnenden Narrative, die oft bis heute Vereinseitigungen zulasten der gegnerischen Gruppierung beinhalten. Im Kontext des Balkankonflikts ab 1991 ließ sich vor allem auf serbischer und auf kroatischer Seite studieren, wie eine selektive Geschichtserzählung als Legitimierungsstrategie aktueller Gewalt und zur Produktion von kollektiven Feindbildern, ohne die solche Gewaltanwendung nicht möglich wird, verwendet werden kann. Denn ungeachtet ihres Wahrheitswertes erzeugen selektive Narrative insofern neue soziale Realität, als Menschen, die sie sich ungeprüft zu eigen machen, aus den damit verbundenen Überzeugungsgewissheiten heraus handeln und erneut Gewalthandlungen mit ihren irreversiblen Folgen freisetzen. Was als „Kreislauf der Gewalt" beschrieben wird, ist dann kein unausweichlicher, nahezu schicksalhafter Geschehensablauf, sondern ein Ereigniszusammenhang, der sich unterbrechen und dessen Richtung sich korrigieren lässt, indem man die Perzeptionen und Einstellungsmuster der Konfliktbeteiligten selbst zu verändern sucht – vor allem das Bild, das sie im Blick auf die gegnerische soziale Gruppe beherrscht.

5 Umgang mit Gewaltmitteln aus einem Ethos der Prävention und Minimierung von Gewalt

Für ethisch reflektierende Soldatinnen und Soldaten bietet die „Kundgebung" der EKD daher wichtige Teilantworten auf die Frage, welche Schritte in der Leitperspektive des gerechten Friedens gegangen werden können und müssen. Sie kann aber ebenso wenig wie jeder andere friedensethische Ansatz die Struktur der moralischen Wirklichkeit selbst verändern, die, wie gezeigt, im Kontext von Gewaltanwendung aporetische Züge aufweist. In dieser Aporie liegt letztlich begründet, dass zwar auf der einen Seite ein starkes Desiderat darin besteht, die Rolle von Streitkräften zu minimieren – dass aber auf der anderen Seite die Fähigkeit erhalten bleiben muss, den friedensethischen Auftrag, Leben, Menschenwürde und Menschenrechte weltweit schützen zu können, so weit wie möglich zu verwirklichen. Denn dieser Auftrag sieht sich nicht den Partikularinteressen eines Staates und seiner Bürger verpflichtet, sondern dem Schutz grundlegender Güter für jeden Menschen. Deswegen kommt es – nicht nur in christlich geprägter Perspektive – auch künftig darauf an, Soldatinnen und Soldaten für dieses friedensethische Verständnis ihres Dienstes zu sensibilisieren, sie darin zu ermutigen, aber auch, sie zum wachsamen Umgang mit den ethischen Fragen und Herausforderungen zu befähigen, die ihnen in der Wahrnehmung ihres Auftrags begegnen.

Das hier beschriebene Ethos, das sich nicht nur in friedensethischen Verlautbarungen der Kirchen, sondern ebenso im Grundgesetz, in Spezialnormen wie dem Soldatengesetz und in zahlreichen Dienstvorschriften niederschlägt, versteht sich heute weniger von selbst als je zuvor in der Geschichte der Bundeswehr. Es reicht daher nicht hin, den Inhalt dieser Kodizes zu kennen, vielmehr muss auch der Vermittlung des Geistes, der aus ihnen spricht, ein zentraler Stellenwert in der ethischen und politischen Bildungsarbeit innerhalb der Streitkräfte zukommen. Wie andere Bereiche der Gesellschaft sind sie zudem vom Wiedererstarken autoritärer, antidemokratischer politischer Denkmuster bedroht, als Teil des Sicherheitssektors möglicherweise sogar in besonderem Maße Ziel solcher Bestrebungen. Diese beschwören jenen Ungeist und die mit ihm verbundenen Gefahren erneut herauf, gegen den das Konzept der Inneren Führung die Soldaten der neuen deutschen Armee immunisieren helfen sollte. Für eine Armee im Einsatz ist es unerlässlich, solchen Entwicklungen entschlossen gegenzusteuern. Sie hat sich in den Jahrzehnten ihres Bestehens zahlreiche Instrumente hierfür geschaffen – es kommt gerade heute darauf an, sie zu nutzen, wo und wann immer es möglich und notwendig ist.

Literatur

Benjamin, Walter. 1999. Zur Kritik der Gewalt. In *Gesammelte Schriften. Bd. II.1*, hrsg. von Rolf Tiedemann und Hermann Schweppenhäuser, 197–204. Frankfurt/M.: Suhrkamp.

Butler, Judith. 2020. *Die Macht der Gewaltlosigkeit*. Berlin: Suhrkamp.

Dallaire, Roméo. 2004. *Shake Hands with the Devil – The Failure of Humanity in Rwanda*. London: Random House.

Des Forges, Alison. 1999. *„Leave None to Tell the Story".* *Genocide in Rwanda*. New York: Human Rights Watch.
Die deutschen Bischöfe (Hrsg.). 2000. *Gerechter Friede*. Bonn: Sekretariat der deutschen Bischofskonferenz.
Evangelische Kirche in Deutschland (EKD). 2007. *Aus Gottes Frieden leben – für gerechten Frieden sorgen*. https://www.ekd.de/ekd_de/ds_doc/2007_ekd_friedensdenkschrift.pdf. Zugegriffen: 18. Januar 2021.
Evangelische Kirche in Deutschland (EKD). 2019. Kundgebung der 12. Synode der Evangelischen Kirche in Deutschland auf ihrer 6. Tagung „Kirche auf dem Weg der Gerechtigkeit und des Friedens". https://www.ekd.de/ekd_de/ds_doc/Kundgebung-Kirche-auf-dem-Weg-der-Gerechtigkeit-und-des-Friedens.pdf. Zugegriffen: 18. Januar 2021.
Evangelische Kirche im Rheinland (EKiR). 2018. *Friedenswort 2018 „Auf dem Weg zum gerechten Frieden" anlässlich des Endes des Ersten Weltkrieges*. https://www.ekir.de/www/downloads/DS28FriedenswortEKiR2018.pdf. Zugegriffen: 18. Januar 2021.
Fukuyama, Francis. 1995. *Trust. The Social Virtues and the Creation of Prosperity*. London: Free Press.
Hoppe, Thomas (Hrsg.). 2014. *Verantwortung zu schützen. Interventionspolitik seit 1990 – eine friedensethische Bilanz*. Berlin: Dr. Köster.
International Commission on Intervention and State Sovereignty (ICISS). 2001. *The Responsibility to Protect*. Ottawa: International Development Research Centre.
Mearsheimer, John. 1990. Back to the Future. Instability in Europe after the Cold War. *International Security* 15 (1): 5–56.
Ökumenische Versammlung in der DDR. 1989. Gerechtigkeit, Frieden und Bewahrung der Schöpfung. Dresden _ Magdeburg – Dresden. http://www.ekmd.de/attachment/aa234c91bdabf36adbf227d333e5305b/1e01a4aaf49f4e41a4a11e0bcbc61b47dbfc6d3c6d3/Texte_Oekumenische_Versammlung_1989.pdf. Zugegriffen: 11. April 2021.

Rengger, Nicholas. 1997. The ethics of trust in world politics. *International Affairs* 73 (3): 469-489.
United Nations. 2000. *Report of the Panel on United Nations Peace Operations* („Brahimi Report"). http://undocs.org/A/55/305. Zugegriffen: 11. April 2021.
Wheeler, Nicholas J. 2020. ‚A Presumption of Trust' in International Society. *International Relations* 34 (4): 634–641.
Weil, Simone. 2011 [1939]. Gedanken zum Zwecke einer Bilanz. In *Krieg und Gewalt. Essays und Aufzeichnungen.* 75–94. Zürich: Diaphanes.

Die Seelsorge in der Bundeswehr unter dem Anspruch der Gewaltfreiheit
Thesen aus pazifistischer Perspektive

Antje Heider-Rottwilm

Im Folgenden konzentriere ich mich auf die Herausforderungen durch die Kundgebung der 12. Synode der Evangelischen Kirche in Deutschland (EKD) auf ihrer 6. Tagung „Kirche auf dem Weg der Gerechtigkeit und des Friedens – Lass ab vom Bösen und tue Gutes; suche Frieden und jage ihm nach! (Ps 34,15)" (2019) für den Seelsorger und die Seelsorgerin in der Bundeswehr. Im Zentrum steht die Aussage „Das Leitbild des Gerechten Friedens setzt die Gewaltfreiheit an die erste Stelle", die in der „Kundgebung" entfaltet wird.

A. Heider-Rottwilm (✉)
Church and Peace e. V., Berlin, Deutschland
E-Mail: heider-rottwilm@church-and-peace.org

© Der/die Autor(en), exklusiv lizenziert durch Springer Fachmedien Wiesbaden GmbH, ein Teil von Springer Nature 2022
H. Stoppel und A. Dörfler-Dierken (Hrsg.), *Gewaltfreiheit zwischen Anspruch und Realität*, Gerechter Frieden,
https://doi.org/10.1007/978-3-658-36304-8_8

Ich setzte mich weder mit den Strukturfragen[1] und den aktuellen Konzepten für die Seelsorge in der Bundeswehr auseinander noch mit der Funktion, die die Seelsorge für die Bundeswehr gesamtpolitisch hat, sondern ich benenne Ebenen und Gesichtspunkte, die meinem Verständnis nach relevant sein müssten, wenn ‚Gottes Ruf in die Gewaltfreiheit' (EKD 2019) das Selbstverständnis und die Arbeit der Seelsorger und Seelsorgerinnen[2] für die Bundeswehr prägen soll.

Die theologischen und friedensethischen Debatten inkl. der – diskussionswürdigen – Entwicklungen in Bezug auf die verteidigungspolitischen deutschen, europäischen und die NATO-Strategien setze ich voraus.

1 Das Selbstverständnis der Seelsorgerin in der Bundeswehr

> Christus ist unser Friede (Eph 2,14). Christus richtet uns durch seine Gerechtigkeit auf und nimmt uns mit auf seinen Weg. Wir sind gerufen, uns aufrecht und mündig mit unseren Kompetenzen und Ressourcen, auch mit unseren Schwächen, an Christi gewaltfreiem Friedenshandeln auszurichten und Verantwortung für einen gerechten Frieden zu übernehmen. (EKD 2019, S. 1)

Pfarrerinnen und Pfarrer der Gliedkirchen im Bereich der EKD sind an ihr Ordinationsgelübde gebunden. Dazu gehört als ein Aspekt der Bezug auf die Grundordnung der eigenen Landeskirche wie auch, zumindest durch

---

[1] S. dazu beispielhaft: Kreissynode Jülich 2020, Thonak 2015, Beckmann 2020, S. 178 ff., Rink 2020, S. 216 ff.
[2] Im Folgenden wechsele ich zwischen Seelsorgerinnen und Seelsorgern, jeweils sind beide gemeint.

deren Zugehörigkeit zur EKD, die Einbindung in die weltweite Ökumene sowie andererseits die Bindung an das eigene, theologisch reflektierte Gewissen. In diesem Spannungsbogen spielen die friedensethischen Reflexionen und Beschlüsse der eigenen Landeskirche und der EKD sowie die Diskussionsprozesse und Beschlüsse des Ökumenischen Rates der Kirchen (ÖRK 2011) und der Konferenz Europäischer Kirchen (KEK 2018) eine wegweisende Rolle und damit auch der Paradigmenwechsel vom Topos vom ‚Gerechten Krieg' zum ‚Gerechten Frieden' in all seinen Dimensionen, wie sie in den landeskirchlichen Synoden, in der EKD-Synode und in der ökumenischen Diskussion präzisiert worden sind.

Diese Dimensionen enthalten ein anspruchsvolles und kritisches Potential auch in Bezug auf die Anforderungen an Seelsorgerinnen und Seelsorger in der Bundeswehr – wie an jede Pfarrerin und jeden Pfarrer im kirchlichen Dienst.

Denn es gilt deutlich zu machen, dass in Bezug auf jeden Konflikt – und damit auch auf mögliche Lösungsstrategien – die vier Ebenen des ‚Gerechten Friedens' im Blick sein müssen (ÖRK 2011):

1. Frieden in der Gemeinschaft – damit alle Menschen frei von Angst leben können,
2. Frieden mit der Erde – damit Leben erhalten bleibt,
3. Frieden in der Wirtschaft – damit alle in Würde leben können,
4. Frieden zwischen den Völkern – damit Menschenleben geschützt werden.

2 Die friedensethische Kompetenz

> Als Christinnen und Christen, die sich im Gottesdienst und im Gebet in den Frieden Gottes stellen, haben wir Anteil an der Friedensbewegung Gottes in diese Welt hinein. Sie bildet den Ausgangspunkt und den Kern der Friedenstheologie und -ethik, die wir als christliche Kirchen in das Ringen um den Frieden in der Welt einbringen. (EKD 2019, S. 1)

Eine Erwartung an den Seelsorger ist, auf dem Hintergrund der aktuellen ökumenischen und EKD-weiten friedensethischen Positionierung diese Dimensionen des ‚Gerechten Friedens' in den Lebenskundlichen Unterricht und in den Diskurs innerhalb der Bundeswehr einzubringen, insbesondere, wenn es um Fragen der Legitimierung militärischer Gewalt zur Durchsetzung von Menschenrechten und damit letztendlich um die Rolle der Bundeswehr etwa in Auslandseinsätzen (vgl. Thonak 2012, S. 224 ff.) geht.

Dazu gehört auch die Kommunikation von Forschungsergebnissen über Praxis und Effektivität der gewaltfreien Konflikttransformation, über die es glücklicherweise inzwischen zunehmend (wenn auch immer noch zu wenig) empirisch abgesicherte Untersuchungen gibt,[3] ebenso wie alternativer Konzepte für Transformationsprozesse, wie sie bundesweit und inzwischen auch europaweit weiterentwickelt und konkretisiert werden (Initiative Sicherheit neu denken 2019).

---

[3] So etwa Chenoweth und Stephan 2021, vgl. ICNC 2021. Vgl. auch Berghof Foundation 2021.

3 Die methodische Kompetenz

> Es gibt erprobte Konzepte und Instrumente dafür, Wege aus Gewalt und Schuld zu finden, einander vor Gewalt zu schützen und Versöhnungsprozesse zu gestalten – in Friedenszeiten wie in Krisen- und Kriegssituationen. Auf dem Weg der Gerechtigkeit und des Friedens hören wir Gottes Ruf in die Gewaltfreiheit. Wir folgen Jesus, der Gewalt weder mit passiver Gleichgültigkeit noch mit gewaltsamer Aggression begegnet, sondern mit aktivem Gewaltverzicht. (EKD 2019, S. 2)

Zu erwarten ist ebenfalls, dass Pfarrerinnen in einem so der Alternativen bedürftigen Umfeld wie der Bundeswehr über aktives Wissen und eigene Erfahrungen mit Methoden der gewaltfreien Konflikttransformation verfügen, am besten durch eine entsprechende Ausbildung (zum Beispiel „gewaltfrei handeln e. V." 2021). Was ‚aktiver Gewaltverzicht' bedeutet, muss verstanden, gewollt und eingeübt werden. Entsprechend sollten Inhalte und Methoden in die Curricula des Lebenskundlichen Unterrichts integriert werden.

So können sowohl in der Gestaltung von Unterrichts- und Gruppenprozessen als auch in der Reaktion auf interne Konflikte wie in der Verarbeitung beruflicher Konflikte (zum Beispiel in Einsätzen) Erfahrungsräume für die Soldatinnen und Soldaten wie auch der Vorgesetzten entstehen, die langfristig Einstellungen und Haltungen prägen. Inwieweit diese sich auswirken auf das Funktionieren von Befehl-Gehorsam-Strukturen vs. Gewissensschärfung und -prüfung und damit schon inhärente Spannungen verschärfen bzw. Verhaltens- und Handlungsspielräume eröffnen, die nicht vorgesehen sind, wird sich jeweils erweisen.

4 Die seelsorgerliche Kompetenz

> Der Friede Gottes überwindet Grenzen, Mächte und Gewalten. Gott steht den Opfern bei. Das geschieht aber nicht durch eine Steigerung der Gewalt, sondern durch Überwindung der Logik der Gewalt: indem Gott Mensch wird und sich in Christus selbst verwundbar macht. (EKD 2019, S. 1)

Eine in Jesu Ruf in die Gewaltfreiheit verwurzelte Seelsorge hilft den Menschen, die sie in Anspruch nehmen, ihre eigenen destruktiven bzw. gewaltbereiten Anteile sowie ihre Verwundbarkeit und ggf. Verwundungen zu erkennen und anzuerkennen und sich damit auseinanderzusetzen. Sie begleitet sie auf dem Weg, der sie frei macht von Verkrümmungen und Zwängen und ermöglicht es ihnen, die in Jesus Christus geschenkte Versöhnung anzunehmen und zu leben. Das bedeutet – selbstverständlich – die Begleitung in Lebenskrisen und -konflikten. Das bedeutet die Sensibilität für die Fragen, die sich aus der Tätigkeit als Soldatin ergeben. Wer in die Bundeswehr geht, bringt die Bereitschaft zu Gewaltanwendung mit, das heißt die Motive und Konsequenzen müssen Thema werden. Was heißt es, den eigenen Tod und/oder den anderer in Kauf zu nehmen bzw. sich aktiv daran zu beteiligen? (Schiewek 2020, S. 85 ff.)

In Zeiten der Wehrpflicht waren die öffentliche Debatte wie die persönliche Seelsorge und Begleitung für Menschen, die den Wehrdienst verweigern wollten, selbstverständlich. Und damit auch die Herausforderung, sowohl den Dienst mit der Waffe als auch die Verweigerung politisch, ethisch und theologisch zu begründen.

Und auch diejenigen, die innerhalb der Bundeswehr Zweifel entwickelten und deshalb doch noch verweigern wollten, verließen sich darauf, dass die Seelsorgerinnen für sie verlässliche Begleiterinnen in diesem Klärungs- und Umsetzungsprozess waren.

Da sich die Situation durch die Freiwilligkeit des Wehrdienstes und die damit verbundenen Rahmenbedingungen fundamental verändert hat, ist es umso wichtiger, die Frage nach der persönlichen Gewissensentscheidung offenzuhalten – und spüren zu lassen, dass der Seelsorger für diesen Klärungsprozess unterstützender Begleiter ist.

5 Die liturgische Kompetenz

Als Teil der Friedensbewegung Gottes in diese Welt hinein verpflichten wir uns, in unseren eigenen Strukturen und Veränderungsprozessen, in unserem täglichen Handeln sowie in den gesellschaftlichen und politischen Herausforderungen um Gottes Frieden zu bitten, ihn beständig zu suchen und für Gerechtigkeit und Frieden einzutreten. Wir sind unterwegs in dem Vertrauen, dass Gott unsere Füße auf den Weg des Friedens richtet (Lk 1,79). (EKD 2019, S. 7)

Zu den Aufgaben der Seelsorge in der Bundeswehr gehören Gottesdienst und Kasualien in verschiedensten Situationen. Die den ganzen Erdenkreis befreiende Botschaft von dem Gott, der in Jesus ein verwundbarer Mensch und Bruder wurde, die durch Leben, Tod und Auferstehung Jesu bezeugte versöhnende Liebe Gottes, der Ruf in die Feindesliebe – sie zu verkündigen steht im Zentrum. Dazu gehört, in Verkündigung und Liturgie, in Liedern und Gebeten in nicht-hierarchischer Sprache von Gott zu sprechen, Gott nicht auf ein Geschlecht festzulegen und alles hierarchische, patriarchale und triumphalistische Reden, Singen und Verkünden zu ersetzen durch eine Theologie, Spiritualität und Liturgie der Gewaltfreiheit. Und sich Situationen zu verweigern, in denen anderes erwartet wird.

6 Die prophetische Kompetenz

> Der Friede Gottes ist umfassend; unsere Umsetzungen sind partikular. Gottes Frieden umfasst ein Leben in Würde, den Schutz vor Gewalt, die Bewahrung unserer Lebensgrundlagen, den Abbau von Ungerechtigkeit und Not, die Stärkung von Recht, Freiheit und kultureller Vielfalt…
>
> Der neue Himmel und die neue Erde, in der sich Gerechtigkeit und Friede küssen, liegen uns noch voraus. Aber wir gestalten schon im Hier und Jetzt mit Hoffnung und Ausdauer, mit Klarheit und Mut eine Friedensordnung. (EKD 2019, S. 1)

Eine aktive Rolle der Pfarrerin in der Bundeswehr als diejenige, die für das Thema ‚aktiver Gewaltverzicht' im Kontext eines Konzeptes des ‚Gerechten Friedens' steht, heißt auch, die Ursachen (zum Beispiel Kolonialismus, Rassismus), die ökonomischen, sozialen, klimatischen etc. Dimensionen sowie die eigene Verwobenheit (zum Beispiel durch Rüstungsproduktion und -exporte) und Interessen der deutschen Regierung bzw. ihrer Bündnispartner ins Bewusstsein zu heben.[4] Auf diesem Hintergrund ist dann die Frage zu stellen, wie eine angemessene, verantwortbare Intervention aussehen müsste.

---

[4] Vgl. dazu auch die in EKD 2019 angesprochenen Themen: Gesellschaftlicher Frieden, Die europäische Verantwortung für den Frieden, Herausforderungen durch Autonomisierung, Cyberraum und Atomwaffen

Dies sollte unter anderem dazu beitragen,

- dass die ernsthafte Auseinandersetzung mit den historischen und aktuellen Dimensionen (s. o.) von Konflikten, in die eingegriffen werden soll, Voraussetzung für ein verantwortliches Entwickeln von Strategien ist,
- dass Themen wie Kultursensibilität, Gendersensibilität, Menschenrechte, Menschenwürde, Rolle der Religionen für den jeweiligen konkreten Kontext erarbeitet werden und jegliche Interaktion prägen,
- dass eine intensive Klärung der diversen alternativen Handlungsmöglichkeiten geschieht,
- dass auf allen Ebenen der Bundeswehr alternative Handlungsmöglichkeiten zur militärischen Intervention, das heißt gewaltfreie Konflikttransformation, erprobt/eingeübt/standardisiert werden.

Dies ist ein Anforderungsprofil an die gesamte Bundeswehr wie auch an die einzelnen Standorte/Handlungsfelder. Die Auseinandersetzung damit kann in einer Bundeswehr mit dem Auftrag, im Zweifelsfall bzw. als *ultima ratio* zu tödlicher Gewalt zu greifen, und zugleich mit dem Anspruch, eine Truppe mündiger Bürgerinnen zu sein, nicht an die politischen Entscheidungsträgerinnen oder auf die Einbindung in militärische Bündnisse abgeschoben werden. Und dieses Anforderungsprofil müsste sicher zu einer Neuformulierung des ‚Vertrages über die Seelsorge in der Bundeswehr' führen. Dabei geht es um die kritische Solidarität mit den Menschen und zugleich um eine (dem Thema angemessene) kritische Distanz zu den aktuellen Strukturen der Bundeswehr wie zu den aktuellen sicherheitspolitischen Konzepten.

Ich bin mir dessen bewusst, dass das skizzierte Eintreten der Seelsorge in der Bundeswehr für die konsequente

Umsetzung des ‚aktiven Gewaltverzichts' ein Widerspruch in sich selbst bedeutet, etwa wenn es um den Lebenskundlichen Unterricht oder um die Begleitung von Auslandseinsätzen[5] geht. Aber auf dem Hintergrund der oben skizzierten EKD-weiten und ökumenischen friedenstheologischen Herausforderungen müsste es zentraler Inhalt des Selbstverständnisses und des Dienstauftrags jeder Theologin und jedes Theologen in jeder Funktion – von Bischöfin für die Seelsorge in der Bundeswehr über die Dekane bis zur Seelsorgerin – sein, in diesen verschiedenen Dimensionen und Handlungsfeldern eine glaubwürdige Zeugin des Evangeliums des Friedens und damit auch des ‚aktiven Gewaltverzichts' zu werden.

Ein anspruchsvoller Auftrag in einem Umfeld, in dem es bei den Entscheidungen letztendlich um Leben und Tod geht!

Literatur

Beckmann, Klaus. 2020. „…dass sie noch einen anderen Herrn haben". Seelsorge in der Bundeswehr zwischen Autonomie und Abhängigkeit. In *Seelsorge in der Bundeswehr. Perspektiven aus Theorie und Praxis*, hrsg. von Isolde Karle und Nicklas Peuckmann, 167–186. Leipzig: Evangelische Verlagsanstalt.

---

[5] Eine Herausforderung infolge der aktiven Teilnahme von Soldaten an Gefechtshandlungen im Auslandseinsatz ist etwa die ‚Subkultur des Kämpfertypus': „Dabei sehen sich die betreffenden Soldatinnen und Soldaten nicht in der geforderten Rolle des ‚Peacekeepers', die sich in einem unbefriedigenden Bild des ‚Entwicklungshelfers in Uniform' oder des ‚Brunnenbohrers' erschöpft. Vielmehr bietet sich ihnen ein überschaubares militärisches Aufgabenspektrum, mit dem bewaffneten Kampf als zentralem Kern, als ein attraktiveres und klareres Selbstbild an." (Fritz 2019, S. 190 f.)

Berghof Foundation. 2021. Berghof Handbook for Conflict. https://berghof-foundation.org/library/berghof-handbook-for-conflict-transformation. Zugegriffen: 15.04.2021

Chenoweth, Erica und Maria J. Stephan. 2021. *The Role of External Support in Nonviolent Campaigns. Poisoned Chalice or Holy Grail?*. Washington, DC: International Center on Nonviolent Conflict.

Evangelische Kirche in Deutschland (EKD). 2019. Kundgebung der 12. Synode der Evangelischen Kirche in Deutschland auf ihrer 6. Tagung „Kirche auf dem Weg der Gerechtigkeit und des Friedens". https://www.ekd.de/kundgebung-ekd-synode-frieden-2019-51648.htm. Zugegriffen: 15.04.2021.

Fritz, Philipp. 2019. Die Einsatzkultur der Bundeswehr. Deutsche Militärangehörige und das einsatzbezogene Selbstverständnis. In *Hinschauen! Geschlecht, Rechtspopulismus, Rituale. Systemisches Problem oder individuelles Fehlverhalten? 8. Workshop des Arbeitskreises „Innere Führung im Einsatz" 2017*, hrsg. von Angelika Dörfler-Dierken, 185–196. Norderstedt: Carola Hartmann Miles-Verlag.

gewaltfrei handeln e.V. 2021. Willkommen. https://www.gewaltfreihandeln.org. Zugegriffen: 3. Februar 2021.

Initiative Sicherheit neu denken. 2019. Sicherheit neu denken. https://www.sicherheitneudenken.de. Zugegriffen: 3. Februar 2021.

International Center on Nonviolent Conflict (ICNC). 2021. Groundbreaking New Study. The Role of External Support in Nonviolent Campaigns. https://www.nonviolent-conflict.org/groundbreaking-new-study-the-role-of-external-support-in-nonviolent-campaigns/. Zugegriffen: 11.03.2021.

Konferenz Europäischer Kirchen (KEK). 2018. Ausschuss für Öffentliche Angelegenheiten. Erklärung. https://www.ceceurope.org/wp-content/uploads/2018/07/GEN_PUB_01_Public_Committee_Draft_Report_REVISED_2_Antje_DE.pdf. Zugegriffen: 3. Februar 2021.

Kreissynode Jülich. 2020. Beschluss der Ordentlichen Kreissynode Jülich vom 3.10.2020 in Düren TOP 5 c) Militärseelsorge. https://www.versoehnungsbund.de/sites/default/files/2020-10/KK_J%C3%BClich_Beschluss_5c_Milit%C3%A4rseelsorge.docx-1.pdf. Zugegriffen: 3. Februar 2021.

Rink, Sigurd. 2020. Auf Spannung angelegt. Zur Transformation der Seelsorge in der Bundeswehr. In *Seelsorge in der Bundeswehr. Perspektiven aus Theorie und Praxis*, hrsg. von Isolde Karle und Nicklas Peuckmann, 205–222. Leipzig: Evangelische Verlagsanstalt.

Schiewek, Werner. 2020. Heroismus in der Seelsorge. Über Chancen, Risiken und Nebenwirkungen einer seelsorglichen Ressource in Militär und Polizei. In *Seelsorge in der Bundeswehr. Perspektiven aus Theorie und Praxis*, hrsg. von Isolde Karle und Nicklas Peuckmann, 85–98. Leipzig: Evangelische Verlagsanstalt.

Thonak, Sylvie. 2012. Evangelische Militärseelsorge und Friedensethik. *Evangelische Theologie* 72 (3): 221-238.

Thonak, Sylvie. 2015. Ecclesia extra ecclesiam. *Deutsches Pfarrerblatt* 11.

Zentralausschuss des Ökumenischen Rats der Kirchen (ÖRK). 2011. Ein ökumenischer Aufruf zum gerechten Frieden. http://www.gewaltueberwinden.org/de/materialien/oerk-materialien/dokumente/erklaerungen-zum-gerechten-frie/ein-oekumenischer-aufruf-zum-gerechten-frieden.html. Zugegriffen: 3. Februar 2021.

Evangelische Seelsorge in der Bundeswehr unter dem Anspruch der Gewaltfreiheit
Eine militärseelsorgliche Perspektive

Roger Mielke

1 Zur Fragestellung

Die Friedensdenkschrift der EKD aus dem Jahr 2007, „Aus Gottes Frieden leben – für gerechten Frieden sorgen" ist bis heute der normative Bezugspunkt der Friedensethik des deutschen Protestantismus (EKD 2007). Sie ist damit auch der Rahmen für das Selbstverständnis und für die Arbeit der Evangelischen Seelsorge in der Bundeswehr. Dies hat die gewichtige Konsequenz, dass die Militärseelsorge inhaltlich der Friedensbotschaft des Evangeliums verpflichtet und damit Teil der kirchlichen Friedensarbeit ist. Pointiert hält die Friedensdenkschrift fest: „Zu den zentralen Aufgaben evangelischer Soldatenseelsorge

---

R. Mielke (✉)
Evangelisches Militärpfarramt Koblenz III, Zentrum Innere Führung, Koblenz, Deutschland

gehört die Schärfung und Beratung der Gewissen im Sinn der friedensethischen Urteilsbildung der Kirche." (EKD 2007, Z. 66) Wenn sich die evangelische Kirche in einer Denkschrift äußert, geschieht dies in der Regel als Ergebnis eines längerfristigen Beratungsprozesses, in dem sich ein mehr oder weniger umfassender Konsens ausgebildet hat, den eine Denkschrift dann formuliert und expliziert. So war es auch in der Friedensdenkschrift von 2007. Die große Leistung der Friedensdenkschrift von 2007 war es, nach jahrzehntelangen oft heftig polarisierten Debatten eine fragile Balance zwischen konkurrierenden Paradigmen evangelischer Friedensethik erreicht zu haben. Im Konzept des „legal pacifism", des liberalen Rechtsfriedens, waren die pazifistische Traditionslinie einer deontologischen Ethik kategorischer Gewaltfreiheit und die ‚realistische' Traditionslinie einer güterethischen oder konsequentialistischen Hochschätzung der politischen Institutionen unter Einschluss rechtlich gebundener militärischer Gewalt zum Ausgleich gebracht. Genau dieses konzeptionelle Gleichgewicht sieht sich in den gegenwärtigen Debatten einer scharfen Kritik ausgesetzt, die in den Beratungen der EKD-Synode des Jahres 2019 zu ihrem friedensethischen Themenschwerpunkt zum Ausdruck kam, ohne doch im eigentlichen Sinne ausgewiesen zu sein. Das Abschlussdokument der Synodaltagung von 2019 trägt, einer Reihe von gliedkirchlichen Diskussionsprozessen folgend, eine eindeutig pazifistische Handschrift (EKD 2019). Die Legitimität des Einsatzes militärischer Gewalt als einer *ultima ratio,* in der Friedensdenkschrift 2007 noch festgehalten wird, wird hier grundlegend in Frage gestellt (Fischer 2019). Die Koordinatenverschiebung evangelischer Friedensethik äußert sich auch in kritischen Fragen an die Militärseelsorge: ob ihre Einbindung in den militärischen Apparat nicht zu einer Art von Komplizenschaft in der Gewaltausübung führt, die das kirchliche Zeugnis für den Frieden unklar macht oder beschädigt. Die Frage nach dem „Anspruch" der Gewaltlosigkeit variiert sich zur kritischen Anfrage an die Militärseelsorge: Wie verhält sie sich zum Prozess der Schärfung evangelischer Friedensethik? Stellt sie sich dem Anspruch der Gewaltfreiheit, oder weicht sie ihm aus?

Die folgenden Überlegungen versuchen eine grundsätzliche theologische Besinnung auf Gewaltfreiheit. Sie skizzieren den Dienst der Militärseelsorgerinnen und Militärseelsorger im Horizont einer ‚konkreten' Ethik des Soldatenberufes und betten diese in eine Ethik des Politischen ein, die mit Figuren der Zwei-Reiche-Lehre argumentiert. Die Militärseelsorge, so lautet die hier vertretene These, steht in exemplarischer Weise für die Spannung zwischen der von Gewalt bedrohten Komplexität des Politischen einerseits und dem Evangelium des Friedens andererseits. Gerade im Austrag dieser Spannung leistet die Militärseelsorge sowohl der Kirche als auch dem politischen Gemeinwesen einen unverzichtbaren Dienst.

2 Gewaltfreiheit zwischen Zuspruch und Anspruch (Barmen II)

Wie lässt sich nun die Wendung vom „Anspruch der Gewaltfreiheit" verstehen? Der Leitbegriff der Gewaltfreiheit bleibt im Modus der Negation auf Gewalt bezogen. Gewalt sei hier verstanden als zwingende und im Ernstfall tödliche militärische Gewalt, sei es – das wären die beiden Enden einer in sich höchst differenzierten Skala – als *violentia* in ihrer Gestalt als pure zerstörerische Gewalt, sei es aber auch als rechtlich gebundene Gewalt, als legitime *vis* im staatlichen Handeln (Meßelken 2018). Dass dem Bösen (Dalferth 2010) *letztlich* nicht durch zwingende

Gewalt zu wehren sei, sondern dass die Gewalt des Bösen in einem „wunderlich Krieg" (M. Luther EG 104,4) durch das stellvertretende Leiden Christi überwunden werde, ist, *brevissime* ausgedrückt, Prinzip und Pointe der Kreuzestheologie. Damit ist der Topos der Gewaltfreiheit zurückgebunden in das trinitätstheologisch zu beschreibende Zentrum des christlichen Glaubens: „Gott war in Christus und versöhnte die Welt mit ihm selbst." (2 Kor 5,19) Gewaltfreiheit und Versöhnung als christologische und davon abgeleitet als ethische Kategorien sind auf das engste verbunden. Diesen Zusammenhang können wir hier nicht weiter verfolgen. Jedenfalls: In diesen Horizont ist auch eine jesuanisch inspirierte Friedenstheologie und ein ihr entsprechendes messianisches Ethos der Gewaltfreiheit eingebettet. So verstanden ist der Leitbegriff der Gewaltfreiheit keine politisierende Verengung des Evangeliums oder ein Nebenthema, sondern von fundamentaler Bedeutung für das christliche Leben. Gewaltfreiheit nimmt Maß am rettenden und versöhnenden Handeln Gottes in Jesus Christus (Wüstenberg 2017). So hält es auch die EKD-Friedensdenkschrift von 2007 fest: „Das christliche Ethos ist grundlegend von der Bereitschaft zum Gewaltverzicht (Mt 5,38 ff.) und vorrangig von der Option für die Gewaltfreiheit bestimmt." (2007, Ziff. 60). ,Ethos' ist nun zunächst eine vorreflexive, als Lebensform verankerte, dabei aber alltagspraktisch umso wirksamere Orientierung im Handeln (Jaeggi 2014). Dies heißt auch: Ein Ethos der Gewaltfreiheit ist unterschieden von einem universalisierungsfähigen moralischen Prinzip christlichen Handelns, es ist auch anderes als ein ,Gut' im ethischen Sinne, ein Handlungsziel, das dann auch, als ,Wert', affektiv besetzt sein kann. Ein Ethos der Gewaltfreiheit kann vielmehr als eine Grundhaltung des christlichen Lebens beschrieben werden. Gewaltfreiheit ist in diesem Verständnis eine Tugend, ein Habitus, der durch Übung und stützende Gemeinschaft, durch kollektive Praxis im Fühlen, Denken und Handeln von Individuen verankert ist. Offen bleibt dabei zunächst die Frage, wie dieses Ethos über die partikulare Gemeinschaft der christlichen Gemeinde hinaus moralisch, das heißt allgemein und unbedingt, verpflichtend werden kann, und wie es in einer reflexiven Ethik wirksam wird, wo es um konkurrierende Pflichten, Rechte, Tugenden und Güter geht.

Für christliche Orientierung im Handeln aber ist entscheidend, dass dieses Ethos der Gewaltfreiheit Praxisform des Evangeliums von Jesus Christus ist, zutiefst verbunden mit der Botschaft von der versöhnenden und friedensstiftenden Liebe Gottes. Das Evangelium von Jesus Christus ist im Kern eine Praxis der Gewaltfreiheit, es ist vom Geist Christi bestimmt (Fischer 2019), Friede wächst als Frucht des Geistes (Gal 5,22 u. ö.). Das Ethos der Gewaltfreiheit ist also, bevor es „Anspruch" sein kann, zunächst „Zuspruch", wirksame Promissio, ein von Gott in Jesus Christus eröffneter Raum des versöhnten Lebens in Zeit und Ewigkeit: „Wie Jesus Christus Gottes Zuspruch der Vergebung aller unserer Sünden ist, so und mit gleichem Ernst ist er auch Gottes kräftiger Anspruch auf unser ganzes Leben." (Barmer Theologische Erklärung, These II).

Die Kirche als Gemeinschaft der Christinnen und Christinnen lebt aus diesem von Gott gestifteten und geschenkten Frieden. Erst von diesem grundlegenden ‚Zuspruch' her kann Gewaltfreiheit zum ‚Anspruch' werden, sich vom friedenstiftenden Handeln Gottes im eigenen individuellen und gemeinschaftlichen Handeln leiten zu lassen, diesem Handeln zu entsprechen (Phil 2,5). Mit einer klassischen Figur reformatorischer Theologie gesprochen geht es um die Unterscheidung von Gesetz und Evangelium: Wo die Unterscheidung von

Gesetz und Evangelium dahinfällt, triumphiert das Gesetz. Die rechtfertigende, rettende und freisprechende Kraft des Evangeliums geht verloren, der Mensch bleibt mit sich und einer unmöglich zu erfüllenden Forderung allein. Das Ethos der Gewaltfreiheit aber ist eine Gestalt des politischen Gebrauchs des Gesetzes, des *usus politicus legis,* der Frieden und Gerechtigkeit ermöglicht. Im schlechten Sinne kann sich das Ethos der Gewaltfreiheit aus dieser Verklammerung mit der Praxis des Evangeliums lösen, zur politischen Ideologie – und damit zum richtenden Gesetz werden. Eindeutig ist der Zuspruch des Evangeliums, ambivalent ist der Anspruch, der sich daraus ergibt – mit diesen Ambivalenzen hat es evangelische Friedensethik und hat es die Ethik des Politischen im Ganzen zu tun. Unter diesem Zuspruch und Anspruch steht die Kirche – und mit ihr die Militärseelsorge.

Wir kehren damit zurück zu den kritischen Anfragen an die Militärseelsorge: Macht sich die Kirche in der Militärseelsorge zum Komplizen einer gewaltförmigen Politik? Verspielt die Kirche mit ihrem Festhalten an der Militärseelsorge im Horizont des Vertrages von 1957 ihre Freiheit und ihren Auftrag, Zeugin des Friedens zu sein? Diese Fragen darf sich die Militärseelsorge nicht nur von außen stellen lassen, um sie dann womöglich defensiv und apologetisch zu beantworten. Diese Fragen gehören vielmehr in das selbstkritische Repertoire der Militärseelsorge und lauten dann: Werden die Militärgeistlichen ihrem Auftrag gerecht, für Gewaltfreiheit einzutreten, die Friedensbotschaft des Evangeliums auszurichten und selbst Friedensboten zu sein? Wenn dies grundsätzlich so ist, dann kann die Militärseelsorge als ein im Grundsatz gerechtfertigtes, erlaubtes und gebotenes kirchliches Handlungsfeld gelten. Ob es aber so ist, lässt sich nicht im Raum abstrakter Diskurse (etwa über Gewaltfreiheit an sich) oder mit einem rein strukturellen Blick entscheiden. Der Blick muss sich auf die Strukturen (ihre beschränkende und ermöglichende Funktion), aber ebenso auf Akteure und Prozesse richten. Was tut Militärseelsorge wirklich – und haben Praktiken der Gewaltfreiheit darin ihren Ort?

3 Militärseelsorge im Horizont konkreter Ethik

Was also tun Militärgeistliche konkret, worin besteht ihr Dienst? Militärgeistliche begleiten als Seelsorgerinnen und Seelsorger, sie feiern Gottesdienste und Andachten und sie unterrichten. Diese Tätigkeiten können allesamt Orte sein, an denen Praktiken des Friedens und der Versöhnung präsentiert, erkundet und auch eingeübt werden können. Ich konzentriere mich im Folgenden auf die Fragen ethischer Bildung in unterrichtlichen Kontexten, muss allerdings sofort markieren, dass dies eine Verengung ist. Akzeptierende Kommunikation im seelsorglichen Kontext etwa, geistliche Kernpraktiken wie die Feier des Heiligen Abendmahles, aber auch Rituale der Schwellensituationen und Grenzüberschreitung wie Trauerfeiern (Turner 2005) sind Gelegenheiten, Orte und Zeiten, wo ‚Performanz' von Gewaltfreiheit, diskursiv abgerüstet, geschieht. Friedrich Lohmann spricht mit Blick auf die seelsorgliche Praxis von einem auch ethisch bedeutsamen „Angebot assistierter Selbstklärung" (Lohmann 2020).

Besondere Bedeutung unter den Tätigkeiten der Militärgeistlichen hat der Lebenskundliche Unterricht (LKU). Er ist zentrale Säule der ethischen Bildung in der Bundeswehr und wird von den Militärgeistlichen als Fachleuten für Fragen normativer Orientierung erteilt. Diese eingeübte und insgesamt von hoher Wertschätzung getragene Rolle des LKU wird sich unter Umständen mit der geplanten Einführung der neuen Zentralen Dienstvorschrift (ZDv) A 2620/6 „Ethische Bildung in den Streitkräften" verändern (Ackermann 2020). Wird der LKU sein Quasi-Monopol für die Thematisierung ethischer Fragen in der Bundeswehr verlieren, wenn weitere Formen und Orte ethischer Bildung entstehen? Und wenn es so wäre, was würde daraus folgen? Wachsende weltanschauliche und soziale, ethnische und geschlechtliche Diversität in der Bundeswehr könnte zu einer Marginalisierung der Militärseelsorge führen, sodass Militärgeistliche zu bloßen „Ritualbeauftragten" degenerieren könnten. Diese Gefährdung ist nicht aus der Luft gegriffen, man kann ihr allerdings nur durch überzeugende Leistung gerade im Feld ethischer Bildung begegnen. Die Militärseelsorge ist verwurzelt in der erfahrungsgesättigten normativen Sprache christlicher Glaubens- und Lebenspraxis, von der auch säkulare Moral noch zehrt. Moralische Orientierung und ethische Reflexion sind auf den geschichtlich gewachsenen Zeichenvorrat angewiesen, den höchst wirkmächtigen Schatz einer über Jahrhunderte gewachsenen Kultur der ethischen Deliberation, der Spiritualität, der Nächstenliebe und der Selbstsorge. Aber dieser Schatz will erworben, durchgearbeitet und im für die Militärgeistlichen in der Regel fremden Handlungsfeld Bundeswehr kontextsensibel eingesetzt werden – was zunächst eine Aufgabe ist, die die (Selbst-)Bildung der Militärgeistlichen betrifft. Durch ihre Mitarbeit in der ethischen Bildung sind Militärgeistliche Teil von höchst anspruchsvollen Bildungsprozessen, in denen es um Persönlichkeitsbildung geht, um die Ausformung des spezifischen Leitbildes soldatischen Dienstes in den deutschen Streitkräften. Die ZDv A 2600/1 „Innere Führung" spricht vom „gewissensgeleiteten Gehorsam", vom Auftrag „die Gewissen zu schärfen". Im Entwurf der ZDv „Ethische Bildung" wird noch weitergehend und anthropologisch grundsätzlicher die „gewissengeleitete Persönlichkeit" als Ziel der ethischen Bildung benannt. Der Begriff des Gewissens macht vollends deutlich, dass ethische Bildung Unverfügbares adressiert und damit mehr ist als ein ‚Training'. ‚Gewissen' wird hier verstanden als die Instanz, in der moralische Perzeption geschieht, Ort moralischer Sensibilität, an dem sich das normativ und evaluativ Allgemeine (Prinzipien, Regeln, Werte) mit dem Individuellen des spezifischen Lebens- und Handlungskontexts vermittelt und so erst handlungsleitend wird. Gerade hier wird deutlich: Ethik ist selbst Reflexionspraxis. Ihre Aufgabe beginnt, wie die einer jeden ‚Reflexion', als Rückwendung des Denkens auf seine eigenen Ermöglichungsbedingungen (Henrich 1987). Auslösend für ethische Deliberation, also den kommunikativen Prozess des Für und Wider in der Personmitte und zwischen Personen, ist die Erfahrung, dass die Selbstverständlichkeit eines immer schon gelebten Ethos, aber auch der Allgemeinheitsanspruch der Moral fraglich und brüchig werden. Soldaten erleben das vielfach in ihrer Berufswirklichkeit. Ethische Bildung verstärkt diese Fraglichkeiten. Ob sie auch nur überwiegend dem militärischen Anspruch genügt „Handlungssicherheit" (ZDv A 2600/1, 645) zu fördern, ist nicht ausgemacht. Ethische Bildung (auf den Unterschied zu „Ausbildung" gehe ich hier nicht weiter ein) verunsichert auch, und unter Umständen ist genau dies ihre Aufgabe. Das ist nicht jedem militärischen Führer recht, und nicht selten ist die Frage zu hören, ob ethische Bildung nicht schwächt, weil sie Zeit, Energie und damit ‚Arbeitsspeicher' verbraucht, der in der Fülle der alltäglichen Aufgaben in der Truppe knapp genug ist.

Im Grundsatz aber ist genau diese kritische Funktion ethischer Reflexion vom Dienstherrn gewollt. Das viel strapazierte Bild des „Staatsbürgers in Uniform" (14mal in der ZDv Innere Führung) stellt genau diese Spannung zwischen der Rolle des Bürgers und des Soldaten in den Fokus. Die Vorschrift formuliert aber genau so klar die Aufgabe, „die Erfordernisse des militärischen Auftrages mit der geistigen und moralischen Mündigkeit des Staatsbürgers in Einklang zu bringen." Ob sich dieser „Einklang" allerdings einstellt, ist, wie bei allen funktionalen Zuschreibungen von Bildungsprozessen, letztlich nicht planbar. Strukturell bildet die politisch gewollte Rolle der Militärseelsorge genau diese Doppelung zwischen Bürger und Soldat ab: Außenperspektive im Innenraum der Streitkräfte. Wirksam werden kann diese Position aber nur, wenn die Nähe eines mit den Soldaten geteilten Alltags und die Distanz des Zivilisten und im Dienst der Kirche stehenden Pfarrers spannungsreich in ein- und derselben Person verbunden sind: Dies meint das Diktum von der „kritischen Solidarität", mit der die Militärseelsorge den Dienst der Soldatinnen und Soldaten begleitet (Ackermann 2020).

Ethik funktioniert in diesem System als ‚Reflexionspraktik'. Sie ist auf andere Praktiken, Bündel von Verhaltensweisen, bezogen, die zu einem großen Teil aus mehr implizitem Wissen, körperlich verankerten Routinen, zu Gewohnheit gewordenem Verhalten bestehen, auf die sich dann ‚Diskurse' beziehen, das heißt explizites und reflexives Wissen, Abwägungen, Argumente, Geben und Nehmen von Gründen (Reckwitz 2010). Die Bereichsethiken des Militärischen sind Reflexionspraktiken, eingebettet in die normativen Fragen des soldatischen Dienstes und seine höchst speziellen Konkretionen – in denen es wie in keinem anderen Beruf um Leben und Tod, im Extremfall um „Kämpfen, Töten und Sterben" geht (Neitzel und Welzer 2012). Militärische Berufsethik ist daher in besonderer Weise „konkrete Ethik" (Anselm 2020; Siep 2016), die in geduldiger Kasuistik besteht, im kleinteiligen Ausbuchstabieren von „Fällen", in denen oft sehr existentielle Einsatzerfahrungen von Soldaten angesprochen werden. Ethik-Unterricht muss diese Ebene aber erst einmal erreichen, um nicht zur kognitivistisch reduzierten Trockenübung zu verkümmern. Gerade hier geht es um die Verschränkung von Begriff und Anschauung. Kants berühmtes Diktum „Gedanken ohne Inhalt sind leer, Anschauungen ohne Begriffe sind blind" (KrV, B 75) trifft die Aufgabe der Konkretion genau. Daher haben im Ethik-Unterricht auch die körperbezogenen und emotional fokussierenden Methoden einen wichtigen Ort, etwa Strukturaufstellungen, Tetralemma-Arbeit, systemische Skalierungsübungen. (Varga von Kibéd und Sparrer 2018) Sehr beeindruckend ist oft die Ernsthaftigkeit, mit der sich Soldaten diesen Fragen um das „scharfe Ende ihres Berufes" (wie man im Jargon gerne sagt) stellen.

Gerade in dieser Konkretion steht die Frage der Gewaltfreiheit gleichsam von selbst immer im Raum. Ein Beispiel: In dem bekannten Buch „Vier Tage im November" erzählt der Autor, der ehemalige Fallschirmjäger Johannes Clair, eine Begebenheit aus seinem Einsatz in Afghanistan im Jahr 2010. Der Autor beobachtet in einem vorgeschobenen Posten liegend durch die Zieloptik seines Gewehrs, wie ein älterer Mann ein kleines Mädchen mit einem Stein offensichtlich lebensgefährlich zu verletzen droht. Der Soldat empfindet einerseits, verstärkt durch die technisch zugerichtete Fokussierung in der Zieloptik, einen starken Impuls, den höchst aggressiv erscheinenden Angreifer durch einen Schuss unschädlich zu machen, spürt aber andererseits eine ebenso deutliche Hemmung, die den Zeigefinger Millimeter vor dem Druckpunkt der Waffe zögern lässt. Die Sekundenbruchteile dehnen sich. Dann ist es der Kamerad, der ihn anstößt mit der lapidaren und doch eindringlichen

Frage: „Ey, Digger, willst du den einfach erschießen?" (Clair 2017) Wie lautet die Antwort auf diese Frage, die natürlich eine innere Frage ist und den inneren Dialog des Gewissens spiegelt? Etwas in ihm will, etwas anderes zögert, und dann kommt da eine Stimme, die sagt „Lass das". Eine elementare Erfahrung des Gewissens, biographisch-erzählend rekonstruiert und sicher auch idealtypisch vereinfacht und doch genau diese Erfahrung, die aus stoischen Quellen schöpfend in Röm 2,15 beschrieben wird und einen breiten Strom christlicher Gewissenserforschung inspiriert hat: „Sie beweisen damit, dass des Gesetzes Werk in ihr Herz geschrieben ist; ihr Gewissen bezeugt es ihnen, dazu auch die Gedanken, die einander anklagen oder auch entschuldigen." Es geht dabei nicht um eine individualistische Reduktion. Gerade in diesen mikrologisch zu entschlüsselnden Erlebnissen spiegeln sich die Makrophänomene politischer Kontexte. Soldaten bringen aus den Einsätzen häufig eine höchst kritische Haltung gegenüber den unzureichenden Bestimmungen von politischen Zwecken, strategischen Zielen und militärischen Mitteln mit. Die desolaten Folgen des Einsatzes militärischer Gewalt in 20 Jahren Krieg in Afghanistan etwa stehen Soldatinnen klarer vor Augen als den meisten anderen Beobachterinnen. Militärische Berufsethik als Entscheidungs- und Handlungsethik steht nicht im Gegensatz zu einer kritischen Ethik Internationaler Beziehungen, beide fordern einander vielmehr. An dem oben genannten Beispiel lassen sich die Dimensionen der ethischen Fragestellung hervorragend unterscheiden und explizieren: Was soll ich tun? (Handlungsethik mit Güterabwägungen und Pflichtenkollisionen); welche Handlung entspricht meiner Grundhaltung als Soldat – und als Mensch? (Lebensethik, Tugenden, Grundhaltungen), (Schweidler 2018); und die abgründige Frage: Warum und wofür bin ich eigentlich hier? (Ethik der Rechtfertigung). Es ist leicht nachzuvollziehen, wie sich in den drei unterschiedlichen Feldern unausweichlich und in jeweils spezifischer Weise die Frage nach der Gewaltfreiheit stellt, sich gleichsam imponiert, ohne dass sie moralisierend aus einer externen Perspektive erst einzuführen wäre.

Es wurde schon betont, dass die Frage nach der Gewaltfreiheit eng verknüpft ist mit dem Rollenverständnis und der Identität der Militärgeistlichen. Ethik-Unterricht vermittelt kein neutrales Wissen, sondern ist intensiver an die Person des Unterrichtenden gebunden als andere Wissensbestände. Versteht sich der Militärgeistliche als „Friedensstifter" im Sinne des Evangeliums (Mt 5,9), seinen Dienst als „Amt der Versöhnung" (2 Kor 5,18), sich selbst unter Zuspruch und Anspruch der Gewaltfreiheit? Verortet er sich und sie sich damit in all den Spannungen, die sich ergeben aus der prekären Zwischenstellung zwischen Amt, beruflichem Kontext im Militär und personaler Identität?

Um von mir selbst zu sprechen: „Ich beneide Sie, Sie sind ein freier Künstler" – sagte am ersten Tag meines Dienstes in der Militärseelsorge zur Begrüßung in der Dienststelle ein im Übrigen sehr wohlwollender hoher Offizier zu mir. Ich habe das nicht als Kompliment gehört. In der Perspektive des Militärs spiegelte dieses etwas ironische Bonmot aber eine vollkommen zutreffende Wahrnehmung des Seelsorgers: Keine unmittelbare Aufgabe in den militärischen Kernaufgaben, kein Ort in der Hierarchie, nicht Funktionär (auch nicht der Kirche), nicht Techniker, sondern eher so etwas wie „Künstler". Mit dieser Zuschreibung ist der Militärgeistliche aber auch herausgefordert, wirklich zwischen kirchlichem Amt, militärischem Kontext und personaler, „authentischer" Füllung zu spielen (Schilling 2020). Es gibt unter den Militärgeistlichen Virtuosen der „In-Betweenness". Nicht selten aber führt die strukturell vorgegebene Zwischenexistenz (die staatsrechtliche Y-Struktur in personale Identität übersetzt) zu prekärer Rollenunklarheit und Identitätsdiffusion, komplementär dazu mitunter auch zu Übergriffigkeiten seitens des Militärs (Beckmann 2020). Pazifistischen Militärgeistlichen, solchen, die die in der Militärseelsorge gearbeitet haben, um das „System" von innen zu bekämpfen, bin ich selbst nur als Pensionären begegnet. Häufiger und auch gegenwärtig wahrzunehmen, ist eine Versuchung zur Überidentifikation, ein Wunsch nach Zugehörigkeit, der sich etwa als Verlangen äußert, Uniform zu tragen, oder in distanzloser Kameraderie (Evangelische Seelsorge in der Bundeswehr 2019). Wie können die Folgen der (empirisch nicht vermessenen und hier nur auf der schwachen Datenlage der eigenen Beobachtung vermuteten) Rollendiffusion beschrieben werden? Mögliche Hypothesen wären: 1. Rollendiffusion macht aggressiv, hindert also Gewaltfreiheit. Die multiplen Führungskrisen der Militärseelsorge könnten vielleicht als ein Beleg für diese Hypothese angeführt werden. Oder 2. könnte vermutet werden, dass die Akzeptanz der eigenen Schwäche (2 Kor 12,9) auf paradoxe Weise eher handlungsfähig macht (Certeau et al. 2009). Das würde die eigentümliche Kraft eines Ethos der Gewaltlosigkeit plausibilisieren.

Jedenfalls sind die Militärgeistlichen nicht ohne kräftige Ressourcen: Identitätsarbeit und Rollenklärung sind entscheidend, ein wacher Sinn für Ambivalenzen der eigenen Rolle, ein Ethos der Zugehörigkeit zur Kirche, und: Spiritualität, persönlich verantwortetes geistliches Leben, als Ressource für Ambiguitätsmanagement. Vermutlich kann der ‚Anspruch' der Gewaltfreiheit erst vor dem Hintergrund derart geklärter Rollen fruchtbar in die eigene Praxis eingebracht werden.

4 Der Christ und die Christin in den zwei Reichen

An diese Mikroperspektive der Erfahrungen des Dienstes soll nun eine theologische Reflexion der oben beschriebenen Zwischenposition anschließen, in der es um gerechtfertigte Differenzierungen geht. Die christliche Tradition hat eine leistungsfähige Sprache der theologischen Ethik des Politischen entwickelt, in der die oben angesprochenen Differenzierungen angemessen rekonstruiert werden können (Andersen 2010; Brunner 1962; Wolf 1954). Die Lehre von den zwei Regimenten kann im Kern auch als eine Lehre der Differenzierung gelesen werden, in der berechtigte Ansprüche unterschieden und aufeinander bezogen werden. Diese Differenzierung betrifft Zeiten, Räume und Wirkweisen. Das Evangelium des Friedens hat seine Zeit im ‚Zwischenraum', im Interim der „noch nicht erlösten Welt", die von der in Jesus Christus schon vollzogenen Versöhnung herkommt und auf die „Erlösung" hingeht. Diese Zeitbestimmung für die Ethik des Politischen begegnet prominent in dem berühmten der 5. These der Barmer Theologischen Erklärung:

> „Die Schrift sagt uns, dass der Staat nach göttlicher Anordnung die Aufgabe hat in der noch nicht erlösten Welt, in der auch die Kirche steht, nach dem Maß menschlicher Einsicht und menschlichen Vermögens unter Androhung und Ausübung von Gewalt für Recht und Frieden zu sorgen."

Die Zeit des Politischen ist die Zeit des „noch nicht". Dies ist auch die Zeit der Kirche: die „Frist" zwischen Pfingsten und der Vollendung der vergehenden Welt. Ohne diesen eschatologischen Rahmen ist christliche

Ethik nur in verdünnter Form zu denken. In dieser Zwischenzeit schafft Gottes Geist Neues, werden Menschen in die Nachfolge Christi gerufen und stehen damit unter dem Anspruch der Gewaltfreiheit – aber eben in einer gewaltförmigen Welt, die immer noch vom Tod gezeichnet ist und in der die menschliche Destruktivität und das Böse gewaltige Macht haben (Dalferth 2020). In der Perspektive dieser Zeitbestimmung sind die institutionellen Gestalten des gemeinsamen, des ‚politischen', Lebens nicht nur ‚Erhaltungsordnungen', die Leben angesichts zerstörerischer Gewalt schützen. Sie sind darüber hinaus Kooperationsordnungen, in denen begrenzte, mandatierte Ausübung von Gewalt (*vis, potestas* als rechtlich verfasste Macht) legitim ist. In dieser Rahmung und Begrenzung, und zwar ausschließlich in dieser Rahmung und Begrenzung, ist mit der Legitimität staatlicher Gewalt grundsätzlich auch rechtlich gebundene und gehegte militärische Gewalt legitim. Dieses eschatologisch perspektivierte Verständnis des Politischen birgt für säkular verfasste politische Ordnungen einige nicht nur epistemische Zumutungen, gleichwohl eröffnet es Zugänge zu funktional ähnlich ausgerichteten Beschreibungen des Politischen, in denen das Differenzierungsmuster der theologischen Tradition in veränderter Gestalt wiederbegegnet. Das bedeutet auch, das Theologoumenon der zwei Reiche oder Regimente nicht in erster Linie als eine Strategie der Entlastung vom Anspruch der Gewaltfreiheit misszuverstehen. Es geht nicht um eine vermeintliche „Eigengesetzlichkeit" des Politischen (Duchrow 1983) oder um faule Kompromissen mit einem selbst entgrenzten Anspruch politischer Macht. Die Intention zielt gerade in die andere Richtung: Begrenzung des Politischen auf die Aufgabe lebensfördernder Kooperation (Heckel 2016, S. 584–638). Damit behält das Politische sein ernstes, aber begrenztes

Recht, damit ist es auch dem Gebot und der Herrschaft Gottes – nicht der Kirche – unterstellt und rechenschaftspflichtig. Die Unterscheidung der Regimente lässt das Politische politisch bleiben, sie bewahrt es davor, zur Ideologie oder zum Kult zu werden – und umgekehrt begrenzt die Unterscheidung die Kirche und bewahrt sie davor, ihre Botschaft zum Moralismus verkommen zu lassen.

Die Logik der Differenzierung zeigt sich in einer Reihe von vor allem in liberaler Tradition stehenden Beschreibungen des Politischen. Der Sinn der ‚Gewaltenteilung' etwa liegt in der freiheitsermöglichenden Selbstbegrenzung politischer Macht durch Differenzierung (Manent und LePain 2006; Mielke 2012). In sozialtheoretischer Perspektive zeigen Boltanski und Thévenot die mit unterschiedlichen Vergemeinschaftungsformen des Politischen verbundenen Rationalitäts- und Diskursformen: Auch das Geben und Nehmen von Gründen, die „Rechtfertigungspraktiken", funktionieren in verschiedenen sozialen und politischen Kontexten auf unterschiedliche Weise und eine eindimensionale Modellierung einer „öffentlichen Vernunft" im Singular geht an den Differenzen zwischen der „Welt des Marktes", der „staatsbürgerlichen Welt", „der Welt der Inspiration" – um nur diese drei zu nennen – vorbei (Boltanski und Thévenot 2018). Michael Walzers Beschreibungen der unterschiedlichen „Sphären der Gerechtigkeit", denen jeweils auch differente Praktiken der Zuteilung von Gütern und unterschiedliche Vorstellungen distributiver Gerechtigkeit entsprechen, geht in eine ähnliche Richtung (Walzer 2018).

In der spannungsvollen konzeptionellen Balance zwischen der pazifistischen und der güterethischen Tradition evangelischer Friedensethik kehrt nun genau diese interne Differenzierung des Politischen wieder. Sie begegnet diskursiv als Streit, als Zusammenstoß, der immer wieder neu ausgetragen werden muss, wenn sich die Kontexte und Bedingungen früherer Kompromissformulierungen verändern. In diesem Sinne sind auch die derzeitigen Verschiebungen im Koordinatensystem evangelischer Friedensethik nichts Außergewöhnliches oder Bedenkliches. Umwälzungen und Spannungen in den internationalen Beziehungen, globale Aufgaben wie Reaktionen auf den Klimawandel oder die großen Migrationsbewegungen setzen die Argumente, die in einem mehr als 60-jährigen Reflexionsprozess von den „Heidelberger Thesen" bis zur Friedenssynode 2019 entwickelt wurden unter Druck, in gleicher Weise die Antworten, die von einer im Ernstfall legitimen militärisch gestützten Friedenssicherung ausgehen, wie diejenigen, die gerade gegenwärtig einen konsequenten Pazifismus für die einzig verantwortbare Position halten. Diese Spannung muss ausgetragen werden – und dies braucht starke, den Auseinandersetzungen gewachsene Partner. Vermutlich ist es auch nicht hilfreich, die Spannung vorschnell zu harmonisieren oder sie konzeptionell aufzuheben. Figuren, wie diejenige der Komplementarität (beides zugleich) oder des Komparativ (das eine mehr als das andere), vielleicht auch diejenige der Verzeitlichung (jetzt dies, dann das andere) verdecken den sachlichen Gehalt und die Notwendigkeit der Differenzierung. Es scheint so, dass die Zeit für einen neuen Kompromiss wie in der „Friedensdenkschrift" 2007, oder gar für eine neue Synthese noch nicht reif ist. Die Debatte braucht die Spannung. Eine vorschnelle oder schiefe falsche Harmonisierung kann nach zwei Seiten hin geschehen: Zur ‚realpolitischen' Seite hin (Geuss 2008) oder zur pazifistischen Seite hin. „Gesellschaften [...] können unternormativiert oder übernormativiert sein." (Möllers 2015, S. 65).

Gegenwärtig scheint allerdings in den innerkirchlichen und hier vor allem in den synodalen Prozessen der Ruf nach Eindeutigkeit mit Blick auf den „Anspruch der Gewaltfreiheit" zu dominieren. Die Spannung und Ambivalenz des Politischen wird damit verloren, andererseits gerät das Politische unter einen enormen Erwartungsdruck, der es zu überfordern droht. Der Komplexität der Handlungssituationen, sowohl für die Soldatinnen als auch für politische Entscheidungsträgerinnen, weicht man damit aus. Das Ergebnis ist eine Entpolitisierung, eine Moralisierung, die sich den Ambiguitäten nicht mehr stellt, konkrete Handlungsspielräume der Politik kaum noch ausloten kann. Dagegen ist zu sagen: „Gegen Politik hilft nur Politik." (Möllers 2020) Die im eigentlichen Sinne politischen Probleme werden anderen überlassen, die Ethik der Eindeutigkeit wird zu einer Art Identitätspolitik. Dies muss nicht grundsätzlich schlecht sein, wenn eine klare moralische Position der Kirche im gesellschaftlichen Raum vielleicht auch nur zeichenhaft auf mögliche Alternativen hinweist, ohne diese auch *en detail* ausweisen zu können. Aber auch dann muss zumindest ein Gefühl für die Fraglichkeiten und Konkretionen durchscheinen, denen sich die politisch Verantwortlichen stellen müssen. Man kann die Sehnsucht nach moralischer Eindeutigkeit auch differenzierungs- und modernisierungstheoretisch lesen – und begrüßen: Endlich ist Religion konsequent autonom (‚privat') geworden und fungiert nicht mehr als Legitimationsinstanz von Politik. Aber der Preis ist hoch: Moralismus und Rückzug der Kirche in vermeintlich normativ gesicherte Binnenräume. Die Grauzonen, in denen verantwortliches Handeln geschieht, werden dagegen preisgegeben. Aufgabe einer auch politisch auskunftswilligen und anschlussfähigen Friedensethik müsste es aber vielmehr sein, notwendige Komplexitäten und „Spannungen" (Rink 2020) zumindest auszuweisen, gerade um die Debatte darum zu ermöglichen.

Die drängendste Anfrage an eine konsequente und durchgreifende Ächtung militärischer Gewalt richtet sich immer noch darauf, welche Möglichkeiten des Handelns die internationale Gemeinschaft im Falle massiver genozidaler Gewalt hat, wenn sie auf die Anwendung militärischer Mittel im Kontext rechtserhaltender Gewalt grundsätzlich verzichten wollte. Die Stichworte Ruanda und Srebrenica waren im Jahr 2020 anlässlich der 25. Jahrestage der Massaker wieder auf der medialen Tagesordnung – und damit das dramatische Versagen vor allem des Westens. Die Frage nach möglichen Alternativen zum faktisch Geschehenen und zum Versäumten kann hier nicht verfolgt werden. Es geht mit der Nennung dieser emblematischen Situationen politischen Versagens des Westens um die Mahnung, diesen Ernstfällen der Friedensethik nicht auszuweichen. In das Gesamtbild gehören aber auch die Ergebnisse von zwanzig Jahren Krieg in Afghanistan und *global war on terror*, die höchst skeptisch werden lassen gegenüber der Einschätzung, dass der Einsatz militärischer Gewalt nachhaltige Wirksamkeit für einen gerechten Frieden entfalten könne. Und doch wird eine verantwortliche Gesamtabwägung den Einsatz militärischer Mittel im äußersten Falle der Selbstverteidigung und Nothilfe nicht rundweg abweisen können. Aber es gibt noch andere Konkretionen und Beispiele aus dem Forderungskatalog der Gewaltfreiheit, an denen sich die notwendigen Spannungen zeigen: Man kann und sollte gegen gewaltfördernde Rüstungsexporte eintreten und muss doch das relative Recht einer funktionierenden Rüstungsindustrie anerkennen, wenn man überhaupt die Legitimität des demokratischen Staates befürwortet, bewaffnete Streitkräfte zu unterhalten. Man kann Werbekampagnen der Bundeswehr kritisieren – und sollte doch das hohe gesellschaftliche Interesse anerkennen, für die Bundeswehr fähigen und verantwortungsvollen Nachwuchs zu gewinnen. Man muss für einen humanen Umgang mit schutzsuchenden Menschen eintreten – und sollte doch die legitimen Möglichkeiten des nur in umgrenzten Räumen funktionsfähigen Staates anerkennen, Zuwanderung zu steuern und nicht schutzberechtigten Personen den Aufenthalt im Staatsgebiet zu verweigern. Gerade eine an den universalen und unteilbaren Menschenrechten orientierte politische Ordnung wird die politische Frage der Durchsetzung dieser Rechte nicht geringachten dürfen – diese Durchsetzung ist nur im Kontext legitimer staatlicher Ordnung möglich. In jedem einzelnen dieser Konkretionen gilt es zumindest, in die Abwägung einzutreten und die legitimen Aspekte der jeweils anderen Position nachzuvollziehen – und gerade so die Spannungen zu bewahren.

5 Schlussbemerkung: Militärseelsorge als Anwältin der Komplexität

Wie also, so fragen wir abschließend, stellt sich die Militärseelsorge dem Anspruch der Gewaltfreiheit? Die Militärseelsorge kann, wenn ihre kirchliche Einbindung stark ist und ihre ethische Kompetenz angemessen ausgebildet und eingesetzt wird, eine unverzichtbare Anwältin der Komplexität sein. Sie hält den Sinn für die Komplexität moralischer Urteilsbildung und damit auch den „Anspruch der Gewaltfreiheit" innerhalb des Militärs wach – und sie hält den Sinn für die Komplexität des Politischen innerhalb der Kirche wach. Damit leistet sie sowohl dem Militär wie der Kirche einen unschätzbaren Dienst (Beljin und Wüstenberg 2017). Ob sie in ihrer gegenwärtigen empirischen Gestalt dieser Beschreibung als Anwältin der Komplexität wirklich entspricht, ist allerdings eine offene Frage.

Literatur

Ackermann, Dirck. 2020. Ethische Bildung in der Bundeswehr auf neuen Wegen?. Militärseelsorge als Gesprächs- und Kooperationspartner in der Persönlichkeitsbildung von Soldatinnen und Soldaten. In *Seelsorge in der Bundeswehr. Perspektiven aus Theorie und Praxis*, hrsg. von Isolde Karle und Niklas Peuckmann, 235–243. Leipzig: Evangelische Verlagsanstalt.

Andersen, Svend. 2010. *Macht aus Liebe. Zur Rekonstruktion einer lutherischen politischen Ethik*. Berlin: de Gruyter.

Anselm, Reiner. 2020. Sensibilisieren, nicht legitimieren: Die bleibende Aufgabe der Militärseelsorge in der Perspektive der evangelischen Ethik. In *Seelsorge in der Bundeswehr. Perspektiven aus Theorie und Praxis*, hrsg. von Isolde Karle und Niklas Peuckmann, 223–233. Leipzig: Evangelische Verlagsanstalt.

Beckmann, Klaus. 2020. „…dass sie noch einen anderen Herren haben": Seelsorge in der Bundeswehr zwischen Autonomie und Abhängigkeit. In *Seelsorge in der Bundeswehr. Perspektiven aus Theorie und Praxis*, hrsg. von Isolde Karle und Niklas Peuckmann, 167–186. Leipzig: Evangelische Verlagsanstalt.

Beljin, Jelena und Ralf Karolus Wüstenberg (Hrsg.). 2017. *Verständigung und Versöhnung. Beiträge von Kirche, Religion und Politik 70 Jahre nach Kriegsende*. Leipzig: Evangelische Verlagsanstalt GmbH.

Boltanski, Luc und Laurent Thévenot. 2018. *Über die Rechtfertigung. Eine Soziologie der kritischen Urteilskraft*. 2. Aufl. Hamburg: Hamburger Edition.

Brunner, Peter. 1962. Der Christ in den zwei Reichen. In *Pro Ecclesia: Gesammelte Aufsätze zur dogmatischen Theologie*, 341–359. Berlin, Hamburg: Lutherisches Verlagshaus.

Certeau, Michel de, Luce Giard und Michael Lauble (Hrsg.). 2009. *GlaubensSchwachheit*. Stuttgart: Kohlhammer.

Clair, Johannes. 2017. *Vier Tage im November. Mein Kampfeinsatz in Afghanistan*. 5. Aufl. Berlin: Ullstein.

Dalferth, Ingolf U. 2010. *Das Böse. Essay über die kulturelle Denkform des Unbegreiflichen*. 2. Aufl. Tübingen: Mohr Siebeck.

Dalferth, Ingolf U. 2020. *Sünde. Die Entdeckung der Menschlichkeit*. Leipzig: Evangelische Verlagsanstalt.

Duchrow, Ulrich. 1983. *Christenheit und Weltverantwortung. Traditionsgeschichte und systematische Struktur der Zweireichelehre*. 2. Aufl. Stuttgart: Klett-Cotta.

Evangelische Kirche in Deutschland (EKD). 2007. *Aus Gottes Frieden leben - für gerechten Frieden sorgen. Eine Denkschrift des Rates der Evangelischen Kirche in Deutschland*. 2. Aufl. Hannover, Gütersloh: Gütersloher Verlagshaus.

Evangelische Kirche in Deutschland, Synode (EKD). 2019. Kirche auf dem Weg der Gerechtigkeit und des Friedens. Kundgebung der 12. Synode der Evangelischen Kirche in Deutschland auf ihrer 6. Tagung. https://www.ekd.de/kundgebung-ekd-synode-frieden-2019-51648.htm. Zugegriffen: 7. Mai 2021.

Evangelische Seelsorge in der Bundeswehr. 2019. *Begleitung im Licht des Evangeliums. 10 Thesen zum Seelsorgeverständnis*. Berlin.

Fischer, Johannes. 2019. Gewaltlos in einer Zuckerwattewelt: Die Fehler in der Kundgebung der EKD-Synode zu Frieden und Gerechtigkeit. https://zeitzeichen.net/node/7979. Zugegriffen: 5. Mai 2021.

Geuss, Raymond. 2008. *Philosophy and Real Politics*. Princeton: Princeton University Press.

Heckel, Martin. 2016. *Martin Luthers Reformation und das Recht. Die Entwicklung der Theologie Luthers und ihre Auswirkung auf das Recht unter den Rahmenbedingungen der Reichsreform und der Territorialstaatbildung im Kampf mit Rom und den "Schwärmern"*. Tübingen: Mohr Siebeck.

Henrich, Dieter. 1987. Was ist Metaphysik – was Moderne?. Zwölf Thesen gegen Jürgen Habermas. In *Konzepte: Essays zur Philosophie in d. Zeit*, 11–43. Frankfurt/M.: Suhrkamp.

Jaeggi, Rahel. 2014. *Kritik von Lebensformen*. 2. Aufl. Berlin: Suhrkamp.

Lohmann, Friedrich. 2020. Militärseelsorge aus ethischer Perspektive. In *Seelsorge in der Bundeswehr. Perspektiven aus Theorie und Praxis*, hrsg. von Isolde Karle und Niklas Peuckmann, 273–291. Leipzig: Evangelische Verlagsanstalt.

Manent, Pierre. 2006. *A World Beyond Politics? A Defense of the Nation-State*. Princeton: Princeton Univ. Press.

Meßelken, Daniel. 2018. Gewalt – Versuch einer Begriffsklärung. In *Gewalt in der Bibel und in kirchlichen Traditionen*, hrsg. von Sarah Jäger und Ines-Jacqueline Werkner, 13–34. Wiesbaden: Springer VS.

Mielke, Roger. 2012. *Eschatologische Öffentlichkeit. Öffentlichkeit der Kirche und Politische Theologie im Werk von Erik Peterson*. Göttingen: Vandenhoeck & Ruprecht.

Möllers, Christoph. 2015. *Die Möglichkeit der Normen. Über eine Praxis jenseits von Moralität und Kausalität*. Berlin: Suhrkamp.

Möllers, Christoph. 2020. *Freiheitsgrade. Über liberale Elemente im politischen Feld*. Berlin: Suhrkamp.

Neitzel, Sönke und Harald Welzer. 2012. *Soldaten. Protokolle vom Kämpfen, Töten und Sterben*. Frankfurt/M.: Fischer.

Reckwitz, Andreas. 2010. Grundelemente einer Theorie sozialer Praktiken. In *Unscharfe Grenzen: Perspektiven der Kultursoziologie*, 97–130. 2. Aufl. Bielefeld: Transcript.

Rink, Sigurd. 2020. Auf Spannung angelegt: Zur Transformation der Seelsorge in der Bundeswehr. In *Seelsorge in der Bundeswehr. Perspektiven aus Theorie und Praxis*, hrsg. von Isolde Karle und Niklas Peuckmann, 205–219. Leipzig: Evangelische Verlagsanstalt.

Schilling, Erik. 2020. *Authentizität. Karriere einer Sehnsucht*. München: C.H. Beck.

Schweidler, Walter. 2018. *Kleine Einführung in die Angewandte Ethik*. Wiesbaden: Springer VS.

Siep, Ludwig. 2016. *Konkrete Ethik. Grundlagen der Natur- und Kulturethik*. 2. Aufl. Frankfurt/M.: Suhrkamp.

Turner, Victor. 2005. *Das Ritual. Struktur und Anti-Struktur*. Frankfurt/M.: Campus Verlag.

Varga von Kibéd, Matthias und Insa Sparrer. 2018. *Ganz im Gegenteil. Tetralemmaarbeit und andere Grundformen systemischer Strukturaufstellungen – für Querdenker und solche, die es werden wollen.* Heidelberg: Carl-Auer-Systeme Verlag.

Walzer, Michael. 2018. *Sphären der Gerechtigkeit. Ein Plädoyer für Pluralität und Gleichheit.* Frankfurt/M.: Campus Verlag.

Wolf, Ernst. 1954. Politia Christi. Das Problem der Sozialethik im Luthertum. In *Peregrinatio. Studien zur reformatorischen Theologie und zum Kirchenproblem,* 214–242. München: Christian Kaiser.

Wüstenberg, Ralf K. 2017. Vom „Vernarben" der Schuld und Perspektiven der Versöhnung: Drei Impulse ausgehend von Dietrich Bonhoeffer. In *Verständigung und Versöhnung: Beiträge von Kirche, Religion und Politik 70 Jahre nach Kriegsende,* hrsg. von Jelena Beljin und Ralf K. Wüstenberg, 12–19. Leipzig: Evangelische Verlagsanstalt.

Gewaltfreiheit als U-Topie und Un-Möglichkeit
Ausbruch aus der Dichotomie des Gewaltfreiheitsdiskurses

Hendrik Stoppel

1 Einleitung

Dieser Beitrag beschäftigt sich – anders als die Mehrheit der in diesem Band versammelten Beiträge – weniger mit den konkreten politischen Fragen nach dem Einsatz von Gewalt oder mit der kirchlichen Haltung zu diesen Fragen, als damit, in welchem Rahmen solche Fragen eingebettet werden können, um sie zu diskutieren. Dabei soll eine Möglichkeit der Einbettung jenseits der Dichotomie zwischen einer Haltung, die sich – jeweils aus der Perspektive des anderen beschrieben – jeglicher Form von Gewalt nicht stellen kann und einer solchen, für die

---

H. Stoppel (✉)
Forschungsstätte der Evangelischen Studiengemeinschaft,
Heidelberg, Deutschland
E-Mail: hendrik.stoppel@fest-heidelberg.de

institutionalisierte Gewalt über ihre rechtliche Einhegung hinaus kein spezifisch ethisches Problem mehr darstellt, gesucht werden. Oder, positiv gewendet, zwischen einer Position, für die völlige Gewaltfreiheit unter allen Umständen moralisch verpflichtend ist und einer, für die gerade um einer Eindämmung der Gewalt willen die Ausübung von oder Drohung mit Gewalt notwendig sein kann.

Die Annahme einer Dichotomie, vielleicht jeglicher Dichotomie, beschreibt den Blick auf ein Spektrum an Standpunkten, weniger die Ordnung der tatsächlich vertretenen friedensethischen Standpunkte, indem sie dieses Spektrum als ein binäres Feld aus zwei sich gegenseitig ausschließenden Optionen sieht. Man kann die Sinnhaftigkeit einer solchen Dichotomie mit Recht anzweifeln, allerdings strukturiert sie retroaktiv eben doch das Feld der Standpunkte in dann genau zwei Lager. Wenn hier also von den Extremen her gedacht und geschrieben wird, so dient das einerseits der Vereindrücklichung des Gedankenexperiments, hat andererseits aber durchaus auch Anhalt in der Realität, die sich selbst vereinfacht und zugespitzt hat. Die Zuspitzung (als Prinzip genommen), gibt dem Beitrag ungewohnt große Freiheiten in der Auswahl der Gegenstände, anhand derer er seine Gedanken explizieren möchte. Die Gegenstände sind selbst Gedankenexperimente: Texte, die sich auf die Zukunft beziehen, also *per se* auf (bisher) nicht Eingetretenes. Neben den Charakteristiken der jeweils entworfenen Zukünfte soll vor allem auch ihr Verhältnis bzw. ihre Selbst-ins-Verhältnissetzung zu unserer Gegenwart betrachtet werden.

Zunächst kommt es zu einer Auseinandersetzung mit derjenigen (in ihrer Geschlossenheit imaginierten) Position, die sich um die Eindämmung und Zivilisierung von Gewalt bemüht (und durchaus verdient macht), ohne dabei mit ihrer völligen Überwindung zu rechnen.

Danach mit einer spezifisch christlich-religiös begründeten Position der Gewaltfreiheit. Von ihrer Basis aus soll ein Ausbruch aus dem dichotomischen Denkmuster versucht werden, der möglicherweise auch über die stellenweise ebenfalls dichotomische tatsächliche Debattenlage hinausführen kann.

Die Dialektik der Einhegung und Zivilisierung von Gewalt, bis ins Absurde zugespitzt, erzählt eine Folge der originalen Serie aus dem Science Fiction Universum von Star Trek, „A Taste of Armageddon" (Coon und Hamner 1967). Dort begegnet das Raumschiff ‚Enterprise' unter Captain James T. Kirk zwei benachbarten Planeten, die in einem seit 500 Jahre andauernden Krieg stehen. Ein Krieg derartiger Dauer hätte beide Planeten bzw. deren Bewohner nach deren eigenen Einschätzung längst zerstört, hätte man nicht Mittel und Wege gefunden, Gewalt und Zerstörung einzuhegen, indem die gegenseitigen Schläge von Computern gegeneinander geführt werden und die betroffenen Gebiete und menschlichen Opfer von diesen berechnet werden. Die so bestimmten Opfer werden benachrichtigt und finden sich zur ihrer unaufgeregten und schmerzlosen Exekution ein, um den digitalen Kriegshandlungen Rechnung zu tragen. So werde – nach Auskunft eines Repräsentanten eines der beiden Planeten – die wirtschaftliche und materielle Grundlage des Lebens auf beiden Planeten nicht gefährdet.

Dieses Setting ist natürlich höchst fiktiv (fiktional sowieso) und soll auch nicht als Allegorie auf die Zustände verwendet werden, in denen unsere Diskussion sich bewegen muss. Dafür finden sich zu viele eindrückliche Unterschiede und Leerstellen. Über die Gründe des institutionalisierten Krieges, über seine Berechtigung oder deren Fehlen, gescheiterte Alternativen usw. wird nichts gesagt, beziehungsweise narrativ in einer längst entschwundenen Vergangenheit schweben gelassen. Eine

Digitalisierung und vor allem Autonomisierung der Kriegsführung, wie sie erzählt wird, ist zwar heute noch weit stärker ein möglicher Horizont als zur Entstehungszeit des Drehbuchs (Werkner und Hofheinz 2019), die Präferenz für die Zerstörung menschlichen Lebens vor der Zerstörung von Sachwerten – obgleich sie auch für heutige ökonomische Standpunkte repräsentativ sein könnte – würde wohl eher unter umgekehrten Vorzeichen diskutiert werden, als ein Krieg von ‚Robotern' gegen ‚Roboter' mit (zu vermeidenden) menschlichen Kollateralschäden (Altmann 2019, S. 120 f.). Nur ein Aspekt soll hier also eine Rolle spielen: die intelligente, technisch hoch diffizile und kulturell elaborierte Einhegung von kriegerischer Gewalt allgemein (die narrativ durch den einen immerwährenden Krieg vertreten wird), die, wie aus den Redebeiträgen der planetaren Repräsentanten deutlich wird, den Friedensschluss zwischen Planeten, also ein Ende der militärischen Gewalt, innerhalb ihres Horizontes nicht denken kann.

Wie geht nun aber die Geschichte aus? Die ‚Enterprise' wird in einem der Angriffe als Ziel berechnet und konsequenterweise soll sich nun die Besatzung des Schiffs zur Exekution einfinden. Um diesem Ende zu entgehen, zerstört Captain Kirk den Kriegscomputer des einen Planeten, sodass nun beide Parteien vor der Alternative stehen, den Krieg mit echten Waffen und realer Zerstörung fortzuführen oder nun doch Frieden zu schließen. Was sie tun. Nicht ein hehres Ideal von Gewaltfreiheit beendet hier also die reale Gewalt, sondern die Drohung mit ihrer rohen, unbegrenzten Form. Hier kann der Anschluß an tatsächlich existierende friedensethische Positionen wieder gesucht werden, die Gewalt zur Verhinderung noch schlimmerer (im Rahmen der filmischen Erzählung: auf Ewigkeit perpetuierter) Gewalt für zulässig erachten. Die Gründe für das Eingreifen James T. Kirks allerdings können zweifach gedeutet werden – ist es schlicht der

Vermeidung des eigenen Opfers geschuldet oder einer ethischen Abneigung gegen jede (kriegerische) Gewalt?

2 Die biblische Verheißung der Gewaltfreiheit

Man den bisherigen Überlegungen an diesem Punkt schon eine gewisse Parteilichkeit abgespürt haben. Er ist parteiisch darin, dass er Gewalt für ein ethisch zu bearbeitendes Problem hält. Und er ist parteiisch, insofern er davon ausgeht, dass zu den christlichen Verheißungen einer kommenden Welt, dem *Eschaton,* die völlige Abwesenheit von Gewalt gehört, selbst von ‚Gewalt' zwischen Fressfeinden unter den Tieren, auf die der philosophische Gewaltbegriff gar nicht anwendbar ist (vgl. Jes 11,6–9). Gewalt wird nicht nur einfach nicht Teil der erhofften neuen Welt sein, sondern als Übel von ihr ausgeschlossen. Eine Sehnsucht nach der Abwesenheit von Gewalt ist, diesseits von Pathologien, wohl als menschliche Grunderfahrung anzusehen. Wie biblisch so oft, antwortet die Verheißung Gottes auf die Sehnsucht seiner Schöpfung. Am Anfang steht also die Gewalterfahrung von Menschen als ganz und gar innerweltliches Problem und nicht etwa die Leugnung oder Verdrängung einer solchen Erfahrung. Gerade an Jes 11 lässt sich diese Bewegung auch exegetisch nachzeichnen.

In der kirchlichen Tradition gehören Jes 11,1–9 insgesamt zusammen und zählen als prophetische Verheißung des Messias, das ist Christus. Nicht umsonst basiert das bekannte Weihnachts(kirchen)lied „Es ist ein Ros' entsprungen" (EKHN 1994, S. 30) auf Jes 11,1: „Und es wird ein Reis hervorgehen aus dem Stamm Isais und ein Zweig aus seiner Wurzel Frucht bringen" (Jes 11,1 LUT17) und bezieht diesen Vers in seiner zweiten Strophe mit den Worten „Das Blümlein, das ich meine/davon Jesaja sagt/hat uns gebracht alleine/Marie, die reine Magd" direkt auf die neutestamentliche Weihnachtsgeschichte in Lk 2. Und schildert der Text nicht einen weisen und gerechten, vom Geist Gottes begabten König, unter dessen Ägide nicht nur gesellschaftliche Wohlordnung herrscht, sondern – eben im erwähnten Tierfrieden – sogar die Gegensätze der Schöpfung selbst überwunden sein werden.

Bei genauerem Hinsehen werden innerhalb der neun Verse aber zwei ganz verschiedene Welten geschildert. In V. 6–9 werden grundlegende Prinzipien der Welt, so wie wir sie kennen, außer Kraft gesetzt. Dazu gehört auch, dass in der hier beschriebenen Welt nach V. 9 böses und verwerfliches Handeln schlicht gar nicht mehr vorkommt. V. 1–5 sprechen dagegen keineswegs von einer Veränderung der natürlichen Ordnung. Sie beschreiben einen König, der in Übereinstimmung mit den (nicht nur) alttestamentlichen Erwartungen seine Herrschaft ausübt. Seine Herrschaft ist zu allererst von den Grundsätzen von ‚Gerechtigkeit' und ‚Treue' geleitet, die er auch gegen solche durchsetzt, die nicht davon geleitet sind. Von der Transformierung der Welt in einen konfliktfreien Zustand kann nicht die Rede sein. Woher soll die Notwendigkeit für den Herrscher kommen, den „Armen" und „Elenden" (V. 4) in der Rechtsprechung zur Seite zu stehen, wenn er über ein vollkommen gerechtes Volk herrscht? (Kaiser 1981, S. 240) Dass die Notwendigkeit des „Richtens" besteht, zeigt, dass der geschilderte Zustand „durchaus nicht spannungslos[]" (Barth 1977, S. 61) ist.

Der erste Teil V. 1–5 spricht von einem ‚politischen' Neubeginn nach einer militärischen Katastrophe. Jes 10,33–34 schildern die erwartete Zerstörung Jerusalems durch die Assyrer, beschrieben in einem Bild von der Abholzung eines Waldes. 11,1 lenkt den Blick dann auf einen einzelnen Baumstumpf, also den Rest eines der Bäume des Waldes, der im vorherigen Vers beschrieben wurde. Aus der Verwüstung soll also ein neuer König hervorgehen, der die Dinge sehr viel besser regeln wird als vorherige Herrscher. Der Text beschreibt wohl den Vormarsch assyrischer Truppen auf Jerusalem und ist vielleicht sogar Jesaja selbst zuzuschreiben, der ihn unter dem Eindruck der von ihm in naher Zukunft erwarteten Eroberung der Stadt verfasste (vgl. Blum 1997). Allerdings: zwar ist der Einmarsch der Assyrer unter Sanherib für 701 v. Chr. historisch belegt (vgl. Blum 1997, S. 20), Jerusalem wurde belagert – die Eroberung und Zerstörung aber blieb zunächst aus. Der Eindruck scheint aber so stark gewesen zu sein, dass man diesen Text dennoch weiter überlieferte und in gewissen Ehren hielt.

Als die Zerstörung dann, etwas mehr als hundert Jahre später, in Form der (Neu-)Babylonier kam, erhielt das Thema neue Aktualität. Welche Tradenten auch immer in der Zeit des oder nach dem Exil Zugriff auf Jesajas Worte hatte, las die Verse Jes 11,1–5 aus ihrer eigenen Zeit heraus. Die ursprüngliche Hoffnung des Textes auf einen judäischen König, der das Land nach der Katastrophe wieder aufbaut und eine gerechte, ideale Herrschaft aufrichtet, konnten sie kaum mehr teilen. Juda war persische oder ptolemäische Provinz, seine politische Unabhängigkeit lag in weiter Ferne. Trotzdem taten sie den Text nicht als überholt ab. In seiner grundsätzlichen Hoffnung entsprach er auch ihrer eigenen Hoffnung. Aus ihrer politischen Situation heraus erwarteten sie die Erfüllung dieser Hoffnungen aber erst in einer eschatologischen Heilszeit. Diese schildern die nun als Fortsetzung geschriebenen V. 6–9. Sie verheißen den sogenannten „Tierfrieden". Domestizierte und wilde Tiere, Kalb und Löwe, Kuh und Bärin, leben friedlich miteinander. Die wilden Tiere haben das Fressen von anderen Tieren aufgegeben und fressen Gras wie die domestizierten Tiere. Alles Erscheinungen, die in der uns vertrauten ‚Natur' gar nicht möglich sind (vgl. Wildberger 1972, S. 457). Auch für den Menschen stellen sie keine Bedrohung mehr dar: Der Mensch in seiner schutzlosesten Form, dem Säugling, spielt mit der Giftschlange, ohne dabei in Gefahr zu schweben. Und in V. 9 schließlich ist auch das Verhältnis der Menschen untereinander befriedet (vgl. Wildberger 1972, S. 458). „Böses und verwerfliches Handeln" hat in dieser Welt keine Wirklichkeit mehr. Mit der Anfügung von Schilderungen dieser Heilszeit konnten sie auch die ersten fünf Verse als Ausdruck ihrer eigenen Hoffnung verstehen und bewahren. In der weiteren Geschichte des Textes, durch die antiken griechischen und aramäischen Übersetzungen hindurch, gewannen auch die ersten fünf Verse einen stärker messianischen, eschatologischen Ton, an den die christliche und kirchliche Tradition anschließen konnte.

Die Themen von Jes 11 sind die unseren: politische Ethik, auch das problematische Verhältnis zwischen Gewalt und Recht und eine Hoffnung auf gänzlich veränderte Verhältnisse, die auch damals nicht selbstverständlich war und wie heute jeglicher Lebenserfahrung widersprach. Schon rein literarhistorisch lässt sich aber auch zeigen, dass diese eschatologische Hoffnung, wie sie in unseren Tagen eben auch von der Kirche verkündet wird, keine eigene Wirklichkeit neben der ‚realen' Welt braucht, sondern als Antwort auf Probleme und Verzweiflungen der Lebenswelt laut wird und auf diese und deren, auch immanenten, Deutung zurückwirkt. Wie das geschieht und welche Schlüsse daraus für einen Diskurs jenseits der Dichotomie zu ziehen sind, das wird im Folgenden zu klären sein.

3 Ein phänomenologischer Begriff von Gewalt

Der bleibende eschatologische Überschuss, in dem allein die Verheißung ihr volles Gewicht entfalten kann, kann als Gegengewicht zu einem ebenso überschießenden Moment gesehen werden, das der Gewalt inhärent ist. So zumindest stellt es sich dem phänomenologischen Blick auf die Gewalt dar. Dieser Blick nimmt meist ein wesentlich breiteres Spektrum an Phänomenen auf, kann aber dennoch auch für die Auseinandersetzung mit der militärischen, physischen Gewalt, die die Beiträge dieses Bandes durchzieht, hilfreich sein. Die Spannbreite soll hier in aller Kürze angerissen werden. So ist für Emmanuel Levinas bereits jeglicher Erkenntnisakt gewaltsam, weil er bestrebt ist, das (radikal) Andere dem Selben zu subsumieren (vgl. 2012, S. 190 f.), also mit sich selbst „auf einen Nenner zu bringen", worin der Akt „eine Welt realisiert, in der der Andere als Anderer nicht existiert" (Staudigl 2014, S. 122). Der Umschlag von „das" Andere auf „den" Anderen in Staudigls Ausführungen zu Levinas zeigt, dass diese Bestimmung besonderes Gewicht für Gewalt gegenüber Personen hat. Bernhard Waldenfels spricht in diesem Zusammenhang von der Verwandlung des Anspruchs des Anderen „zu sein [...] in etwas, das ist und worüber Gewalttäter verfügen" (2012, S. 318). In diesen phänomenologischen Ansätzen wird Gewalt also immer vom Anderen her bestimmt, dem sie widerfährt.

Das ist aber nicht so zu verstehen, dass nun ausschließlich die Perspektive der Opfer zur Betrachtung von Gewalt herangezogen würde (was die Täter positiv wie negativ aus dem Bild herausnehmen würde). Phänomenologisch gilt die Struktur eines ‚Widerfahrnis' als Grundlage jeglicher menschlicher Erfahrung, die immer sekundär zu etwas steht, das die Erfahrung des Menschen von außen trifft (vgl. grundlegend Waldenfels 2002, S. 14–19) und nie ganz eingeholt werden kann. So verhält es sich in diesem Denkrahmen auch mit der Gewalt. Der Überschuss der Gewalt gilt der Erfahrung sowohl des ‚Opfers' als auch des ‚Täters' von Gewalt (vgl. Waldenfels 2012, S. 316 und 325).

Diese Sicht geht also nicht so sehr von ‚Täter' und ‚Opfer' von Gewalt als grundsätzlicher Opposition aus. Beiden widerfährt Gewalt als etwas, das über ihre eigene Erfahrung hinaus geht und darin nicht vollständig integrierbar ist – was, nebenbei bemerkt, Grund für die generationenübergreifende ‚Fluchhaftigkeit' von Gewalt (vgl. Ex 34,7) und eskalierenden Gewaltspiralen sein kann. Derjenige, der Gewalt ausübt, erfährt sie nicht nur als seine eigene Tat, sondern auch als Leid des anderen – was nicht heißt, dass daraus notwendigerweise Empathie folgt; Derjenige, der Gewalt erleidet, erfährt nicht nur sein eigenes Leiden, sondern auch die Gewalt des Täters. In einer Täter-Opfer-Beziehung geht die Gewalt nie in dieser Beziehung auf, sondern steht als Drittes dazwischen (vgl. Waldenfels 2012, S. 316 und 325; Delhom 2014, S. 157).

4 Militärische Gewalt als Widerfahrnis des Soldaten

In dieser Herangehensweise erfährt auch die Problematisierung von militärischer Gewalt andere Vorzeichen. Die verbreitete Perspektive, das Militär im Allgemeinen und Soldatinnen und Soldaten im Besonderen als (potentielle) Täter von Gewalt als deren Verursacher anzusehen und somit die Forderung nach Gewaltfreiheit direkt an diese zu richten, wird so ebenfalls problematisiert. Die von einigen Stimmen aus der Friedenskundgebung der EKD (EKD 2019) extrapolierte Unvereinbarkeit des Soldatenberufs mit der Kirchenmitgliedschaft (Schulenberg 2019, S. 73) oder die Frage, „ob Kriegsleute in seligem Stande sein können" (Luther 1990 [1526]) sind aus dieser Perspektive nicht Gegenstand der Diskussion und müssten auf einer anderen Ebene bearbeitet werden. Die Frage, bezogen auf Soldatinnen und Soldaten, lautet vielmehr, wie diese einen Gewaltzusammenhang eingebunden sind, aktiv wie passiv, der ihre Handlungen sowie ihr Erleiden immer schon überschritten hat.

Historisch ist die Intuition, dass ein Soldat (für die meiste Zeit der Geschichte tatsächlich ausschließlich männlich) in einen Zusammenhang hineingezogen wird, den er sich nicht selbst ausgesucht hat, der ihm aber aufgezwungen wird, spätestens dort vermehrt zu finden, wo eine allgemeine Wehrpflicht eingeführt wird. Dem Zwangscharakter der Dienstpflicht parallel und dieser notwendig verbunden entwickelten sich aber auch immer Ideologien, die darlegten, warum der Dienst den eigenen und nicht etwa fremden Interessen geschuldet war, am prominentesten natürlich der Nationalismus. So konnten 1914 begeistertes Nationalgefühl und Kriegsbegeisterung Hand in Hand gehen und ein Bewusstsein davon, dass die Bereitschaft, Gewalt zu verüben und zu erleiden (vgl. die Rede vom ‚Kanonenfutter') bereits gewaltsame Zurichtung voraussetzte, der äußersten Linken überlassen werden (vgl. Luxemburg 2003 [1914]), die selbst innerhalb der breiteren Linken, die dem Staat des Kaiserreiches ja kritisch gegenübergestanden hatte, eine Minderheitenstellung einnahm (vgl. Eberlein 2005). Besonders betont wurde hier die Tatsache, dass

„die Entscheidung über Krieg und Frieden in der ehrlichen Hand des Volkes ruhen" sollte (Luxemburg 2003 [1914], S. 444), nicht in den ‚fremden' Händen der Regierung. Für die Armeen moderner, demokratischer, liberaler Staaten scheint diese Forderung verwirklicht, zumal für eine Parlamentsarmee wie der Bundeswehr. Der Zwangscharakter des Militärdiensts und das ‚in die Schlacht geworfen Werden' ist endgültig in den Hintergrund getreten, umso mehr als auch die Bundeswehr in der gegenwärtigen Praxis als Freiwilligenarmee aufgestellt ist. Da den Berufssoldaten nun eine bewusste Entscheidung für die Option der militärischen Gewalt unterstellt werden muss,[1] scheinen sich die oben gestellten personenbezogenen Fragen dem Gegner von Gewalt eben doch nahezulegen.

Hier muss erneut die Einordnung der Gewalt als Widerfahrnis stark gemacht werden. Denn auch in einem demokratischen Staat trifft den Soldaten und die Soldatin die Gewalt noch mehr als den ‚Normalbürger' von außen – insofern die Intention, Gewalt auszuüben nicht die eigene ist, sondern von außen als Befehl herantritt. Das jedenfalls ist der wünschenswerte Fall, dass ein einzelner Soldat eben nicht ‚im eigenen Namen' Gewalt ausübt. Dasselbe gilt für die Bundeswehr als Institution, die innerhalb des deutschen demokratischen Rechtsstaats den Weisungen des Parlaments, nicht aber ihren eigenen Intentionen folgt. Die veränderte und als Fortschritt erachtete Legitimation durch demokratische Prozesse ändert nichts an diesem Charakter der Gewalt, aus den

---

[1] Wobei im jeweils individuellen Fall Gründe wie Chancen auf dem Arbeitsmarkt, Finanzierung eines oder Wartezeit auf ein Studium und andere persönliche Zwangslagen den Ausschlag geben mögen.

Erfahrungen der Geschichte heraus soll diese Unterordnung der militärischen Gewalt und der persönlichen Ambitionen von Soldatinnen und Soldaten ja gerade der Sicherung des demokratischen Systems dienen.[2] Vom Gesichtspunkt des Gewalt Erleidens aus liegt es auf der Hand, dass Soldaten und Soldatinnen im Einsatz dem Widerfahrnis der Gewalt, die andere an ihnen ausüben, in sehr viel höherem Maße ausgesetzt sind als die meisten anderen Bürger.

In Analogie zum oben angeführten biblischen Beispiel zeigt auch diese Betrachtung aus einem politischen Blickwinkel, dass die Forderung nach Gewaltfreiheit, der Wunsch nach der kompletten Abwesenheit von Gewalt, sich nicht an einzelne Menschen (auch nicht an eine große Gruppe von einzelnen Menschen) richten kann, sondern an die „Wirklichkeit" als Ganzes. Wie aber kann sich eine Forderung an die Wirklichkeit richten? Muss eine solche Forderung nicht reines Wunschdenken bleiben und die Wirklichkeit damit gerade verleugnen?

5 Die Gewalt als Natur des Menschen?

Der Wunsch nach Abwesenheit von Etwas sieht dessen Wirklichkeit aber selbstverständlich als gegeben an, das ist eine fast banale Antwort. Gewalterfahrungen gibt

---

[2] Dass eigene politische Ambitionen von Armeeangehörigen auch in demokratischen Systemen nicht ausgeschlossen sind und für umso größere Unruhe sorgen, zeigt der Brief ehemaliger französischer Generäle vom Mai 2021 und die Reaktionen darauf (Pantel 2021). Vgl. auch das Selbstverständnis des türkischen Militärs als Wächter des Staates (Sezer 2007)

es wirklich, und das verweist auf die Gewalt, die diese Erfahrungen machen lässt. Die Frage stellt sich aber, ob hier Gewalt unter bestimmten Umständen und aus diesen Umständen heraus wirklich wird, oder ob es sich um eine Notwendigkeit aller Wirklichkeiten handelt, dass sie Gewalt beinhalten. Die Frage, die in diesem Zusammenhang häufig gestellt wird, ist die nach einer irgendwie eindeutig zu konstatierenden ‚Natur' des Menschen. Die Frage, an der sich die Möglichkeit von Gewaltfreiheit entscheide, laute, ob der Mensch von Natur aus ‚böse' oder von Natur aus ‚gut' sei – im Grunde die Frage nach einer naturalistischen Letztbegründung.

Die Frage nach der Natur (und die Suche nach der Letztbegründung), wurde in den klassischen Gesellschaftstheorien der (Vor-)Aufklärung breit diskutiert. Die beiden konträren, breit rezipierten, Grundpositionen sind die von Thomas Hobbes und Jean-Jacques Rousseau. Für Hobbes steht fest, dass der Mensch in einer Lebensform ohne eine „common power to keep them all in awe" – also das klassische staatliche Gewaltmonopol – sich in einem ständigen „war [...] of every man against every man" (1960 [1651], S. 82) befindet. Eine Ordnung, die eine längerfristige Abwesenheit von Gewalt garantieren würde, ist also überhaupt erst durch eine entsprechend große Gegengewalt herzustellen. Gleichzeitig ist diese Ordnung immer vom ‚Rückfall' in den Naturzustand bedroht. Für Rousseau dagegen ist der natürliche Zustand identisch mit einem Zustand höchster Vernünftigkeit (vgl. 1977 [1762], S. 211), gerade durch die Vergesellschaftung entstünden erst unvernünftige Leidenschaften und die Konkurrenz unter den Menschen (vgl. 1977 [1762], S. 213). Aus diesem „Übel" müsse man „selbst das Mittel [...] ziehen, das es heilen soll" (Rousseau 1977 [1762], S. 215) – im

Sinne einer erneuten, nun aber gesellschaftlichen, Stärkung der dem Menschen inhärenten Vernunft.[3]

In einigen neueren Auseinandersetzungen mit dem Gewaltthema werden diese einfachen Dichotomien infrage gestellt. Gewalt lasse sich in Gänze weder als „naturhaft wildes und insofern barbarisches Potential des Menschen", noch als rein „soziales Konstrukt" (Staudigl 2014, S. 37) erklären, sondern sei, in den Worten Michael Staudigls, eine „Schwellenerfahrung" (2014, S. 38), die Deutungen entlang der Linie: Natur – Kultur überhaupt erst in Gang setze. Auch Burkhard Liebsch lehnt die Entgegensetzung von Natur und Kultur ab, die Rede von einem Naturzustand sei nur „vom Verlust aller Sicherheiten her verständlich, die menschliches Zusammenleben normalerweise gewährt." (2007, S. 41). Diese Sicherheiten seien aber durchaus nur durch Gewalt begründet – indem eine bestimmte Form ordnungsschaffender Gewalt legitimiert werde, und so die Legitimationsbedürftigkeit als einschränkender Anspruch an jegliche Gewalt gestellt werde (vgl. Liebsch 2007, S. 61). Dieser Anspruch selbst wird aber ebenfalls mit Gewalt aufrechterhalten, sodass sich die rechtssetzende Gewalt in rechtserhaltende Gewalt transformiert (zu den Begriffen vgl. Benjamin 1991, S. 186 f.). Eine Aufhebung der Gewalt darf darin also nicht gesehen werden. Zum einen bleibt die Gewalt der Ordnung inhärent (vgl. Benjamin 1991, S. 197), zum anderen bleibt diese ihrer Rechtfertigung gegenüber immer überschüssig (vgl. Liebsch 2007, S. 63). Das Gewaltpotential überschreitet den ihm gesetzten rechtlichen Rahmen

---

[3] Wobei auch die Vernunft durchaus auf ihr Gewaltpotential hin zu befragen ist, klassisch vgl. Horkheimer und Adorno 2004; dazu auch Stoellger 2021, S. 77.

oder entzieht sich ihm vollständig (Staudigl 2014, S. 40). Auch dort, wo wir dem Recht konforme Gewalt erfahren, erfahren wir sie auch als Gewalt ohne nähere Qualifikation. Ihre Legitimation, auch wo sie gegeben ist, steht dazu immer sekundär.

Auf dieser Ebene ist deutlich von einer Zwangsläufigkeit und damit auch Notwendigkeit von Gewalt zu sprechen. Im Gegensatz zu einer naturhaften Notwendigkeit bedeutet sie aber nicht die Unüberwindlichkeit von Gewalt per se. Sie kann überwunden werden, aber immer nur als Suspension, die einhergeht mit der Suspension der Durchsetzung von Recht, in aller Prekarität – und der Möglichkeit von noch größerer Gewalt als Folge.

6 Gewaltfreiheit – eine Utopie

Ist also eine Welt ganz ohne Gewalt eine reine Utopie? Viele Stimmen würden diese Frage bejahen und diese Antwort kritisch verstanden wissen wollen. Wenn Wolfgang Schulenberg von „akademisch-utopischen Ideen", die „letztlich auf alle drängenden Fragen und Dilemmata der Realität eine überzeugende Antwort schuldig" (2019, S. 73) blieben, spricht, dann wird deutlich, welches Verständnis von Utopie hier vorausgesetzt ist: die Utopie als konkrete Zielvorstellung, als „objektiv-reale[] Möglichkeit[]" (Bloch 1959, S. 727; ähnlich auch Picht 1992), unter genau diesem Gesichtspunkt der Machbarkeit aber auch Gegenstand der entsprechenden Vorwürfe. Die das Genre begründenden, klassischen Utopien waren allerdings genau entgegengesetzt gedacht: wie der Name schon betont,[4] ging es gerade um die Unmöglichkeit,

---

[4] Griechisch ou-topos, in etwa „kein Ort".

diesen Un-Ort zu erreichen (vgl. Schölderle 2011, S. 470). Die dort geschilderten Verhältnisse haben ihre Strahlkraft gerade darin, dass man nicht weiß, wie man dorthin gelangen soll, es aber umso mehr versucht. Im modernen Topos der rationalen Utopie ist allerdings gerade der entscheidende erste Buchstabe abgeschwächt, der für diese Unmöglichkeit steht. Morus' Utopia beginnt fast unmittelbar mit der Beschreibung der Ratlosigkeit hinsichtlich der auch nur ungefähren Lage der Insel (vgl. Heinisch 1960, S. 15); in Campanellas Sonnenstaat schildert der Genuese seine erzwungene Anlandung, seine Flucht in den Wald, den er schließlich in Richtung einer vorher nicht vermuteten Ebene und damit der *Civitas Solis* verlässt (vgl. Heinisch 1960, S. 117); Die Seefahrer in Bacons Neu-Atlantis schließlich werden durch widrige Winde vom Kurs abgebracht und in unbekannte Teile des Pazifiks getrieben (vgl. Heinisch 1960, S. 175). Das bedeutet gleichzeitig auch, dass die geschilderten Gesellschaften gerade nicht in die Geschichte der heimatlichen Gesellschaften eingebettet sind, sondern dieser völlig entrückt. Auch wenn das zunächst auch ein literarischer Kunstgriff ist, geht es in diesen Utopien nicht um ihre „Machbarkeit" (vgl. Schölderle 2011, S. 452). Sie liefern zunächst den Maßstab einer Kritik gegenwärtiger Verhältnisse, nicht primär eine teleologische Normativität. Das geschilderte Modell ist darin nicht beliebig, es bleibt aber geographisch wie geschichtlich in jedem Moment unerreichbar.

In dieser Verwendung scheint „Utopie" nicht so weit entfernt von Derridas Konzept des „Un-Möglichen"[5]

---

[5] Derrida wendet sich im zitierten Text gegen den Begriff der „Utopie", den er aber anders fasst als hier vorgeschlagen: als „Demobilisierung" und echte „Unmöglichkeit" (Derrida 2006, S. 332). Was im oben geschilderten Bloch'schen Sinne auf Machbarkeit aus ist, ist, wenn es nicht machbar ist, eben tatsächlich unmöglich.

(2006, S. 332), gerade in der Fraglichkeit der Machbarkeit (vgl. 2003, S. 120). Es ist aber auch das, was von so „unmittelbare[r] und konkrete[r] Dringlichkeit[]" (2006, S. 333; vgl. 2006, S. 329 f.) ist, dass es den Umweg über seine Ermöglichung gar nicht nehmen kann – und als Möglichkeit auch seine Wirklichkeit verlöre. Die Utopie in diesem Sinne kann also genau das sein, was in der andauernden Feststellung seiner Unmöglichkeit stets präsent und kaum loszuwerden ist. Die christliche Vorstellung eines kommenden Gottesreiches lässt sich ebenfalls in diesen Bahnen beschreiben. Gerade in Bezug auf das Reich Gottes gilt, „was bei den Menschen unmöglich ist, das ist bei Gott möglich" (Lk 18,27), ohne dass damit plötzlich eine menschliche Möglichkeit gesetzt würde. Das endgültige, eschatologische, Reich Gottes kann erst kommen, wenn „der erste Himmel und die erste Erde vergangen [sind], und das Meer nicht mehr [ist]" (Offb 21,1), was sich in biblischer Rede auf das Gesamte der Schöpfung mit allen Unterscheidungen zwischen Möglichkeit und Unmöglichkeit bezieht. In diesem, wohldefinierten, Sinne ist die *Vorstellung* des kommenden Gottesreiches eine un-mögliche U-Topie. Anders gesagt: Die Utopie ist eine Form, in der das *Eschaton,* das als kommende Welt der unseren immer entzogen ist, dennoch Wirksamkeit in dieser Welt entfaltet. Um noch einmal auf das Beispiel von Jesaja 11 zurückzugreifen, bleibt die Rede vom friedlichen Zusammenleben der Fressfeinde weiterhin unmöglich, aber eben beileibe nicht unwirksam.

So kann auch für den Diskurs um Gewalt die Vorstellung der eschatologischen Gewaltfreiheit durchaus als Utopie eine wichtige Rolle einnehmen. Zunächst dürfte weitgehende Einigkeit bestehen, dass auch wenn „die Gewalt in ihrer Rechtfertigung und Legitimation nicht aufgeht und unaufhebbar im Spiel bleibt, [...] dies kein Freibrief für unbekümmerte Gewaltsamkeit" (Liebsch

2007, S. 63) darstellt, sondern deren Reduktion für alle als erstrebenswertes Ziel gilt. Wie aber bereits mehrfach festgestellt, ist das Recht, dem ja die Gewalt unterworfen sein soll, allein kein ausreichendes Instrument für die Reduktion, da es nur durch die Unterscheidung zwischen legitimer und illegitimer Gewalt mäßigend eingreift, Gewalt aber nicht aufhebt. Es braucht also einen Standpunkt außerhalb von Recht und Gewalt, der Gewalt als explizit ethisches Problem offenhält. Dieser Standpunkt muss notwendig ein imaginärer sein, wie es zum Beispiel der Utopie im oben erwähnten Sinne zu eigen ist. Dieser außerhalb liegende Standpunkt, der das Ganze des Komplexes von Recht und Gewalt in den Blick nehmen kann, ermöglicht aber auch, die Alternative von kategorischer Ablehnung jeglicher Gewalt und ihrer fundamentalen Affirmation aufzubrechen und die jeweilige Phänomenalität von Gewaltsituationen – auch normativ (vgl. Liebsch 2007, S. 56) – in den Blick zu nehmen.

Literatur

Altmann, Jürgen. 2019. Autonome Waffensysteme – der nächste Schritt im qualitativen Rüstungswettlauf? In *Unbemannte Waffen und ihre ethische Legitimierung*, hrsg. von Ines-Jacqueline Werkner und Marco Hofheinz, 111–136. Wiesbaden: Springer VS.

Barth, Hermann. 1977. *Die Jesaja-Worte in der Josiazeit. Israel und Assur als Thema einer produktiven Neuinterpretation der Jesajaüberlieferung*. Neukirchen-Vluyn: Neukirchener-Verlag.

Benjamin, Walter. 1991. Zur Kritik der Gewalt. In *Aufsätze, Essays, Vorträge. Gesammelte Schriften Bd. II.1*, 179–203. Frankfurt a. M.: Suhrkamp.

Bloch, Ernst. 1959. *Das Prinzip Hoffnung. In fünf Teilen. Kapitel 1–37*. Frankfurt a. M.: Suhrkamp.

Blum, Erhard. 1997. Jesajas prophetisches Testament: Beobachtungen zu Jes 1-11 (Teil II). *Zeitschrift für alttestamentliche Wissenschaft* 109: 12–29.

Coon, Gene L. und Robert Hamner. 1967. A Taste of Armageddon. *Star Trek,* 023. NBC. Sendedatum: 23. Februar.

Delhom, Pascal. 2014. Phänomenologie der erlittenen Gewalt. In *Gesichter der Gewalt*, hrsg. von Michael Staudigl, 155–174. Paderborn: Wilhelm Fink.

Derrida, Jacques. 2003. *Schurken. Zwei Essays über die Vernunft.* Frankfurt a. M.: Suhrkamp.

Derrida, Jacques. 2006. Nicht die Utopie, das Un-Mögliche. In *Maschinen Papier. Das Schreibmaschinenband und andere Antworten*, übers. von Markus Sedlaczek, 321–337. Wien: Passagen Verlag.

Eberlein, Hugo. 2005. Erinnerungen an Rosa Luxemburg bei Kriegsausbruch 1914. *UTOPIE kreativ* 174: 355–362.

Evangelische Kirche in Deutschland (EKD). 2019. Kirche auf dem Weg der Gerechtigkeit und des Friedens. Kundgebung der 12. Synode der Evangelischen Kirche in Deutschland auf ihrer 6. Tagung. https://www.ekd.de/kundgebung-ekd-synode-frieden-2019-51648.htm. Zugegriffen: 23. Januar 2020.

Evangelische Kirche in Hessen und Nassau (EKHN). 1994. *Evangelisches Gesangbuch. Ausgabe für die Evangelische Kirche in Hessen und Nassau.* Frankfurt a. M.: Spener.

Heinisch, Klaus J. 1960. *Der utopische Staat. Morus: Utopia. Campanella: Sonnenstaat. Bacon: Neu-Atlantis.* Reinbek bei Hamburg: Rowohlt.

Hobbes, Thomas. 1960 [1651]. *Leviathan. Or the Matter, Forme and Power of a Commonwealth Ecclesiasticall and Civil*, hrsg. von Michael Oakeshott. Oxford: Blackwell.

Horkheimer, Max und Theodor W. Adorno. 2004. *Dialektik der Aufklärung. Philosophische Fragmente.* 15. Aufl. Frankfurt a. M.: Fischer.

Kaiser, Otto. 1981. *Das Buch des Propheten Jesaja. Kapitel 1–12.* 5. Aufl. Göttingen: Vandenhoeck & Ruprecht.

Levinas, Emmanuel. 2012. Die Philosophie und die Idee des Unendlichen. In *Die Spur des Anderen. Untersuchungen zur Phänomenologie und Sozialphilosophie*, übers. von Wolfgang Nikolaus Krewani, 185–208. Freiburg: Karl Alber.

Liebsch, Burkhard. 2007. *Subtile Gewalt. Spielräume sprachlicher Verletzbarkeit. Eine Einführung.* Weilerswist: Velbrück Wissenschaft.

Luther, Martin. 1990 [1526]. Ob Kriegsleute auch im seligen Stande sein können. In *Ausgewählte Schriften. Band IV: Christsein und weltliches Regiment*, hrsg. von Karin Bornkamm und Gerhard Ebeling, 172–222. Frankfurt a. M.: Insel.

Luxemburg, Rosa. 2003 [1914]. Über Militarismus und Arbeiterklasse. Rede am 12. Mai 1914 im VI. Berliner Reichstagswahlkreis. In *Rosa Luxemburg. Werke Bd. 3*, 443–445. Berlin: Dietz.

Pantel, Nadia. 2021. Rechter Brandbrief löst Unruhe in Frankreich aus. https://www.sueddeutsche.de/politik/frankreich-marine-le-pen-1.5279354. Zugegriffen: 26. Mai 2021.

Picht, Georg. 1992. Mut zur Utopie. Die großen Zukunftsaufgaben. In *Zukunft und Utopie*, 267–396. Stuttgart: Klett-Cotta.

Rousseau, Jean-Jacques. 1977 [1762]. Politische Fragmente. II. Vom Naturzustand. In *Politische Schriften. Bd. 1: Abhandlungen über die Politische Ökonomie. Vom Gesellschaftsvertrag. Politische Fragmente*, übers. von Ludwig Schmidts, 211–216. Paderborn: Schoeningh.

Schölderle, Thomas. 2011. *Utopia und Utopie. Thomas Morus, die Geschichte der Utopie und die Kontroverse um ihren Begriff.* Baden-Baden: Nomos.

Schulenberg, Wolfgang. 2019. Das Dogma von der Ethik des Gewaltverzichts. Eine Replik zu Vincenzo Petracca. In *Rechtserhaltende Gewalt – zur Kriteriologie*, hrsg. von Ines-Jacqueline Werkner und Peter Rudolf, 59–74. Wiesbaden: Springer VS.

Sezer, Esra. 2007. Das türkische Militär und der EU-Beitritt der Türkei. *Aus Politik und Zeitgeschichte* 43: 27–32.

Staudigl, Michael. 2014. *Phänomenologie der Gewalt*. Cham: Springer.

Stoellger, Philipp. 2021. Gewaltdeutung und Deutungsgewalt. Zu Religion und Gewalt im Horizont neuerer Gewaltforschung. In *Religion und Gewalt. Freiburger literaturpsychologische Gespräche 2021*, hrsg. von Tatjana Jesch, 75–148. Würzburg: Königshausen & Neumann.

Waldenfels, Bernhard. 2002. *Bruchlinien der Erfahrung*. Frankfurt a. M.: Suhrkamp.

Waldenfels, Bernhard. 2012. *Hyperphänomene. Modi hyperbolischer Erfahrung*. Berlin: Suhrkamp.

Werkner, Ines-Jacqueline und Marco Hofheinz (Hrsg.). 2019. *Unbemannte Waffen und ihre ethische Legitimierung*. Wiesbaden: Springer VS.

Wildberger, Hans. 1972. *Jesaja. Teilbd. 1: Jesaja 1–12*. Neukirchen-Vluyn: Neukirchener Verlag.

Gewaltfreiheit zwischen Anspruch und Realität
Plädoyer für Selbstreflexion statt Abschlusskommunique

Angelika Dörfler-Dierken

Bis heute sind die Gräben tief zwischen den einen, die sich unbedingter Gewaltfreiheit und Pazifismus verschrieben haben und den anderen, die meinen, ohne die Androhung und nötigenfalls auch Anwendung von Gewaltmitteln gelinge kein geordnetes Zusammenleben. Das geht so weit, dass Vertreterinnen und Vertreter dieser beiden Positionen – dieser beiden menschlichen Grundhaltungen – kaum einmal gemeinsam ‚an der Theke zu finden' sind, um bei entspanntem Geplauder ein Bier oder einen Wein zu trinken. Dass es nur selten zu solchen Treffen von Menschen kommt, die diametral einander entgegengesetzte Vorstellungen von Gott und der Welt haben,

---

A. Dörfler-Dierken (✉)
Institut für Kirchen- und Dogmengeschichte
Universität Hamburg, Hamburg, Deutschland
E-Mail: angelika.doerfler@uni-hamburg.de

liegt daran, dass jede der beiden Gruppen in ihrer eigenen ‚Blase' lebt. Nach einem Friedensgruppentreffen gehen die pazifistischen Aktivisten miteinander aus, nach ihrer Arbeit treffen sich die Polizistinnen und Polizisten untereinander oder die Soldatinnen und Soldaten. Früher, zu Zeiten der neuen Friedensbewegung am Beginn der 1980er Jahre des letzten Jahrhunderts, war das noch anders, denn damals wurde zum ersten Mal in der breiten Öffentlichkeit die Frage gestellt, wie ein gewaltfreies Leben gelingen könnte. Viele von denen, die sich damals für Gewaltfreiheit und Konzepte sozialer Verteidigung interessiert haben, konnten ihren ‚Spirit' an ihre Kinder, Schülerinnen und Schüler weitergeben. Die Zahlen der grundgesetzlich geschützten Wehrdienstverweigerer sind seit den 1980er Jahren in ungeahnte Höhen geschnellt. 2011 wurde dann die Wehrpflicht abgeschafft. Zudem wurde die Bundeswehr verkleinert und auch die Zahl ihrer Standorte deutlich reduziert. So ist sie im öffentlichen Leben immer weniger präsent. Allerdings gibt es seit einigen Jahren einen Unterschied zum früheren Nebeneinander von Bundeswehr und Gesellschaft: Im öffentlich-rechtlichen Fernsehen wurden Trauergottesdienste für im Afghanistaneinsatz in Gefechten gefallene Bundeswehrsoldaten übertragen. Diskutiert wurde fortan – mit zunehmender Heftigkeit – ob deutsche Soldaten ‚im Krieg' stehen, und ob die Gesellschaft, in deren Auftrag die Bundeswehr – durch das Parlament mandatiert – tätig wird, Kriegseinsätze mitträgt. Friedensorientierte Menschen fühlten sich bei diesen Gedenkveranstaltungen für ‚Gefallene' immer wieder an frühere Zeiten erinnert, als die Bevölkerung zum Krieg ‚aufgereizt' wurde.

So haben sich zwischen den beiden Gruppen zunehmend breite Gräben aufgetan, Verständnislosigkeit und die Preisgabe des verbalen Ringens um Konsense sind zu beobachten. Die eine Seite ermahnt die andere:

„Seid doch dankbar, denn nur deshalb könnt Ihr als Pazifisten ruhig und geschützt leben, weil andere da sind, die für Euch Sicherheit schaffen. Wenn die sich nicht nötigenfalls für Euch opfern würden, dann wäret Ihr verloren. Denn was nützt Euch Eure Selbstverpflichtung auf den Pazifismus, Eure Arbeit an Eurer Friedensgesinnung, Eure gewaltlose Haltung und Handlung, wenn Gewalttäter in Euren wohlgeordneten Raum des Rechts eindringen."

Und die andere Seite ermahnt diejenigen, die Gewaltmittel nötigenfalls einsetzen lassen oder gar selbst einsetzen:

„Wer Gewaltmittel einsetzt, der kommt dadurch um. Wer Gewalt sät, der wird Gewalt ernten. Wer als junger Mensch in die Bundeswehr eintritt, der wird schon sehen, wie der Umgang mit Gewaltmitteln, das Einüben des Schusswaffengebrauchs und das Fahren von Panzern ihn oder sie selbst verwunden werden."

Bestätigt fühlen kann jede der beiden Seiten sich durch den Abzug aus Afghanistan. Dass wohl kaum jemand die Bilder vom Abzug der Bundeswehr aus Afghanistan ‚gut' wegsteckt – weder wer dabei gewesen ist, noch wer sich am Bildschirm und in der Presseberichterstattung dem Thema ausgesetzt hat – ist nachvollziehbar. Denn der Traum, eine befriedete Zivilgesellschaft, in der Jungen zivile Berufe lernen und Mädchen zur Schule gehen können, in der alle Bürger Zugang zu Wasser und Gesundheitsversorgung haben, in der die Beteiligung aller an politischen Entscheidungen durch demokratische Wahlen üblich ist – dieser Traum ist wie eine Seifenblase zerplatzt. Ohne nennenswerte Gegenwehr haben verschiedene Gruppen aus der Ethnie der Paschtunen, religiös geprägt als Muslime, die Macht in Afghanistan übernommen und angekündigt, einen Gottesstaat errichten zu wollen. Der wird auf unabsehbare Zeit abhängig sein von humanitärer Hilfe. Und er wird viele afghanische Bürgerinnen und Bürger, die sich dem Konformitätsdruck nicht beugen können oder wollen, dazu veranlassen, nach Wegen der Immigration in freiheitlicher organisierte Gesellschaften zu suchen. Trotz zwei Jahrzehnte währender Anstrengungen ist es offenbar nicht gelungen, ein gewaltgeprägtes Land gegen den Druck von Taliban-Kämpfern zu immunisieren. Allerdings ist, vor allem in den Städten, eine junge Generation im Heranwachsen, die andere Werte als die des Gottesstaates kennt und wertschätzt. Die Probleme innerhalb der afghanischen Gesellschaft werden also eher zu- als abnehmen.

Soldaten der Bundeswehr können ihren Einsatz vor sich selbst und der deutschen Gesellschaft rechtfertigen und sagen:

„Zwanzig Jahre lang haben wir einer erklecklichen Gruppe von Menschen in diesem Land Selbstwirksamkeit ermöglicht. Wir haben ihre Lebenschancen verbessert und eine neue Kultur wachsen lassen. Wir haben es ermöglicht, dass Entwicklungshilfeprojekte durchgeführt werden konnten und wir haben dafür gesorgt, dass Kinder Bildung erlangen konnten."

Überzeugte Pazifisten mögen dagegen einwenden:

„Mit militärischen Mitteln kann niemand zum Frieden gezwungen werden, denn Frieden beginnt im Kopf. Frieden kann man nicht mit der Androhung oder Anwendung von Waffen herstellen. Die Menschen selbst müssen friedlich miteinander leben wollen – und das beginnt in den Familien und Sippen: Die Männer müssen in Gerechtigkeit und Respekt mit ihren Frauen und Kindern umgehen. Wer nur die Sprache der Gewalt, die Sprache des Patriarchats kennt, der muss selbst lernen wollen, in friedlichen Beziehungen zu leben."

Für diejenigen, die den Abzug der eigenen Truppen und den von deren einheimischen Helfern organisiert und unter schwierigen Bedingungen durchgeführt haben, bekam General Arlt das Bundesverdienstkreuz verliehen. Die Anwendung von Gewalt scheint in dieser exzeptionellen Situation gerechtfertigt gewesen zu sein. Jedenfalls kam kein lauter Aufschrei von Pazifisten oder dem Friedensbeauftragten der EKD. Aber manche Individuen und Gruppen, die Friedensarbeit machen, haben sich nicht ausfliegen lassen aus Afghanistan, sondern sich bewusst dafür entschieden, ihre humanitäre Arbeit vor Ort auch unter den neuen und sicher schwierigeren Bedingungen ohne den Schutz durch ausländische Truppen fortzusetzen. Es heißt, die Taliban hätten sie gebeten, vor Ort zu bleiben, um humanitäre Hilfe zu organisieren. Menschen beim Überleben helfen, das ist aller Ehren wert. Aber muss man deshalb Unrecht erdulden und Unrecht mitansehen?

Die reale politische Entwicklung in Afghanistan hat die Grabenkämpfe zwischen denen, die – für andere, nicht zu ihrem eigenen Vorteil – Gewaltmittel einsetzen und denen, die für sich jede Gewaltanwendung ablehnen, obsolet gemacht. Sie hat gezeigt, dass die Bundesrepublik Deutschland und alle Welt beides brauchen: Die Vision und Utopie von einem Zusammenleben aller Menschen in Frieden und Sicherheit, also Menschen und die Rechtsdurchsetzung durch Androhung und Anwendung von Gewalt. Es braucht die Menschen, die schon im Hier und Jetzt nach den neuen Regeln der Gewaltfreiheit leben einerseits und die Menschen, die sich unter Anwendung von polizeilicher und militärischer Gewalt dafür einsetzen, dass Recht und Ordnung, Sicherheit und befriedete Zustände soweit wie möglich hergestellt werden andererseits. Aber – wie gesagt – der Weg des Friedens und Gewaltverzichts einerseits und, als *ultima ratio,* der Weg der Gewaltandrohung und -anwendung andererseits müssen beide aufeinander bezogen sein. Und sie werden noch für viele Jahrzehnte aufeinander bezogen bleiben müssen, denn das ist eben der Kern einer Utopie: sie wird im Handeln von Einzelnen im allerbesten Falle im ‚Vorschein' sichtbar. So war das schon bei den ersten Pazifisten in den urchristlichen Gemeinden. Sie konnten deshalb gewaltlos leben, weil die Pax Romana auch für sie galt. So formulierte der renommierte Neutestamentler Gerd Theißen letztens: „Die militärisch gesicherte Pax Romana war die Bedingung der Möglichkeit für das Entstehen einer pazifistischen Subkultur. Auch heute ist jedes Bemühen um den Frieden von effektiv organisierten politischen und militärischen Sicherheitssystemen abhängig." Und er leitet daraus die Forderung ab: „Christen können die Gestaltung dieser Sicherheitssysteme nicht anderen Menschen überlassen. [...] Insbesondere kann der Frieden nicht gegen die Soldaten, sondern unter den gegenwärtigen Bedingungen nur mit ihnen realisiert werden." (Theißen 2020, S. 72) Daraus leiten sich dann unschwer Forderungen an die Militärseelsorge ab, denn sie hat innerhalb des auf Gewalt bezogenen dienstlichen Umfeldes von Soldatinnen und Soldaten das Bewusstsein für den Frieden wachzuhalten und zu fördern.

Können Soldaten selbstreflektierte und selbstkritische Gewalttäter sein, die durch den Einsatz von Gewaltmitteln nicht in ihrem Innersten verändert werden? Oder bleiben sie aufgrund ihrer Prägung und dienstlichen Sozialisation immer im Handlungsraum der Gewalt gefangen? Die Antwort auf diese Frage hängt ab von der Definition des Wesens soldatischer Identität. Ist der Kern des soldatischen Berufsverständnisses und der soldatischen Identität der Krieg? Um die Frage, ob die Bundeswehr gewaltaffin sei, kreisen seit Jahrzehnten, zuletzt wieder seit der Veröffentlichung von Sönke Neitzel „Deutsche Krieger" (2020), laute und heftige Diskussionen. Neitzel plädiert dafür, dass die deutsche Gesellschaft endlich anerkennen möge, dass Soldaten Kämpfer und Krieger sind, dass die Ausrichtung auf Kampf und Krieg der Wesenskern des soldatischen Dienstes ist. Es geht demnach dem Soldaten bei seiner Einordnung in das militärische System kollektiver Gewaltanwendung um Selbstdurchsetzung bis hin zum Sieg über die andere Seite. Neitzel beschreibt Gewalt als ein Faszinosum, sodass Stolz auf die eigenen Fähigkeiten derjenige fühlt, der Gewalt anwendet. Gerade in den Kampftruppen der Bundeswehr wurde, so der Potsdamer Professor für die Kulturgeschichte der Gewalt, das alte Wehrmachtswissen um fachgerechte militärische Gewaltanwendung bewahrt – aller Diffamierung der Wehrmacht zum Trotz. Und in Afghanistan habe sich gezeigt, wie nötig solche militärische Professionalität sei. Soldaten, die kämpfen, spüren dabei Euphorie, sie wollen töten. Mit dem Tod der Feinde gehen sie „nonchalant" (Neitzel 2020, S. 535) um. Ihr Gewalthandeln ordnet ihnen die Welt. Dass diese kleine Gruppe von Soldaten, weniger als zehn Prozent der Streitkräfte, das ‚eigentliche# Handwerk des Krieges verrichte, mache sie zum wichtigsten Teil des Heeres und der Streitkräfte insgesamt. Sie sind, nach Neitzel, zurecht stolze Krieger und wandeln am liebsten in den Fußstapfen ihrer Vorgänger von der Wehrmacht, denn das waren die letzten deutschen Soldaten, die im Gefecht standen und wussten, wie man ‚das' macht mit dem Kämpfen.

Gegen solche Positionen laufen Pazifisten zu Recht Sturm, denn hier wird Gewalt zum Selbstzweck und falsche Vorbilder werden propagiert. Tatsächlich hat die Bundeswehr eine andere Tradition: Sie beruft sich auf den Widerstand des 20. Juli 1944 – die Haltung zu dem Attentat auf Hitler war ein wichtiges Kriterium für die Einstellungsfähigkeit in der zukünftigen Bundeswehr – und auf den Bundeswehrplaner und Militärtheoretiker Wolf Graf von Baudissin. Baudissin wusste um das Unrecht und die Verbrechen, die das nationalsozialistische Deutschland mit seiner Wehrmacht über große Teile Europas und Nordafrikas gebracht hatte. Ihm ging es darum, dass zukünftige deutsche Kontingente in einer Europäischen Verteidigungsarmee und später dann die Bundeswehr auf den Dienst am Frieden in der Welt verpflichtet werden. Ihr Einsatz solle ausschließlich zur Verteidigung, nicht zur Machtausdehnung erfolgen. Verteidigung funktioniert dann am besten, wenn sie gar nicht im heißen Gefecht erfolgen muss, sondern in einem Kalten Krieg. Denn Krieg ist im Grunde kein Geschehen zwischen Bewaffneten, sondern ein Geschehen zwischen Denkern, die beurteilen, wie die Machtverhältnisse zwischen den Staaten so gesteuert werden können, dass niemand für so schwach gehalten wird, dass das als Einladung zur Annexion verstanden werden könnte. Und dazu kommt, dass auch die Emotionen der eigenen und der fremden Bevölkerung ‚gesteuert' werden müssen, denn „Krieg beginnt im Kopf" (so das Motto des Instituts für Theologie und Frieden in Hamburg). Der Entschluss und Wille, in Kriegshandlungen einzutreten, ist der eigentliche Ursprung des Krieges. Und da kommen wieder die entschiedenen Pazifisten zum Recht, wenn sie sagen, dass es keinen Grund dafür geben kann, seine Nachbarn mit Krieg zu überziehen. Nur zur Verteidigung wäre die Bundeswehr dann gerufen, wenn die rechtlich geordnete, freiheitliche Lebensweise der Bundesrepublik Deutschland angegriffen würde. Denn die rechtlich geordnete Freiheit ist die Voraussetzung der demokratischen Lebensweise – ein hohes Gut, das damals allein im Westen Deutschlands realisiert werden konnte. So sollte die Bundeswehr allein zum Schutz ihrer eigenen Bürgerinnen und Bürger und der Verbündeten eingesetzt werden. Wichtiger als die waffengestützte Auseinandersetzung ist nach Baudissins Konzeption aber die geistige Auseinandersetzung, deren

Ziel darin besteht, den Krieg gar nicht erst ausbrechen zu lassen. Konzepte wie Vertrauensbildung durch Manöverbeobachtung, Kooperative Rüstungssteuerung bei gleichzeitiger Abschreckung des Gegners – auf dessen Seite auch nur Menschen leben und kämpfen, Menschen, die leben wollen – waren damals innovativ. Heute wäre zu überlegen, ob diese oder ähnliche Konzepte nicht auch in der Auseinandersetzung mit den Taliban in Afghanistan und seinen Nachbarregionen einigen Nutzen bringen könnten. Da haben die Pazifisten durchaus Recht: Frieden bedarf der Fantasie.

Diesem Band ist zu wünschen, dass er dem Dialog zwischen den verschiedenen gesellschaftlichen Gruppen, die sich für den Weltfrieden im Zeitalter der Atombombe und der humanitären Schrecknisse einsetzen, zur Anregung dient. Es gilt, einen neuen und offenen Blick auf die Probleme der Welt einzuüben und die andere Seite mit ihren je eigenen Erfahrungen und Interessen nicht abzulehnen. Prüfet alles und das Gute behaltet – diesen biblischen Rat gilt es auch in Bezug auf Anspruch und Realität der Gewaltfreiheit zu beherzigen.

Literatur

Neitzel, Sönke. 2020. *Deutsche Krieger. Vom Kaiserreich zur Berliner Republik – eine Militärgeschichte*. Berlin: Propyläen.

Theißen, Gerd. 2020. Kriegserfahrung und die Friedensbotschaft im Urchristentum. In *Militärseelsorge. Das ungeliebte Kind protestantischer Friedensethik?*, hrsg. von Sylvie Thonak und Gerd Theißen, 43–72. Berlin, Münster: LIT.

The manufacturer's authorised representative in the EU is Springer Nature Customer Service Centre GmbH, Europaplatz 3, 69115 Heidelberg, Germany. If you have any concerns regarding our products, please contact ProductSafety@springernature.com

Printed and bound by CPI Group (UK) Ltd, Croydon, CR0 4YY
25/03/2026
02078181-0001